职业教育教师专业发展丛书

ZHIYE JIAOYU
KECHENG
YU JIAOXUELUN

职业教育课程 与教学论

黄艳芳 / 主编

北京师范大学出版集团
BEIJING NORMAL UNIVERSITY PUBLISHING GROUP
北京师范大学出版社

图书在版编目(CIP)数据

职业教育课程与教学论/黄艳芳等主编. —北京：北京师范
大学出版社，2010.7(2025.7重印)
　　(职业教育教师专业发展丛书)
　　ISBN 978-7-303-11165-7

　　Ⅰ. 职…　Ⅱ. ①黄…　Ⅲ. ①职业教育-课程-教学研究
Ⅳ. ①G712.3

中国版本图书馆 CIP 数据核字(2010)第 126646 号

出版发行：北京师范大学出版社 https://www.bnupg.com
　　　　　北京市西城区新街口外大街 12-3 号
　　　　　邮政编码：100088
印　　刷：北京虎彩文化传播有限公司
经　　销：全国新华书店
开　　本：730 mm×980 mm　1/16
印　　张：17.75
字　　数：295 千字
版　　次：2010 年 7 月第 1 版
印　　次：2025 年 7 月第 12 次印刷
定　　价：42.00 元

策划编辑：周光明　　　　　　责任编辑：周光明
美术编辑：焦　丽　　　　　　装帧设计：焦　丽
责任校对：李　菡　　　　　　责任印制：赵　龙

丛·书·编·委·会

《职业教育教师专业发展丛书》编委会

主　任：高　枫

副主任：黄　宇　　杨伟嘉　　贺祖斌

委　员：何锡光　　张建虹　　刘　冰　　王　屹

　　　　黄艳芳　　李　强　　曾玲娟

《职业教育课程与教学论》编写组

主　　编：黄艳芳

副主编：周小雅

编写人员：黄艳芳　　周小雅　　吴　严　　孙晓丽　　阙勇平

序

　　进入新世纪以来，国家把大力发展职业教育作为经济社会的重要基础和教育工作的战略重点，职业教育的快速发展推动了我国由人口大国向人力资源大国转变的历史进程。我国职业教育已经发生了重大的变化，也实现了历史性的突破。随着《国家中长期教育改革和发展规划纲要》的制定与实施，深化职业教育改革创新、加快提高职业教育人才培养质量、实现职业教育教学水平全面提高的历史重任，摆到广大职业教育工作者面前。

　　面对职业教育发展的新机遇、新挑战，努力造就一支师德高尚、业务精湛、结构合理、充满活力的高素质专业化教师队伍，为职业教育改革与发展提供强有力的人力资源支持尤为关键。我国一直重视教师队伍建设，2006 年教育部、财政部印发了《关于实施中等职业学校教师素质提高计划的意见》，2007 年教育部在《关于"十一五"期间加强中等职业学校教师队伍建设的意见》中明确提出了中等职业学校教师队伍建设的指导思想、工作目标和任务，随后实施了专业骨干教师国家级培训、专业骨干教师省级培训，开发重点专业师资培养培训方案、课程和教材以及中等职业学校紧缺专业特聘兼职教师资助计划等一系列项目，对职业教育师资队伍建设起到了巨大的促进作用。

　　与全国一样，广西的职业教育师资队伍建设，在严格教师资质、提升教师素质、提高教师业务水平、完善培养培训体系等方面进行了积极的探索。在此基础上，我们组织编写了《职业教育教师专业发展丛书》。这套丛书从职业科学角度来诠释职业教育管理、职业教育学、职业教育课程与教学论、职业教育研究方法和职业教育心理学的基本理论，在职业教育学科建设方面进行了有益探索。全套丛书从不同侧面展示了职业教育学科的概貌且各具特色。

　　《职业教育管理》一书，针对职业教育的改革与发展，阐述了现代职业教育管理理论，职业教育管理的职能和方法，职业教育管理体制，职业教育政策与法规，职业教育人力资源管理，职业教育德育管理，职业教育教学管理，职业教育科研管理，职业教育评价等内容，编写过程中注重职业教育管理的前瞻性、现实性和科学性，将职业教育管理的理论与实践相结合，并为职业学校的教育管理工作者提供了很好的管理案例。

《职业教育学》一书，吸取职业教育学学科建设的积极成果，立足中国职业教育实践的实际，以行动导向理念为指导，建构有区域特色和实践应用性的职业教育学。在此基础上，本书在职业教育学学科发展史、职业教育发展历史介绍的基础上，讨论职业教育学的学科性质、研究对象、职业教育的本质、目标、体系等基本问题，辨析、厘清一些理论和实践问题，并对职业教育人才培养过程中的专业设置、教学、德育、职业指导和教师专业成长等基本环节、要素进行介绍和探索，试图为职业教育人才培养、师资培训等工作给予可能的导向。

《职业教育课程与教学论》一书，着眼于对职业教育发展中亟待解决的现实问题的研究，如课程开发、教学设计与实施等，阐述了从职业科学角度将职业知识融入职业教学的思路和流程，强调了在熟悉相关职业领域里工作过程知识基础上，将职业知识融入课程开发之中并通过行动导向的教学实现职业能力培养目标的职业教育课程观与教学观，使本书既具有对职业教育课程与教学理论的思考，又具有实际运用的职业教育课程与教学的实践参照。

《职业教育研究方法》一书，借鉴普通教育研究方法，结合职业教育研究的特殊性，按照研究者完成课题可能涉及的主要研究方法，逐层展开研究思路。全书从职业教育研究选题与设计入手，对职业教育观察法、文献法，调查研究、实验研究、行动研究、叙事研究方法进行深入探讨，并从定量分析、研究成果表述与评价方面为读者提供了提炼研究成果的思路与方法。同时，本书每一章都附有相关案例剖析，设身处地为读者活学活用本书的研究方法提供了蓝本。

《职业教育心理学》一书，以先进的教育教学理论为指导，以职业院校学生学习活动为主线，聚焦于职业院校教与学过程中的心理学基本规律，着重阐述了职业院校的学生心理特点和学习规律，分析了影响职业院校学生和教师心理问题的因素，提出了师生心理健康的维护策略，围绕学生的学习动机、课堂管理与教学等主题进行了有益的探讨，此外还介绍了职业态度的培养、职业素质测评与职业指导的相关内容。本书既具有对职业院校学生与教师心理规律的理论探索与思考，又具有运用心理学规律来实施职业教育教学的参考指导作用。

本套丛书的编写团队，由专门研究职业教育的学者、一线的职业院校教师、教育管理人员、教师教育研究人员等共同组成。这套丛书可以作为职业教育教师资格培训考试、职业教育教师职前培养和职后培训的教材，也可以作为各级教育行政部门、职教科研单位、职教师资基地进行职业教育学科研究和交流的材料。

职业教育学科建设直接影响职业教育教师专业化发展。现代职业教育客观上要求职业教育教师既具备一般性专业学科的知识，还必须掌握与工作过程、技术和职业发展相关的知识，职业教育教师的教学实践必须与不断变化的专业技术人员的职业实践相适应。虽然，在职业教育学科建设、职业教育教师专业发展方面我们取得了可喜的成绩，但是必须清醒地认识到，职业教育研究领域还有许多亟待研究解决的问题。可以说，我们还任重道远。

高　枫

目 录

第一章
绪 论

　　课程与教学论是教育科学的一个重要研究领域，越来越受到人们的关注。在职业教育领域对课程与教学的研究，既要厘清课程与教学的基本概念等理论问题，又要结合职业教育的特点，突显职业教育课程与教学的特色。本章通过对职业教育课程与教学发展历程的梳理，界定职业教育的课程与教学基本概念，明确职业教育课程与教学论的研究对象，为职业教育实践者提供课程与教学理论与方法的指导。

第一节　职业教育课程与教学论概述

　　职业教育的职业属性反映在学校教育教学中，集中体现为把握职业教育课程与教学的共性规律，构建有别于普通教育的课程与教学论体系，即职业教育的课程与教学论体系。

　　职业教育的课程开发和教学活动是职业教育发挥其社会功能的重要保证。20 世纪 90 年代以来，我国职业教育界学习与吸纳国外职业教育先进理念与实践成果，积极投身教学实践，力求构筑具有中国特色的职业教育课程体系。不断推向深入的课程改革历程，丰富了职业教育课程与教学论的研究。为适应经济和社会现代化快速发展对职业教育提出的新要求，探索基于可持续发展和终身教育理念的现代职业教育课程与教学理论，成为职业教育研究的必然回应。

一、职业教育课程的含义

　　通常，将"课程"的含义归结为"方向与过程"，即课程目标与课程内容及组织。也有学者认为，课程是对育人目标、教学内容、教学活动方式的规划和设计，是教学计划、教学大纲和教材全部内容及其实施过程的总和。通观关于课程的种种定义，可以归纳为：课程是教育活动的一个主要手段与途径，是确定教育活动及其内容的选择，是规定教育活动内容的组织安排和可以操作的一系列教育活动设计，是一个包括课程开发、课程实施、课程评价、课程管理的各组成部分结合成的一个有序、互动的教育活动与系统，是教育机构一系列工作——如教师队伍、教学设备、教育评价等工作的重要依据，是学校工作的起点和归宿点。这些界定表述角度不同但寓意不言而喻：学校按照一定教育目的所构建的各种课程以及课程实施过程，直接关系到人才培养质量。

(一) 职业教育课程功能

早在半个世纪之前，美国著名哲学家、教育学家约翰·杜威（1859—1952）就认识到职业教育并不等于"单一的技能训练"，在对学生进行技能训练的同时，要注意培养学生的综合能力和迁移能力，要提高学生文化素养以及解决问题的能力，使他们适应变动不居的社会。杜威的职业教育观对我国当前职业教育课程改革仍具有重要的启示作用：职业教育课程应以"职业群"对素质、能力、知识的共同需求为出发点，以职业素质和职业能力培养为主线，在教学中发挥三大功能——促进学生的就业能力、促进学生的智力发展、促进学生的人格完善。①

职业教育的最大特征是职业性，因此，职业教育的课程应以促进学生就业能力提升为重要条件。这类课程应该突出培养学生的职业胜任力。让学生掌握技术技能、取得工作经验、体验工作经历。课程体系既与工作过程有联系，又能培养适应未来生活所必需的广泛的综合能力、迁移能力，将理论知识与实践逐步结合起来。这样才能使毕业生质量符合产业、行业和企业的要求，适应社会发展的需求。

有效促进学生智力全面发展是从"以人为本"的角度出发，以学生的发展和需要为教育出发点和根本目标，这类课程包括理论知识和经验知识、文化基础知识与职业专门知识，通过基本知识的传递，直接应用于专业课程和实践课程。

逐步强化学生人格修养完善。职业能力给劳动者提供了谋生和发展的手段；而作为一个社会劳动者，同时也是民经济社会中的一个公民，必须具备一定的文化修养和自我发展潜力。人文教育旨在有效构建学生正确的价值观，提升学生的道德素养、人文涵养、职业修养和品行教养等，促进学生人格健全和职业

---

① 雷正光. 职业教育课程的功能与发展研究 [J]. 中国职业技术教育，2008，(31)

生涯的可持续发展。

(二）职业教育课程特点

如果说学术教育课程的起点是学科——学科知识及其内部逻辑，职业教育课程的起点则是职业——职业结构化和职业描述。这就使得职业教育课程有其独特性。对职业教育课程的特点，国内外学者从不同角度给出多种阐释：

美国职业教育研究者 Curtis R. Finch 和 John R. Crunkilton 对职业教育课程特点归纳为[①]：定向性（Orientation）——面向生产或就业，其终极目标不仅是提高学生的课程成绩，而且是在工作中应用所学知识与技术。这样，职业教育课程是定向于生产过程（学校设计的经验和活动）以及产品（经验和活动的结果）。适应性（Justification）——基于特定地区的特定职业需求。针对性（Focus）——直接帮助学生形成广泛的知识、技能和良好的态度与价值观，增强学生的就业能力。

国内职业教育研究者黄克孝认为[②]：

职业教育课程在课程目标方面，具有以下特点：一是定向性。职业教育对所培养的职业技术人才，都有具体的行业、专业或工种的职业方向要求。职业教育课程也因职业的类别、水平等要素的变化而具有明确的职业针对性。二是直接性。职业教育所培养的均是在生产第一线直接从事生产、服务和管理的技术人才，因而职业教育课程与生产直接相关。三是兼容性。以前职业教育的重心在中等教育阶段，随着整个社会基础教育向高中阶段的转移，职业教育课程目标必须兼顾培养对象文化程度的提高。

从课程内容方面看，职业教育课程具有以下特点：一是职业导向性。职业教育课程目标具有明确的职业定向性，职业教育课程内容三要素（知识、技能和态度）的设计必然要考虑教育对象的就业需要。二是技能主导性。职业技能的获得是职业教育成功与否的重要标志，操作技能与现场能力是职业教育课程内容三要素的重心所在。三是内容适用性。职业教育课程内容要与当时、当地所属的特定行业、职业的要求相适应。

从课程模式方面看，职业教育课程具有以下特点：一是多样性。由于职业教育面向的对象、地区、行业、职业等门类众多，课程模式必然趋于多样化。

① Curtis R. Finch. Curriculum development in vocational and technical education——planning, content, and implementation [M]. MA：Allyn & Bacon company 1999. 5th ed
② 黄克孝等. 职业和技术教育课程概论 [M]. 上海：华东师范大学出版社，2001

二是应变性。应变性首先表现为对有效需求不断变化的适应，应变性还要求职业教育课程有极大的弹性和灵活性。

从课程运行来看，职业教育课程具有以下特点：一是昂贵性。职业教育课程的实施条件要求非常高，要有较大的设备、人员和资金投入，通常要几倍于基础教育，甚至与高等教育的投入相当。二是开放性。职业教育课程方案在开发及实施时均需密切与社会方保持广泛联系。三是个性化。一要彰显职业教育机构的办学特色；二要让学生的个性得以充分发挥。

国内职业教育研究者姜大源将职业教育课程特点归纳为[①]：

一是定向性。首先，职业教育的培养目标是生产第一线的从事操作、服务和管理的应用型人才。必须针对这一目标，根据各个职业领域基本职业活动确立课程目标，使学生掌握操作技能、服务技能和管理能力等。其次，区域经济与行业水平的不同，使得课程具有地区及行业特色，具有地区、行业的定向性。

二是应用性。职业教育课程内容具有应用性，表现为课程内容强调直接经验的获得，强调职业技能训练，所传授的是能在生产、服务中直接应用的知识、技能和态度。

三是整体性。课程的实施与评价具有整体性。现代职业教育力图构建一个封闭的教学系统，即课程实施要加上课程评价。整体性特征实际上是职业活动系统（包括计划、实施、评价）整体性的反映。

综上所述，与普通教育课程相比，职业教育的课程最显著的特点是职业定向性（见表1-1）。首先，职业教育课程的内容以职业活动内容为主，专业课程体系要符合技能人才培养目标和专业相关技术领域职业岗位（群）的任职要求。要以职业能力培养为重点，与企业合作进行基于工作过程的课程开发与设计，根据行业企业发展需要和完成职业岗位实际工作任务所需要的知识、能力、素质要求，选取教学内容，并为学生可持续发展奠定良好的基础。其次，职业教育课程形式多样，课程类型多、课程内容的呈现方式多、考核方式多。要求遵循学生职业能力培养的基本规律，以真实工作任务及其工作过程为依据整合、序化教学内容，科学设计学习性工作任务，教、学、做结合，理论与实践一体化，合理设计实训、实习等教学环节。重视学生在校学习与实际工作的一致性，有针对性地采取工学交替、任务驱动、项目导向、课堂与实习地点一体化等行动导向的教学模式。运用现代教育技术和虚拟现实技术，优化教学过程，职业

① 姜大源. 论职业教育课程的基本特征与课程观［J］. 课程·教材·教法，1997，（8）

技能考核尽量对应国家职业资格或专业技能水平考证。再次，职业教育课程要满足人们转岗、跨岗位能力培养的需要，其课程设置要与地区、行业的实际需求情况相适应，要与不同文化层次的劳动力相适应，要与技术的变迁相适应，这种应变性实际上反映了职业教育课程的职业定向性特点。

表 1-1　职业教育课程与普通教育课程的区别

	职业教育	普通教育
课程目标	具体	一般化
课程内容	重点传授实践性技术知识	注重传授科学知识
课程实施	通过能力培养来理解知识点	按照知识点的累积形成能力
课程评价	具有客观标准	有较多的评价标准
课程实施场所	现场经验多	现场经验有限
课程实施结果	能力本位的，产出规则、程序等	知识本位的，产出知识点

二、职业教育教学的含义

教学的定义有很多种，国内通行的定义是：教学是教师的"教"和学生的"学"的活动，是学生在教师指导下，掌握文化科学知识和技能，发展能力，增强体质，形成思想品德的教育活动。职业教育教学是职业教育的基本形式，是教师与学生为实现人才培养目标、促进学生身心发展，创造性实施教学计划的一系列教学过程。

(一) 职业教育教学功能

1. 教学过程是教师根据实际情况对课程目标、内容和方法进行调适的过程

这种调适反映了教师在教学目标、内容和方法等方面的不同作用，调适效果与教师课程理念、教学能力密切相关。

2. 教学过程是一个再创过程

教师是自己课堂里的课程决策者，是一个将现有材料转变为课堂里具体教学计划的设计者与开发者，教师按照实施的具体情境进行有效调适的可能性越大，教学水平越高。因此，教学过程的实质是教育新文化的创造过程。

3. 教学过程是一个平衡各种教育影响因素的过程

教学中主体特性不同，直接影响教学成效。学生、教师、学校、社会等各种因素在教育文化上的差异，促使教师必须全面系统地研究和平衡各种因素，既有助于教学的把握，更有利于教学本质的实现。

(二) 职业教育教学原则

所谓教学原则，是根据一定的教学目的和任务，遵循对教学本质的认识而制订教学基本要求，是指导教学活动的一般原理。综合来看，教学原则反映人们对教学本质的认识，受教育目的制约，是教学经验的概括和总结。

职业教育教学应遵循以下基本原则：

1. 强化职业能力培养原则

职业能力是劳动者从事一项职业所具备的胜任力，包括专业能力，即在特定方法引导下有目的、合理利用专业知识和技能独立解决问题并评价成果的能力；方法能力，即具备从事职业活动所需要的工作方法和学习方法；社会能力，即从事职业活动所需要的行为能力。以培养学生职业能力为教学原则，取决于职业教育的职业属性。

2. 教、学、做合一原则

"教学做合一"源自中国教育家陶行知的教学理论，主张"在做上教，做上学"，"做"是核心。这一原则揭示了职业教育的本质，强调了职业教育教学要重视实践和实训教学环节，强化学生的实践能力和职业技能培养，提高学生的实际动手能力。

3. 工学结合原则

工学结合是将学习与工作结合在一起的教育模式。它强调根据技术领域和职业岗位（群）的任职要求，参照相关的职业资格标准，改革课程体系和教学内容；突出教学过程的实践性、开放性和职业性；重视学生校内学习与实际工作的一致性；强调校内成绩考核与企业实践考核相结合、课堂与实习地点一体化。

4. 德育为先原则

立德树人是职业教育的根本任务。"德育为先"就是要把社会主义核心价值体系融入教育教学全过程。德育课堂教学和实训实习要进行敬业爱岗、诚实守信为重点的职业道德教育，进行职业纪律和安全生产教育，培养学生爱劳动、爱劳动人民的情感，增强学生讲安全、守纪律、重质量、求效率的意识。其他课程的教学要发挥思想道德教育功能，认真落实本学科的思想道德教育任务要求，结合各学科特点，寓思想道德教育于各学科教学内容和教学过程之中。

（三）职业教育教学特点

职业教育教学与普通教育教学有所区别（见表 1-2）。职业教育的职业性决定了其教学过程具有体现专业培养目标特征和职业倾向：

1. 能力本位的教学模式

职业教育教学强调围绕培养学生的职业能力，建立与人才培养目标和规格相关的，并与一定教育教学任务相联系的教学程序及其方法策略体系来实施教育教学。也就是要以职业能力为依据，整体设计教学方案、立体组合教学策略与资源，将教学目标、教学活动、教学方法与手段、教学评价集合在一起。通过教师与学生在"教学做合一"的教学组织形式，以及基于国家职业资格或职业技能的考试考核，有效实施教学全过程。

2. 师生互动的教学活动

职业教育"教学做合一"需要师生间的互动。尤其在专业技能训练和职业实践中，教师与学生形成了基于工作过程的特殊交往活动。作为指导者，教师的主要任务是引导学生运用所学知识与技能解决问题，并提供必要的教学支持服务，而学生的学习则是一个独立思考、自主操作的过程。师生间的互动还体现在师生共同评价、共同研讨解决问题等方面。

3. 引入社会因素的学习成果评价

主要是以综合职业能力为依据制定能力考核目标、内容和方式方法，使用行为动词描述考核目标，使学习成果的评价变得具体、清晰，并注意考核多样性和层次性。重要的是与社会评价系统相衔接，一是与国家职业资格考试、职业技能鉴定相结合；二是与企业行业标准相结合。

表 1-2　职业教育教学与普通教育教学的区别

	职业教育	普通教育
教学目标	职业导向性	学科传承性
教学内容	以工作过程为参照的过程性知识	以学科体系为参照的陈述性知识
教学实施	以行动为导向的教学	以学科性原则为导向的教学
教学评价	注重校内考评与社会考评的一致性以及教学考评与就业、创业相结合	注重教育系统内的学科体系下显性能力评价
教学实施场所	专业课程教学强调生产性实训或仿真实训基地、真实的工程环境	课堂教学及实验场所
教学实施结果	综合职业能力的培养	综合能力的培养

三、职业教育课程与教学的关系

　　课程与教学二者既相互独立，又密不可分。在很长一段时期里，"教育"、"课程"与"教学"被划分为独立的领域加以研究和应对，在取得长足进步的同时，也带来了相互割裂的弊端，而且越来越严重。考察"教育"、"课程"与"教学"的内涵及其相互关系，它们之间具有同一性。课程包括教什么、教学内容如何组织、如何规划学习进程。教学是基于课程的师生共同活动的。这个系列行为涉及"为什么教、教什么、怎么教和教得怎样"四个基本要素。课程只有落实在教学中才具有真实的意义，而教学必须基于课程的规制和指引，才能保证它的品质。

　　从职业教育教学现实看，需要厘清以下几个关系：

　　一是课程标准与教学目标的关系。课程标准主要是对学生在经过某一学段之后的学习结果的行为描述，教学目标是师生通过教学对话所要达到的预期结果。在教育实践中，教师根据课程标准来确定教的目标，并通过与学生的对话引导学生形成学的目标。但是，课程标准与教学目标并不是控制与被控制的关系，而是相互补充和创建的关系。教师在根据课程标准确定教学目标时必须因学生而异，将其转化为适合具体班级和具体学生的目标，建立一个多层次目标体系，因"生"施教。

　　二是课程内容与教学内容的关系。课程内容在课堂教学中主要以教材的形式出现，教学内容是师生为达到教学目标所进行的对话内容。"教学内容≠课程内容"，课程内容仅仅是提供给师生的基本的、共同的对话材料，用以发起、引导师生的对话行为，教学内容不仅涉及教材，而且也可能涉及师生的生活经验，涉及为使学生学习与企业需求匹配而补充的行业信息及新产品、新工艺、新技术、新方法等。

三是教材与教案的关系。教材属于课程的要素，教案属于教学的要素。教材是课程理念的物化载体，而教案是教师对教材处理后用于教学的方案。因此，机械地执行教材而不了解课程的设计思想，就只能是教教材，沦为教书匠，难以大幅度提高教学水平；当然，如果忽略教材功能，教案设计就会趋向盲目与随意。

四是课程评价与教学评价的关系。在教育实践中，教育的目标主要是学生的发展，而学生的发展又是课程和教学的合力所致，因此，在对课程和教学进行评价时既不能离开课程来评价教学，也不能离开教学来评价课程，而是要使课程评价和教学评价相互取材、相辅为用，在对课程进行评价时对教学过程进行审视和检讨，对教学进行评价时对课程进行审视和检讨。

第二节 职业教育课程与教学论的研究对象

课程与教学是相互渗透、密切联系且难以严格分割的整体，职业教育课程与教学论实质上是通过对课程与教学问题的研究来认识课程与教学现象，揭示课程与教学规律和引领课程与教学实践。

一、职业教育课程论

职业教育课程论是以职业院校课程问题作为研究对象，揭示课程选择与组织的规律与编制方法的一门应用教育学科。

职业教育课程论的首要任务是认识纷繁复杂的课程现象。所谓课程现象，是指职业教育课程在发展、变化中所表现的外部形态和联系。在现代职业教育中，课程现象表现为三个层面：一是物质性的，如课程计划、课程标准、教材、教学指南、补充资料、课程包等等；二是活动性的，如课程规划、课程实施和课程评价等课程研制活动；三是关系性的，如内容选择与教育目的的关系、内容组织与文化结构以及学生发展的关系、课程过程与结果之间的关系等等。由于职业教育的职业属性，使得其课程现象十分纷繁复杂。课程的首要问题是内容的选择问题，职业教育课程内容的选择不仅要考虑教育学科需要，更要考虑职业工作世界及学生职业发展需要，教什么和怎样教均受到行业、企业直接或间接影响。而庞大的职业分类体系以及快速的职业更新，使得职业教育演绎出了层层叠叠、簇簇拥拥的专门化的课程现象。

显然，人的认识决不会仅仅停留在现象性层面，必然要深入到职业教育课程的内在联系和内在结构中去，并对人们的课程行为产生规范作用。所以，课程论的根本任务，是揭示课程规律和引领课程实践。课程规律是课程及其组成成分发展变化过程中的本质联系和必然趋势，比如课程载体形式与内容的相互联系，课程开发过程中，主体与客体、教师与学生、社会与学校、规划与实施、实施与评价、评价与规划之间的本质联系，以及这些联系在不同历史条件下的渐进性和飞跃式变化趋势；在不同视角下的各种课程类型之间的本质联系和演变趋势等等。

但是，课程现象和规律作为纯粹客观存在，并不必然导致课程论研究自然发生，就像农民耕耘土地面对泥土并不会产生"土壤学"研究一样。只有人们面对客观存在而就课程现象和规律提出了"是什么"、"应该是什么"和"怎么样"等问题后，课程现象和规律才成为人们思维的直接对象。因此，课程论实质上是以课程问题为研究对象，来实现和完成认识课程现象、揭示课程规律和引领课程实践的目的和任务的。

课程问题，是指反映到研究者大脑中的、需要探明和解决的课程实际矛盾和理论疑难。职业教育的课程问题可以产生于职业教育课程实践，也可以产生于职业教育课程实践与职业教育课程理论的对立。将课程问题作为职业教育课程论的研究对象，需要在课程目标、过程、行动三个层面展开。主要包括四个方面：一是课程的基本原理，如课程理念、课程目标、课程结构、课程类型以及课程标准等；二是课程与社会政治的关系，如课程计划、课程方案、课程政策、课程管理以及课程领导等；三是课程实践，如职业教育课程实施、学生学习方式、课程评价以及校本教研等问题；四是课程理论与课程实践之间的关系，如课程设计和课程评价的相关理论和程序等。

二、职业教育教学论

职业教育教学论是研究职业教育教学中的现象和问题，揭示职业教育教学规律的一门学科。

职业教育教学论作为教学论的一门分支学科，还是一个相对崭新的研究领域。职业教育的职业属性，涉及教育学、技术学、工程学、劳动学、经济学、管理学、社会心理学等多学科领域，具有明显的交叉学科和跨学科的性质。因此，无论是教育内容所传授的知识类型，还是教育对象所具有的智力类型，比较"复杂"的就业导向的职业教育教学论的研究，在理念、模式、方法等诸领域，与经典的重在"育人"本身而无具体明确的"职业目标"的教育，即比"单纯"的普通教育的学说之间，都有很大的差异。近年来，我国在职业教育教学论领域的研究成果日渐丰富。姜大源教授提出了职业教育的三种教学论模式，即基于教育科学的职业教育专业教学论模式、基于专业科学的职业教育专业教学论模式、基于专业科学和基于整合科学的职业教育专业教学论模式。邓泽民教授在其专著《职业教育教学设计》中系统阐述了职业教育教学理论。此外，蒋乃平、石伟平、赵志群、徐国庆等人的研究也取得了丰硕成果，为丰富我国职业教育教学论奠定了理论基础。

通常认为，职业教育教学论以教学问题为研究对象。教学问题即教学系统或要素存在的矛盾，是认识和实践上的未知、缺陷和挑战。其研究目的与任务有三个方面：一是揭示职业教育教学的一般规律；二是确立先进、合理的职业教育教学价值观；三是探究优化职业教育教学技术的原理和机制。研究的内容主要涉及教学目标、教学内容、教学方法、教学媒体以及教学的环境和组织等教学要素。然而，职业教育教学论的特殊困难在于，将职业教育与工作和劳动的问题与结构紧密地联系在一起。也就是说，职业教育教学论所主要讨论的关于教学的目标、内容、方法、媒体等都必须和具体的专业内容结合起来。在上述诸要素中，"目标"和"内容"是关于专业教学的目的维度，"方法"和"媒体"是关于专业教学的路径维度。由此，职业教育专业鲜明的职业属性反映在教学中，集中体现为职业教育专业的教学过程与相关职业领域的行动过程，客观上要求构建有别于普通教育的专业教学论体系。

基于职业科学的专业教学论的理论创新，为职业教育教学论领域的研究开辟了一个全新视域。所谓专业教学论，指的是研究专业学习与教育系统的形成模式。德国学者彼特森在《职业教育学中的专业教学论》中对职业教育的专业教学论做出如下定义：在专业教学论中，存在一基本模式："对工作、技术和职业教育之间的转换关系的分析和构成"，以此进行开发与试验。其中，工作、技术和职业教育之间的相互作用，共同构建了职业教育学的理论基石，专业教学论正是在此基础上建立的一门学科。与学科体系的专业教学论相比，职业教育的专业教学论研究以产品带动的学习性工作任务及其形成方法。根据职业教育专业教学论的定义，将"工作"、"技术"和"职业教育"这三个因素加上"职业的发展"这一因素，就构成了职业教育专业教学论研究的四个核心领域。①

第三节　职业教育课程与教学的发展历程

不同国家的职业教育课程与教学的发展因各国的职业教育政策与职业教育模式不同而有很大区别。世界职业教育课程改革的经验，可以成为我国职业教育课程改革的借鉴。

一、世界职业教育课程发展的主要模式

从战后世界职业教育课程改革的发展看，德国、澳大利亚、日本、加拿大、美国等国家的职业教育模式对中国的职业教育课程与教学的发展影响广泛而深远。

（一）MES（Modules of Employable Skill）模式

MES 是国际劳工组织（ILO）20 世纪 70 年代初研究开发出来的针对职业岗位规范进行就业技能培训的模块课程组合方案。MES 以每一个具体职业或岗位建立岗位工作描述表的方式，确定出该职业或岗位应该具备的全部职能，再把这些职能划分成各个不同的工作任务，以每项工作任务作为一个模块。该职业或岗位应完成的全部工作就由若干模块组合而成，根据每个模块实际需要，确定出完成该模块工作所需的全部知识和技能，每个单项的知识和技能称为一个学习单元。由此得出该职业或岗位 MES 培训的、用模块和学习单元表示的培训大纲和培训内容。建立起了以职业岗位（群）需求为体系的培训新模式。

（二）"以能力为基础的教育"模式（CBE）

该模式以美国、加拿大为代表。它以通过职业分析确定的综合能力作为学习的科目（DACUM 方法），以职业能力分析表（DACUM 表）所列的专项能力从易到难来安排教学。CBE 中的综合能力与专项能力的确定是由来自企业的专家和专门课程设计的专家组成顾问委员会完成。学校首先聘请各行业专家组

---

① 陈永芳，颜明忠. 德国职业教育的专业教学论研究［P］. 当代德国职业教育主流思想研究子课题之五，2006

成专业委员会，确定从事某一职业所应具备的能力，然后组织相关教学人员，将相近的各项能力归纳成教学模块，指定教学大纲，并以此施教。CBE 课程开发以职业分析为起点，并把职业能力看做是职业教育的基础，这就使得其课程具有鲜明的职业岗位（群）针对性和突出的实践性。相对于传统的"以学科知识为基础"的学科系统化课程开发来讲，已经具有革命性的意义。但 CBE 课程把能力看做是一系列孤立的行为，将单项能力组合成综合能力的方式忽视了工作的整体特性和经验成分，也没有能够厘清能力组合方式与工作过程间的关系，因而具有一定的局限性。

（三）校企合作的"双元制"模式

该模式以德国为典型代表。其一元是指职业学校，旨在传授职业专业知识；另一元是企业或公共事业单位等校外实训场所，旨在提供职业技能培训。其主要特点是让学生一面在企业接受职业技能训练，一面在职业学校里学习专业理论及普通教育课程。该模式培养出的"专深型"人才，满足了以中高端制造业为主的德国产业结构所产生的现实需求，对保持德国在国际上的经济竞争力起到了重要的作用，被人们称为德国职业教育的秘密武器。20 世纪末，德国对传统的"双元制"职业教育课程进行了改革，根据新时期行业、企业对技术工人的新要求，将"学习领域"引入职业教育课程中。所谓"学习领域"不是按照学科知识的结构来划分课程的门类，而是以某一个职业领域所需要一些特定的工作任务来作为某门课程划分的依据，通过这些相互关联课程的学习，学生可以获得某一职业的从业能力和资格，并能够顺利的就业。以"工作领域"为依据来设置课程的门类和内容，有效地解决了传统的双元制中职业学校教学与企业的职业培训相脱离的弊端。

（四）"能力本位的教育和培训"模式（CBET）

该模式以澳大利亚为代表，它通过分析职业能力确立权威性国家能力标准，再以此确定学员的等级水平。国家能力标准的确定，能使每个公民在不同阶段，以不同的方式进入职业教育体系，并可通过自身努力取得所需的职业资格。因此，该模式具有很强的灵活性和开放性。

（五）工读交替的"三明治"课程模式

该模式是英国职业教育课程中的一大特色。以三年学习期为例，第一年是学习校内课程打下良好的基础，第二年在企业内实习，而第三年又回到校内的课程学习。这种理论学习→实践操作→理论学习，形式上很像三明治。学生在企业实习的内容必须与校内学习的内容相对应，这种课程最大的特点是理论联系实践，实践又为进一步的理论学习提供更加深刻的体验和理解，有利于学生更好的理解理论知识，掌握技能，熟悉自己所从事的生产活动在整个生产过程中的地位以及了解生产程序之间的衔接关系。

从以上几种职业教育课程模式可以看出：不同发达国家的职业教育课程在设置上都是体现了以能力为本位的设计思想，又扎根于本国政治、经济、文化的土壤。不同国家的职业教育课程尽管有所区别，但是很多发达国家的职业教育课程在一定程度上都与本国的经济发展、产业结构和人才供需相适应。

二、我国职业教育课程发展的基本脉络

与世界职业教育课程发展历程相契合，我国职业教育的课程开发经历了"学科系统化"—"职业分析导向"—"学习理论导向"—"工作过程导向"的模式发展。

(一) 学科系统化的课程开发

在过去很长一段时期，我国职业教育课程是传统的学科式知识本位课程模式，各类课程按（知识内容）顺序分阶段排列，组成各门课程相互衔接又各自为政的结构庞大的体系。其特点是逻辑性强，有利于学生最有效地掌握已为人类所获得的知识；（学科）系统性强，有助于学生系统地继承和接受人类的文化遗产；学科课程多以传授知识为基础，较易于学校组织教学和进行课程评价，所以，学校可用较低的投入，获取较高的效益。

学科式课程模式的主要缺点有：由于教材偏重于逻辑系统，在教学时容易出现重记忆、轻理解的倾向；在教学方法上容易偏重知识的传授，而忽视学生健全人格的形成和身心的健康发展；整齐划一的教学要求，不利于因材施教；重知识的系统性，忽视知识与具体工作任务的联系，因此，难以培养学生的"工作过程知识"和基本工作经验，更难以培养出满足企业和劳动市场需求的人才；重理论，轻实践，其提供的职业学习机会与职业实践的关系是间接的，不能有效地培养学生的关键能力和职业能力；该模式的梯形课程排列方式增加了基础理论学习的难度，也不利于理论与实践的整合。

（二）职业分析导向的课程开发模式

职业分析导向课程开发模式是建立在职业分析和工作分析基础之上的课程开发模式。在我国，它是随着中外技术合作项目（如双元制、CBE 和 MES 等）被介绍和引进的，这些方法的引进，明显提高了我国职教课程开发工作的相关性和有效性。职业分析导向的课程开发模式广泛应用 DACUM 方法；以职业分析为起点，并把职业能力看做是职业教育的基础。理论知识传授以必须够用为度，重视学生的能力训练，教学上强调学生的主体作用，其核心内容是学生职业能力的培养。该模式的弊端是：把能力看做是一系列孤立的行为，忽视了真实的职业世界中人们的操作行为的复杂性以及智力性操作中判断力所担当的重要角色；将单项能力组合成综合能力的方式忽视了工作的整体特性和经验成分；由于没有厘清能力组合方式与工作过程间的关系，在工作分析后的教学分析过程中，各校往往又重新回到了学科系统化的课程模式中去。

（三）学习理论导向的课程开发

学习理论导向课程开发是按照学习理论确定职业教育课程结构的方法，近几年比较有影响的如"宽基础活模块"和"多元整合"课程开发模式。

"宽基础活模块"课程将全部专业课程分为两个阶段，第一阶段为宽基础阶段，即教学内容不针对具体的职业岗位，而是集合了一群相关专业所需的知识和技能，以期为今后的转岗和继续学习奠定"知识与技能"基础；第二阶段称为活模块阶段，其功能是学生在选定好模块后，针对相对确定的一个或几个就业岗位进行训练，为就业做技能方面的准备。[①] 该课程模式的优点：课程方案遵循学校现有的教学管理原则和学生的认知规律；适应现有学校教学管理的机制；适应教师对职业教育的理解程度；在实现"全面素质和综合职业能力培养"与胜任"在生产、服务、技术和管理第一线工作要求"双赢的课程目标的努力方面受到了职业学校的欢迎。该课程模式的缺点：学习内容与职业行动的联系不够紧密，无法提供符合职业成长规律的工作经验；职业教育的结果最多只能提供一种职业基础教育；课程的开发混淆了一个事实，即学生职业能力的"宽专结合结构"是职业教育的结果而不是过程；职业教育课程宏观构造的依据不是"宽专结合结构"，而是技术知识的性质以及学生学习这些知识的心理过程。

---

① 蒋乃平．课程模式选择的重要性．职业技术教育［J］．2001，（34）

该课程模式仅停留在对传统学科课程模式的改良之上，无法实现职教课程模式的转型。

多元整合课程开发是在对现有各种课程模式比较分析的基础上，试图"揭示各种模式优点，集各家所长，概括它们的共同规律，整合成一个最优化的课程模式的努力"。它的操作构想是：在确保课程目标具有明确职业化方向的前提下，实施课程内容综合化、开设技术化的学科、采取模块化的组合形式以及安排阶段化进程和实现学习者方向的个性化；在教学策略方面，实施能充分实现产学研结合的、以学生为主体的"项目制"教学和完全学分制为基础的弹性学习制度等。该模式是多种先进职业教育教学思想体系（甚至包括不同体系）和理念的综合，它已经完全超越了具体的课程开发实践可控制的范畴和框架。

（四）工作过程导向的课程开发

所谓"工作过程"，是指在企业里为完成一件工作任务并获得工作成果而进行的一个完整的工作程序。每一工作程序一般由工作人员、工具、产品和工作行动四个要素所构成。生产复杂的产品可能需要经过多个"工作过程"，这多个"工作过程"则构成了生产该产品的"工作过程系统"。工作过程系统化课程是根据产品的"工作过程系统"确定"学习领域"后，以学生为中心而设计的一种课程方案。它强调以学生直接经验的形成来掌握的、融合于各项实践行动中的最新知识、技能和技巧。教育部在《职业院校技能型紧缺人才培养培训指导方案》中提出：职教课程开发"要在一定程度上与工作过程相联系"（工作过程导向）、让学生获得一种全面、和谐、切实有效和有用的教育。

目前，工作过程导向的课程开发模式主要有"项目课程开发模式"和"工作过程系统化课程教学模式"。

项目课程开发模式强调课程和教学必须与具体的职业活动过程相联系，并且能反映完成工作任务而进行的完整的程序。项目课程开发模式虽然在各地称谓有所不同，但其本质相似。如江苏省职业教育课程改革就明确指出，要按照职业实践的逻辑顺序，建立适应职业岗位（群）所需要的学习领域和以项目课程为主体的模块化课程群，构建以能力为本位、以职业实践为主线、以项目课程为主体的模块化专业课程体系；上海市把构建"任务引领型课程"作为职业教育课程改革的重点和突破口；浙江省则把专业教学项目开发作为改革的重点。项目课程作为工作过程导向式课程，是以学生为中心开发的，它强调以学生直接经验的形式来掌握的，融合于各项实践行动中最新知识、技能、方法和技巧。

其在教学中集中表现为：感知和熟悉工作环境，了解与工作岗位和过程相关的知识，然后再开始学习相关知识。学生学习的过程自始至终与职业实践相联系，是企业和社会等外部环境和学生个体相互作用、自主建构的过程。但是，它也有自身无法克服的弊端，学习内容与职业行动的联系不够紧密，无法为学习者提供符合职业成长规律的工作经验，因而，该课程开发模式仅仅停留在对传统学科系统化课程开发模式的改良之上，没有实现职教课程开发模式的转型。[①]

在"工作过程系统化课程教学模式"中，学生首先对所学职业（专业）内容和工作的环境等有感性的认识，获得与工作岗位和工作过程相关的知识，然后再开始学习专业知识。学生获取知识的过程始终都与具体的职业实践相对应，技术和专业理论不再抽象，而是企业、社会和技术工人个人相互作用的具体体现。工作过程导向课程开发不但要求保持课程学习中工作过程的整体性（即在完整、综合的行动中进行思考和学习），而且强调以学生为中心，关注学生在行动过程中所产生的学习体验和个性化创造，强调对学习过程的思考、反馈和分析，重视典型工作情境中的案例以及学生自我管理式学习。

工作过程导向课程模式遇到的主要问题：在一些专业和学校现有教学条件下有时难以找到完全满足要求的学习任务，特别是要求学生独立制订工作计划和自由安排工作形式；工作过程导向课程（如项目教学）打乱了传统的学校教学秩序（如班级制度、按课程表进行教学安排的教学管理制度和教学评价方式等）；教学要求（需要有双师型的教师）超越了教师队伍现有的整体水平；需要有充足的场地、设备、现代化教学手段和充足的资金投入等。

分析我国职教课程开发模式的演变，我们可以得到以下启示：每一种课程开发模式都有其自身的优点、特点和适用背景，都有其内在规定性和适用范围，没有一种"点石成金"和"放之四海而皆准"的课程开发模式，随着社会和历史的发展，新的课程开发模式不断涌现，不断更新原有课程开发模式。另外，每一次职业教育课程开发模式的演变和更替都与社会变革、职业教育改革和发展发生着紧密的联系，都是力图更好地体现职业教育的本质和特色。

三、职业教育课程与教学的改革趋势

（一）课程与教学观的多元综合化

当前，职业教育需要特别地关注社会和人的可持续发展及人的终身学习问

---

① 张建国. 我国职教课程开发模式的演变及启示 [J]. 职教论坛，2007，（4，下）

题。体现在职业教育课程上，由于职业教育课程开发的理论与模式具有特殊性，长期以来形成的若干种具有国际影响的理论与模式可资借鉴，但在新的历史条件下，基于人的可持续发展和终身教育理念的现代职业教育课程观，对以往形成的课程观念无疑是一个巨大的挑战。同时，我们将面临从行为主义到建构主义的现代职业技术教育教学观的转型。20世纪的职业教育教学观念以行为主义心理学为基础，建立起基于此的能力本位教学观。因此，在从单一定向的能力本位思想向基于可持续发展和终身学习的能力本位思想转型的基础上推进职业教育独特的课程改革，从行为主义向认知主义、建构主义心理学转型的视角来推进职业教育教学改革，将会给我们呈现课程与教学观的多元综合化的发展趋势。

（二）课程开发与教学设计的系统化

课程与教学过程的系统化设计和实施，本质上是为了解决教什么、怎么教的问题。针对人才培养既达到职业岗位要求，又具有可持续职业发展潜力的现实需求，将职业分析、工作分析、职业资格分析、个人发展目标和教学分析结合在一起，形成工作过程导向式课程开发模式，代表了今后我国职业教育课程开发模式发展的价值取向。实践中，教育部领导对职业教育课程与教学改革提出了"四个统筹兼顾"的指导意见：一是统筹专业教学计划，兼顾专业教学覆盖职业标准和专业标准，在完成学历教育的同时，达到职业资格标准；二是统筹专业课程体系，按照"就业导向、能力本位、需求目标"构建课程体系，兼顾专科学历教育知识与职业资格能力；三是统筹"一体化"教学方法和教学手段，兼顾课堂教学和现场教学"一体化"，理论教学与实践教学"一体化"；四是统筹考核评价，兼顾学历标准和行业企业要求，完善质量保证体系，使毕业生真正成为高技能人才。总之，课程开发与教学设计系统化的改革趋势，彰显了职业教育课程理念先进、课程标准明确、课程设计科学、课程体系优化、课程条件优良、课程实施有效、课程质量较高、课程资源共享的发展诉求。

（三）课程结构与工作结构的整合

长期以来职业教育课程结构与工作结构的割裂使得学生即使学完了所有课程，也难以在工作情境中加以运用，难以解决实际工作问题。随着职业教育课程改革的不断深化，人们对职业教育的课程结构和学习内容应该是"工作过程的知识"逐步取得共识，围绕工作任务展开的技术课程和文化课程逐步走向整合。这种整合表现为：一是职业教育课程构建的基点应是人的发展，包括生命质量的提升和生存能力的提高；二是职业教育课程目标更加体现学生未来发展要求，应该具有科学人文性和职业定向性，即人文性和职业性的统一，针对性和适应性的统一；三是职业教育课程设置应强调文化课、德育课程、专业课程三种课程类型的协调，要从培养单一性技能人才转向培养复合性技能人才，要为适应社会需要和个人需要服务；四是课程结构定向化、综合化、模块化应以不同的方式统一起来。

（四）职教课程与普教课程、职业培训课程的融合

职业教育从狭窄而过早专业化的单纯职业预备教育，逐步转变到培养学生具有较为广泛的职业适应性，普教、职教相互沟通并呈一体化发展，已成为现代职业教育的重要趋势。主要体现在普通教育与职业教育相沟通、升学教育与就业教育相统筹、学术课程与职业课程相结合、学校里的普通教育与企业内的职业教育相协调等方面。

第二章
职业教育课程开发

课程是一个发展的概念，它是为实现教育目标而规定的教学科目及其目的、内容、范围、分量和进程的总和，包括为学生个性的全面发展而营造的学校环境的全部内容。职业教育课程具有自己独有的特点和历史，需要按一定理念与程序、方法开发和普通教育不同的课程，从而形成职业教育的课程开发模式。

第一节　职业教育课程开发概述

课程开发是指通过需求分析确定课程目标，再根据这一目标选择某一个学科（或多个学科）的教学内容和相关教学活动进行计划、组织、实施、评价、修订，以最终达到课程目标的整个工作过程。

一、课程开发的含义

"开发"一词最先使用在 1935 年的卡斯韦尔（H. Caswell）和坎贝尔（D. Campbell）合著的《课程开发》一书。因为"开发"一词包含了形成、发展等含义，揭示了课程开发是一个动态发展的过程，很快就被普遍采纳。

课程在很大程度上决定受教育者的知识结构和能力结构。职业教育的课程开发，既要强调传授职业知识、训练职业能力、培养职业素质的普遍性，还要强调区域经济发展和人的职业生涯发展需要。课程开发对职业教育课程来说，它不仅指一门门具体的课程门类，而且指这些课程门类按照一定结构所组成的整个课程计划。一般来说，任何一个环节的职业教育课程开发都必须解决开发什么、谁来开发、如何开发、开发得怎样四个问题。

（一）课程开发的理念

在职业教育领域内，课程理念始终充满了矛盾与激烈的争论，如图 2-1 所示。大体来看，可以划分为两大派别：一类是学问化；另一类是职业化。学问化强调学科体系的完整性与系统性，注重知识的基础性与普适性，而职业化则注重职业教育的专业性、实践性和知识的实用性，以及能满足未来岗位的需要。[①]

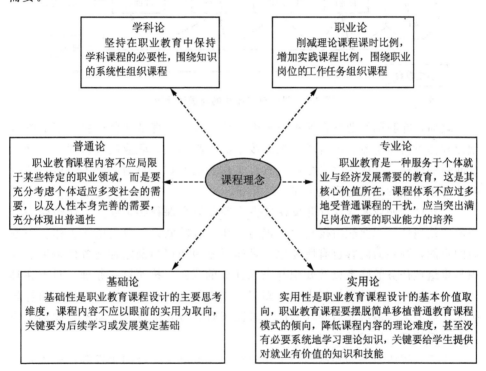

图 2-1　职业教育课程理念的冲突与矛盾

职业教育课程理念的冲突一直伴随着职业教育的课程发展，从最初的"学徒制"到工业革命以后围绕着工艺过程开发课程的"俄罗斯制"，以及沿着这条轨道出现了一系列的职业教育课程模式，如 MES 课程、CBE 课程、学习领域

---

① 严中华. 职业教育课程开发与实施：基于工作过程系统化的职教课程开发与实施［M］. 北京：清华大学出版社，2009

课程等它们的共同理念是围绕着工作过程开发课程，使职业教育课程与工作过程更好地对接，旨在更好地培养学生的职业能力，体现的是"职业化"（见图 2-2）。

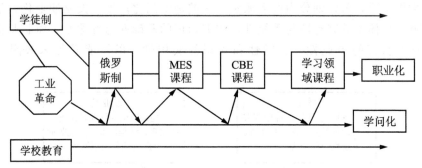

图 2-2　职业教育课程的演进过程①

　　然而，在我国职业教育课程开发中，长期以来一直是学科论主导下的学术型课程体系占据主流。随着职业教育改革的不断深化，职业教育课程必须摆脱学问化的桎梏，已成为大多数职业教育工作者的共识。目前，以工作过程职业教育课程开发的改革与实践正在广泛开展。

　　工作过程职业教育课程开发模式主张职业教育课程必须确立工作逻辑在其中的主线地位。职业能力概括为知识与工作任务的联系，只是由于工作任务性质的不同，联系的内容也有所变化。具体可分为知识与确定性任务的联系、知识与重组性任务的联系以及知识与未来任务的联系。按照这一原理，只有在具体工作情境中，引导学生努力建立知识与工作任务的联系，才能有效地培养学生的职业能力。适应能力的培养应当求助于联系方式的改变，而不是脱离工作任务的系统理论知识的学习。

　　工作过程所需要的知识称为工作知识，其形成主要有两个来源，一类是在工作实践中"生产"出来的，即工作诀窍；另一类是学科知识在工作过程中应用的结果。无论何种类型的知识，其存在形式都与以学科形式存在的知识完全不同，它是依附于工作过程的。尽管工作知识也有其自身抽象的概念、理念和规则，同时也有它自身的结构和革新的动力，但在本质上，这些要素都是和情境相联系的。工作知识只有通过活动才能得到明确界定，也正是这些活动建立了工作知识得以产生和使用的框架。工作知识和学科知识的存在形式，或者说

---

　　① 徐国庆. 职业教育课程论［M］. 上海：华东师范大学出版社，2008

依附的载体完全不同。①

（二）课程开发的价值取向

在课程开发中，课程开发者对课程开发影响因素所采取的策略体现了教育价值取向，也就是说，课程开发实质上是在一定的教育价值取向下确定课程门类、课程目标与内涵的过程。职业教育的课程开发，应以促进学生就业能力提升、职业生涯发展和人格健全为价值取向。

1. 促进学生就业能力提升

职业教育的最大特征是职业性、实践性，因此，职业教育的课程是以促进学生就业能力提升为重要目标。职业能力是职业角色从事一定岗位工作所具备的个体能力结构，它由知识、理解力和技能诸要素构成，并作为一个有机的整体综合地发挥作用，其中任何一个孤立的能力要素都难以完成职业活动。职业能力也是实际就业环境中对职业角色的各种期待，这些期待分解成职业标准的各项具体指标，职业角色所具备的能力要素在相关职业活动中得以外化的行为结果，将是评判职业能力强弱的客观依据。因此职业教育的课程开发要以学生发展为本，以职业能力为中心来设计。能力本位的职业教育课程具有明显的优势：与学科本位的普通教育相比，它能够更直接地为就业作好准备，具有明确的职业指向性和岗位针对性；与企业投资的岗位培训相比，它更能适应行业性的广泛要求，具有在相近岗位组成的岗位群中平行移动的迁移性。这样，一方面，有利于提高职业教育本身的效率和效益；另一方面也为密切职教部门（学校）与工商企业、服务行业的合作打下了良好的基础。因此，作为现代职业教育课程开发，应当把握能力课程体系的重要性和关键性。

2. 有效促进学生职业生涯发展

促进学生职业生涯发展是从"以人为本"的角度出发，为了学生的可持续发展而提出的重要职业教育理念。关注学生的职业生涯发展，意味着职业教育的课程开发不仅要重视学生职业技能的训练，更要重视学生的职业能力发展。现实中个别职业院校甚至以培训的方式开展职业教育，这种教育模式直接导致职业院校学生就业后的思考能力、创新能力受到抑制，发展性受到一定的阻碍。

---

① 徐国庆. 职业教育课程论［M］. 上海：华东师范大学出版社，2008

同时还要看到，进入职业院校的学生对基础（学科体系化的）课程学习的结果是不太理想的，心理上多年的学习成绩不佳以及老师的责备、冷漠，已在学生心中深深地积淀对这类课程的厌恶。学生认为老师讲的东西无用、没趣，为了得到毕业证书，不得不勉强应付。许多学者对此用多元理论解释，认为这些学生虽不擅长理论学习，但可能擅长操作，如果加以塑造，也可以成为人才。尽管从能力类型的角度确是如此，但深入研究就会发现，职业院校的学生学习困难很大程度上并不是因为能力水平不足以支持课程的学习，而是因为他们普遍缺乏强烈学习的动机和主动探索的习惯，没有把学业与职业、职业与人生联系起来。因此，职业教育的课程开发必须充分考虑学生的这一特点，以学生的发展和需要为教育的出发点和根本目标，通过课程开发、有效的教学方式等来强化学生的职业生涯发展能力。

3. 促进学生人格健全

人文教育是促进学生人格修养、品行提升、道德完善和个性成长的重要环节，人文教育不仅让人更有想象力和创造精神，而且可以使人更好地运用所学的知识、技能为社会与人类服务。而相关调查数据一再显示，企业越来越看重的是人才的职业道德素质和职业精神。因此，在课程开发上必须全面关照学生人文素养的发展需求，有利于学生的人格健全和职业生涯的可持续发展。

二、职业教育课程开发模式

不同课程开发模式是不同课程观念的具体体现。目前我国职业教育主要课程开发模式：

(一)"三段式"课程开发模式

这种课程开发模式通常把职业教育课程分为文化基础课—专业理论课—实践课三类，按照从基础到应用的顺序进行排列，构成一个正三角形。在这一模式中，文化基础课和专业理论课普遍在十几门以上，占总课时的 50%～60%，有的职业学校甚至达到 70%～80%。整体看，理论知识所占比例过重。同时，每一门课程的微观排序也遵循这一原则，实践知识居于次要的单位。这种模式的着眼点更多是在理论知识的掌握，而不是在实践过程的应用。另外这种课程模式主要以知识本身的逻辑为中心，不是以实践任务为中心来选择和组织课程内容。究其实质，"三段式"课程就是在传统学术教育课程的基础上简单地加上一个"实践"环节，这种简单地叠加不仅在课程的结构上不具有一致性，而且难以突出职业教育自身的特色。

（二）能力本位课程开发模式

"以能力标准"为核心的职业教育课程开发，突破了学科课程的框架，强调以产业界对职业能力的需要为出发点，注重培养学生企业所需要的实际操作能力，采用的是能力本位的职业教育和培训课程。尽管能力本位的课程开发模式多种多样，但在课程结构上均体现出模块化的特征。一个模块就是一个相对独立而完整的学习单元，它包括旨在为帮助学生掌握某一明确陈述的学习目标而设计的一系列学习经验。

（三）实践导向课程开发模式

这种课程开发模式注重以工作任务为中心组织课程内容，以工作内容为纽带，将理论知识与实践知识得以整合统一到课程中去，但前提必须是实践知识和理论知识有内在的逻辑联系。同时，实践导向课程开发模式也必须按照从实践到理论的顺序组织每一个知识点。这种课程开发并非意味着课程内容只能按照从实践到理论的单向方式进行组织，而是主张从实践知识出发建立理论知识与实践知识之间双向、互动的关系。学习理论知识后，再重新回到实践，不仅进一步加深对理论知识的理解，而且可以发挥理论知识对实践知识的促进作用。如此循环往复，获得最佳教学效果。

三、职业教育课程开发流程比较分析

（一）澳大利亚[①]

以新南威尔士州为例，技术职业教育课程开发的过程基本上如图 2-3 所示。首先，由州行业培训顾问机构（ITABs）根据行业、企业和社会公众的意见，提出课程开发的需求。然后，经州教育与培训部（DETs）批准并立项拨款后，由州内的课程开发机构与州行业培训顾问机构合作，按照全国统一的课程开发标准及能力体系进行具体的课程开发工作。所开发出的产品，包括课程方案、

---

① 陶秋燕. 技术职业教育课程开发流程的比较分析 [EB/OL]. http://www.docin.com/p-35781073.html

教学方法、考核体系以及教学资料等等，经州职业教育培训认证委员会（VET-AB）认证后进行公布，以供职业教育与培训机构使用。

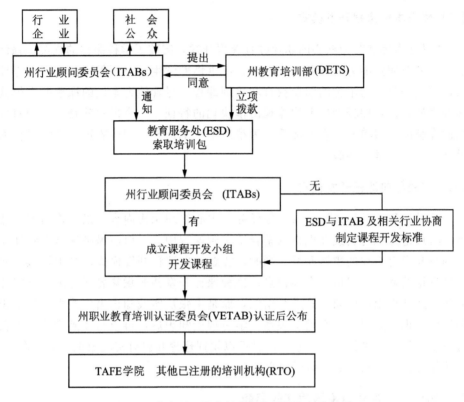

图 2-3 澳大利亚职业教育与培训课程开发流程

（二）加拿大

加拿大职业教育非常重视课程开发，而且独具特色，由各省的社区学院形成一个以行业需求为核心的课程开发体系，即 DACum（Developing A Curriculum）程序。加拿大社区学院先组成一个 DACum 委员会，委员会由具有丰富经验的工人、专家和管理人员等参加，根据社会需求进行职业目标分析，先把培训的内容分解为职责，再把每项职责细化为具体能力，制定考核标准，最后编制成 DACum 表。DACum 表制定好后交到教学专家手中进行课程设计，教学专家据此确定若干模块，交由教师和教学人员施行。之后还要再去征求行业、企业等的意见，最终完成课程开发（见图 2-4）。

DACum 这种以行业需求为核心的课程开发体系其实质就是把人才市场需求和教学设施紧密结合起来，在操作过程中不但关注行业、雇主、市场等需求，而且课程的取舍完全也尊重行业、雇主的意见，所以开发的课程不仅深受学生的喜爱，培养的人才也受到用人单位的青睐。

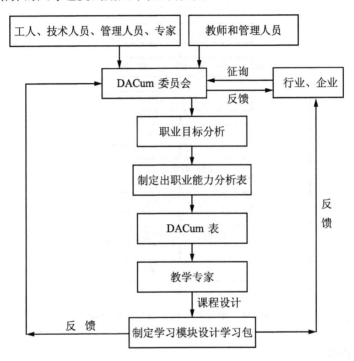

图 2-4　加拿大 DACum 课程开发流程

（三）中国[①]

中国职业教育的课程开发工作主要由各个办学机构承担。首先，针对拟开或现有专业进行广泛调研，征求行业、企业、政府主管部门、学术团体及社会公众的意见，然后，分析人才需求的现状及趋势以确定专业名称及招生规模，分析职业所需的能力体系以确定教学目标、课程结构及教学内容，制订专业教学计划。经专业指导委员会论证并报主管部门审批、备案（见图 2-5）。

---

① 陶秋燕. 技术职业教育课程开发流程的比较分析［EB/OL］. http://www.docin.com/p-35781073.html

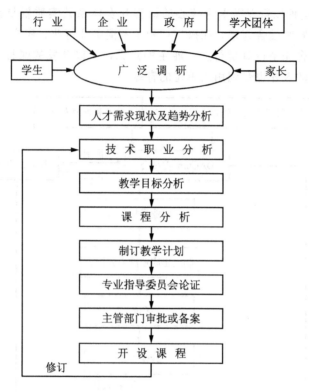

图 2-5　中国职业教育课程开发流程

（四）比较分析

　　职业教育的课程开发具体的流程因各国的职业教育的体系、管理及运行机制的不同而有所差异。

　　澳大利亚职业教育课程开发以行业为驱动力，是一项以各州课程开发机构为主进行广泛调研、协调的系统工程。加拿大的课程开发是由各省的社区学院独立完成的，采用的是以行业需求为核心的课程开发体系。中国职业教育系统以职业需求为导向，以各职业院校为主、广泛征求、调研行业、企业、学术团体和政府部门，依据调研结果进行专业设置、培养目标、能力体系以及课程结构的开发。

第二节 职业教育课程开发程序

职业教育课程具有自己的特点和历史，它的开发是一项非常复杂的工程，原因在于：职业教育专业门类多，课程内容复杂、而且需要及时根据劳动力市场需求的变化而变化；职业教育课程的目的是将学生导向工作体系，为学生未来的就业做准备；职业学校的招生分数远低于普通学校，等等。这些因素使得职业教育的课程开发复杂，而且需要充分考虑学生的这些特点。以往的职业教育课程开发注重理论层面，鲜有关注开发技术层面，使得其开发过程处于比较混乱状态。因此，为了科学、合理、有序地开发职业教育课程，就必须深入研究职业教育课程开发的技术、操作程序以及操作方法。

我们用以下职业教育课程开发中已经被实践证明过的十个依次递进的环节来具体讲职业教育课程开发的程序，这十个步骤紧密相连，依序排列，构成一个有机的课程开发的整体。

一、课程开发决策

职业教育课程开发首先要确定某个专业的课程是否需要开发和是否值得开发，这是一个适宜性和价值标准判定的问题。是否需要开发是指已有的课程开发是否已经难以满足企业和学习者的需要；是否值得开发是指将要开发的课程是否能够符合劳动力市场发展的趋势，是否有发展前景，是否满足企业和社会对未来人才需求的标准。对这些问题的判断首先要进行职业分析。职业分析，是指确认、定义和描述各种职业、各项工作所含任务及其构成要素（作业项目）的科学分析过程，也是利用行为科学方法掌握相应从业人员的现场行为与行为方式的素材搜集过程。这种方法来源于美国学者博比特的"活动分析"理论，即通过对人们从事某项特定活动的调整分析来找出完成这些活动所需的能力、态度、习惯以及各种形式的知识，并以此作为课程目标，然后据此选择一套相应的教育经验来达到这些目标，从而为学习者进入社会生活后的活动做准备。通过职业分析，即从生产和工作过程中的各种技能、知识和职业特征出发，经综合、提炼、总结设计出某些专业工种的具体课程内容。考察 CBE、MES、"双元制"以及"宽基础、活模块"等课程模式中的有关职业分析，结合职业教育自身特殊规律，可以把其课程开发的职业分析定位在"必要的职业技能和充分的发展潜力"上。

我们不难看出，职业教育课程开发的出发点是职业岗位实际需求，而不是学科本位。职业教育的课程开发应该从工作岗位、工作任务出发，强调能力本位，要求企业与学校合作，让理论和实践互补，工作过程很可能是一条路径、一个手段、一个结构。工作实践应当是未来职业教育课程开发的核心，"工作与课程"是未来职业教育课程开发的重要主题，未来职业教育课程开发的核心问题是如何从工作结构而不是学科结构中获得职业教育课程结构，也不是简单的"加强实践教学环节"。

二、课程目标开发

长期以来，职业教育课程目标不明确，流于形式，无实质内容。因此我们在新的课程开发中，顾及学生在校学习时间的有限上，决定了职业教育的课程内容上必须要有取舍，取舍的标准是必须把社会具体职业需求与学生个体发展需要相结合，使学生既能直接掌握就业本领又具有一定的发展性能力，这样既符合职业教育的特点，又符合职业教育学生的学习特点。首先应是帮助学生养成良好的职业道德，然后是使其具有适应就业需要的专业技能，再是促进其能够可持续发展，提高其终身学习的能力。要立足于提高学生就业能力、继续学习能力和职业生涯持续发展的能力，为他们一生的幸福打下一个坚实的教育基础。

课程目标是课程的预期学习结果，即学完某个专业或某门课程之后，学生将要达到或获得的知识、能力、态度等。确定课程目标的来源有多个：现代职业分析、社会用人单位的需求、学科专家与课程专家的建议、国家和地方的教育方针政策、学校所具备的条件、学习者自身的素质基础及其发展需求等。就职业教育课程观而言，对社会用人单位进行需求调查是最重要的。职业教育课程观所坚持的明显的职业导向性是其区别于普通教育课程观的显著特征之一。

三、课程门类开发

整个课程目标确定以后，就要确定要实现这样的一个目标，需要开设哪些课程，以及运用什么方法确定这些课程。课程门类划分是课程开发的重要内容。划分课程门类并非为了确定不同课程门类在课程体系中的地位，而是为了对不同课程的性质有更深刻的认识，同时更好地明确不同课程之间的关系。职业教育课程主要有普通文化课程和专业课程两大类。

课程门类开发是整个职业教育课程开发中的一个非常关键的环节。以往的职业教育课程开发把范围缩小在对每门课程内容的改造上，使得其课程开发不具有根本性，只是在细枝末节上修修补补。我们看到，课程门类是形成职业教育课程计划的基石，同时，课程门类又是职业教育某一专业总体知识划分的第一个框架，即使有时总体知识一致，不同的职业教育课程思想也会产生不同的分类框架，形成不同的职业教育课程门类。

在当前我国职业教育课程体系改革中，针对一些职业院校过分强调实训教学，过度削减甚至取消必要的理论课程，片面强化学生动手操作的能力，学生的知识积累过于简单化，思维和逻辑训练严重不足，缺少创新精神等问题，教育部提出了"两个系统"交叉融合的课程体系设计与实施思想，旨在使专业人才培养既达到就业岗位职业要求，又具有可持续职业发展潜力。"两个系统"即系统的动手能力培养和系统的基础知识培养，不同专业应根据本专业的人才培养目标，系统设计培养方案，精心实施培养计划。系统的动手能力培养，要将实验、实训、实习到最后的顶岗实习，整个实践教学过程系统化设计与实施，相应的教材建设也要成系统，并且在实施过程中关注学生普适性培养与个性化辅导相结合。系统的基础知识培养，必须进行课程改革，应根据不同专业发展需求，分别精心设计基础课程，解决好教什么、怎么教的问题，为学生未来发展打好基础。

四、课程结构开发

确定好课程门类后，接下来就要确定这些课程的排列顺序，以及这些课程合理的课时分配。职业教育课程开发的结果就是最终要形成某专业的课程计划。在课程结构开发中，首先就要确定文化课程与专业课程的课时比例，然后确定这些课程的展开顺序。也就是要把课程展开的顺序由原来的从一般到具体、从基础到应用、从理论到实践，转变为从具体到一般、从应用到基础、从实践到理论。体现在课程体系的切入口变得狭小、具体，出口变得宽泛、抽象，整个课程结构由封闭走向开放。具体在操作上就是以职业教育中的工作任务为线索、引领，确定职业教育的课程设置，做到课程与工作任务相匹配，突出工作实践（完成工作任务的过程）在课程中的主体地位。以工作任务为中心引领知识、技能和态度，让学生在完成工作任务的过程中学习相关理论知识，发展综合职业能力。按照工作岗位的不同需要划分专门化方向，按照工作任务的逻辑关系设计课程，从岗位需求出发，尽早让学生进入工作实践，为学生提供体验完整工作过程的学习机会，逐步实现从学习者到工作者的角色转换。

五、课程内容开发

课程内容的设计可以根据每门具体课程应当包含的工作任务，以及所需要的知识、技能和态度来进行，从心理学顺序、学科逻辑顺序、教学活动的自然顺序、学生的学习背景与兴趣等不同角度进行。目前，职业教育课程内容的组织受前面提到的职业分析的影响，更多地是关注教学活动的自然顺序以及学科的逻辑顺序。课程内容最终要解决的是学生"学什么"的问题，而不是"怎样学"的问题。

在开发每门课程内容以前，要先确定每门课程的具体目标。也就是各门课程应当包括哪些内容？怎样组织这些课程内容，并开发出每门具体课程应包含的工作任务及完成这些任务所需的知识、技能和态度，形成"课程标准"，包括教学计划、教学大纲等。课程内容的选择分为两个层次：整个专业课程的构建即各门课程的选择和各门课程内容的选择。这两个层次密切联系，不了解课程总体结构的功能，便不能依据此功能安排各门课程的内容；反之，各门课程的功能和作用以及基本情况不清楚，也不能构建整个专业的课程结构。另外，设计课程内容不仅要求职业学校教师要注重新的教学方法与教学手段的采用，而且对学校的师资与设施以及企事业单位所提供的实训条件也有较高的要求。

六、课程内容组织

即将选择并组织好的课程内容按照什么模式进行组织，付诸实践，这是课程开发中的重要一环。以往的职业教育课程开发仍然按照知识本身的逻辑组织课程内容，使得职业教育课程"学问化"的倾向越来越严重。应该看到职业教育有其区别于普通教育自身的特点，它的课程组织的模式也是多种多样。

根据职业教育特性，在设计职业教育的课程时要围绕职业能力的形成组织课程内容，以工作任务的内容实用性为标准，围绕工作任务完成的需要来选择课程内容，以职业活动为单元组织学，不求理论的系统性，只求内容的实用性和针对性。引领职业教育所需的相应的知识、技能和态度，实现理论与实践的融合。同时严格避免把职业能力简单理解为操作技能，注重在职业情境中锻炼职业活动，实践创造智慧的养成，培养学生在复杂的工作过程中做出迅速的判断并采取果断行动的综合职业能力。课程内容要反映专业领域的新知识、新技术、新工艺和新方法。

在这一环节，开发的最终成果是获得教材，同时，配合教材的使用开发与教材相关的辅导用书。

七、教学模式选择

以工作过程为导向的职业教育教学模式选择，就是要遵循职业教育教学的规律，按照工作过程来设计学习过程。同时，要以典型产品（服务）为载体来设计活动、组织教学，从而建立起工作任务与知识、技能的联系，增强学生的直观体验，激发学生的学习兴趣。学生通过完成工作任务所获得的产品激发学生的成就动机。通过完成典型产品或服务来获得某工作任务所需要的综合职业能力。典型产品（服务）的选择要体现职业教育的特点，兼顾先进性、典型性、通用性，活动设计要符合学生的能力水平和教学需要。

从传统的"教学过程"向"工作过程"、从传统的"教育专家导向"向"学生需求导向"、从传统的"知识本位"向"能力本位"和"劳动力本位"发生了转变。教学模式的选择，应当整合工作过程、学习过程与教学过程。

八、课程实施环境开发

实施职业教育课程开发，还必须注意职业教育课程实施的环境。这要比普通教育一间教室、一些课桌椅、一张讲台、一面黑板和一些粉笔要复杂得多。以往的职业院校的实训中心设计更多的是考虑建筑因素，很少考虑课程因素。要改变这种局面，使实训基地、实训中心、实验室更好地为职业教育课程的实施服务，就必须在职业教育的课程领域内设计，这种实训中心的构建是应该可以给学生提供直接"操练"的机会，创造近似于真实的环境，进而培养他们娴熟的技术实践能力，因为从认识论的角度来看，"知道"与"会做"是有本质区别的。而职业教育的课程开发的最终目标也就是培养学生的实践能力。

物质环境模拟模式要按照生产对物质环境特别是空间的要求来设计，空间的装饰等也要模仿企业真实的情境，设备的陈列也要尽量模拟，使学生在这种学习环境中，获得大量无法在教室中获得的知识和经验。

在课程实施环境上，强调校企合作是提升教育教学质量的有效途径。目前校企合作发展的新方向是"学校和企业一体化发展"，校企共同开发专业课程，共同搭建实训平台，建设功能多元的实训基地，以此组织生产和实训，达到"实训室—车间、教师—师傅、学生—学徒、实习—生产、作品—产品"的有效融通，真正实现产学研一体化，实现校企双赢，为经济社会发展做出贡献。

九、课程评价方法选择

对所实施的课程进行评价，一方面可以确定课程达到目标的程度，另一方面对提供反馈，为课程的进一步完善与改进提供必要的依据。评价可分为内部评价与外部评价（或称内审和外审）。内部评价是指学校对课程制定过程、课程实施过程、课程目标达成度、课程体系的完整性进行评价；外部评价是指由校外机构根据学校所培养出来的人才规格对课程进行评价，评价机构可以是政府部门，也可以是用人单位或社会中介机构。

在职业教育的课程评价中，要想如实反映并评价学生对课程内容的掌握，就要首先选取与学生在工作实践中所需要的实际知识密切相关的工作活动，而不是替代品。同时，在职业教育课程内容体系中，因为理论课程与实践课程的割裂，导致学生知识结构的割裂，因此在评价过程中要充分考虑知识的整合。但不能把这种评价仅仅作为课程结束的一个附加项目，而要时刻把它作为课程的一个有机组成部分。还要充分运用评价者的判断，只有充分利用基于评价者专业知识的判断，才有可能真正识别学生的工作能力。最后，评价还要为学生提供多种学习与反思的机会，即评价的目的不仅仅是测量学生的学习结果，还要有助于发展学生的能力。对学生来说，实践能力的发展是无止境的。学生从评价的反馈和反思中获得学习机会，既支持了自己的实践能力向高水平发展，同时也可以测量了学生反思品质，即从实践中学习的能力。

总之，职业教育课程评价应以切实提高毕业生能力和学校贡献水平为依据，要积极探索构建学校、行业、企业和其他社会组织等多方参与的评价模式。通过评价导向，努力提高学生就业创业能力和继续学习能力，使得毕业生在获得毕业证书的同时获得相应的职业资格证书，增强毕业生的就业竞争能力，促进毕业生职业生涯持续发展。

十、课堂层面课程改造

课堂层面课程改造指教师根据实际情况在实施课程前与实施过程中对课程的二度开发，优化已有课程方案。

以工作任务为中心的职业教育课程内容组织模式在文本层面实现了理论知识与实践知识的整合，而要在学生的认知结构真正实现两类知识的整合，还必须由教师和学生在教学过程中共同实现。课堂层面的教学是一个动态的发展过程，教师会按照自己对课程的了解，仔细研读课程标准，在研读中思考、反思课程，通过系统地分析课程改造内容，慎重确定课程改造的种类，充分利用一切可以利用的物质资源，按照自己具有的风格，按照学生的情况和课堂的反应来实施课程，而非机械地按部就班。同时对于不同理解能力的学生，教师也必须会对原来设计好的课堂进行一定程度的改造，树立这样一种观念：知识不是教师"教"会的，而是学生"学"会的；能力不是教师"讲"会的，而是学生"练"会的。所以，课程开发不是一个一劳永逸的过程，只有在不断的改造中，课程才有生命力。教师在课堂层面的教学也不像流水线上的工人只会机械、重复地完成设定好的工作程序，而是一个发展创造的过程，这种创造就在于对课程在课堂层面的改造。

第三章
职业教育课程目标

职业教育课程目标上承教育目的、教育目标，下接具体教学目标，它的确立对整个职业教育课程体系的构建有着重要的枢纽意义。

第一节　课程目标的特征

目标是一种构想，一种蓝图，指导、规范着课程从设计到实施再到评价的全过程，而课程又是学校教育中全面塑造人的基本途径，因此，对课程目标的研究就应首先引起我们的重视。

一、课程目标的内涵

课程目标是指在课程的设计、实施过程中所体现的教育价值的基本要求，也就是学生学习某门课程后，在知识、技能、态度方面的预期结果。课程目标是教育目的和培养目标的具体化。课程目标对于教师在开发课程与组织教学的过程中具有重要的教育价值，对课堂教学起到统帅作用。课程目标具有选择的功能，即对课程内容的选择和教学方法的选择，课程目标具有为课程和教学的组织和实施提供标尺的功能，课程目标具有为课堂教学评价提供依据的功能。

从课程目标与教学目标的相互关系看，课程目标是预先确定的要求学生通过某门课程的学习所应达到的学习结果，这种结果表现为学生在与课程相关的素质或特征方面的变化。课程目标作为指导课程设置、编排、实施和评价的整个过程的准则，也是课程自身性质和理念的体现。教学目标是教学目的和要求，专指课程教学中教师对学生学习结果的预期。通过一个特定教学过程（如一节课），学生的学习结果可以是某种知识、某种技能，也可以是某种观念、某种态度的形成或获得。教学目标作为指导教学过程的准则，通常反映了教师的教育理念。课程目标与教学目标之间的联系则表现在：课程是学校教育的载体，课程目标对课程的日常教学工作和管理工作进行导向，教师在确定教学活动环节的教学目标时，要注意落实课程目标，注意体现课程宗旨，教学目标实质上是对课程目标的细化。

二、课程目标的特性

职业教育课程目标的特征主要表现在以下方面：

(一) 整体性

在职业教育中，整体性是指各类目标彼此之间彼此联系，并非彼此孤立。与普通教育相比，职业教育的课程目标定位于特定的职业或职业群，即使是职业教育中的普通文化课程，一般来说，要求体现出一定的职业性。职业教育的最终目标是促成学生在工作中获得成功，所以，对职业教育课程目标的评价不仅是学生的成绩，更重要的是在工作中被认可的程度，这是一个整体的过程，也就是它的课程目标在定位学生学习和活动的同时，还要定位于产品，定位于行业、企业。因此，如何处理好工作与课程的关系成为职业教育课程开发的核心关键环节，同时也意味着脱离行业参与的职业教育开发是难有效果的。

(二) 实践性

职业教育是为具体工作做准备的教育，不同于以掌握符号知识为目标的普通教育，职业教育所培养的学生必须能够有效地完成工作任务，对职业学校的学生来说，"会做"比"会说"更重要，因为工作中所依赖的知识大部分是实践知识，理论知识只有在转化为实践知识后，才可能被应用到行动中。因此它的课程目标也就要更多的强调实践性。学习实践知识最为有效的途径就是实践过程，把工作实践过程开发设计成学习过程，就成为职业教育课程的内在要求。

(三) 适应性

职业教育的课程和普通教育不同，它的课程目标是为了适应特定的区域、特定的职业需要开发实施的，而社会是发展变化着的动态过程，职业教育的课程目标也就必须适应这种变化并能根据变化及时调整。职业教育开发课程目标之前首先要必对社会的劳动力市场进行需求分析。同时，职业教育的课程目标也要适应日新月异的科技的迅猛发展，必须充分、及时吸收科技发展的最新成果。这也就决定了职业教育课程目标的开发是而且必须是一个不断进行、能紧跟时代发展的动态过程。

(四) 导向性

职业教育的课程目标对课程的总的努力方向起着导引、指向作用，是评价课程活动效果好坏、质量高低的尺度。职业教育的课程评价遵循两个标准：校内成功标准和校外成功标准。校内成功标准是指判断学生是否成功不是看分数高低，主要看在工作过程中的实际操作能力。这个考查可以让学生在规定的时间内按照规定的程序完成某项任务来判断。校外成功的标准要求学生在真实的社会环境中、在具体的工作岗位上通过技术水平、工作能力来证明。相对而言，学生在校外的成功是主要的，因为受到关注的更多的是社会和企业的认可，也就更能激发学生学习的热情和潜力。同时课程目标还有激励作用：在目标确定后，由于能使人明确方向，看到前景，有利于激发学生的积极性和创造性。

第二节　课程目标的依据

从职业教育功能和人的全面发展来审视，职业教育课程要以学生的职业生涯发展和社会需求为基本目标。

一、学生职业生涯发展需要

课程的一个基本职能就是要促进学生身心发展。职业教育课程的设置首先应以满足学生职业生涯发展为依据，要让学生获得更加宽广的职业生涯发展空间，并为学生的终身职业生涯发展做好准备。

过去的职业教育课程改革，注意力集中在根据职业岗位需要开发课程。国际上也有根据"课程与工作的匹配程度"、"课程的理论深度"、"以及理论与实践的整合程度"三个维度上的不同表现形成了不同职业教育课程模式。近年来在我国，出了一批实践导向、任务引领的精品课程和教材。然而，课程改革只是考虑到教育者的期望，满足学生学习的需要没有得到应有重视，一些学校课程改革如火如荼，学生照样普遍的"厌学"，学校所开课程并没有让学生"学有兴趣"、"学有乐趣"、"学有成效"。说到底，课程教育效果的实现依赖于受教育者的参与，而且参与的态度主动与否直接影响着教育质量。

以学生的职业生涯发展为基本目标的职业教育课程，反映到学生的素质结构上，强调的是职业素质培养，张扬的是"人"的全面发展，即人的体力、智力、道德精神和审美情趣得到充分自由的发展和运用。包括四个方面：一是完成职业任务所必需的基本技能或动手能力，即"基础能力"；二是完成职业任务应具备的基本职业素质，即"关键能力"；三是职业岗位变动的应变能力和就业弹性；四是在技术应用领域中的创新精神和开拓能力。如果构建课程体系仅从掌握和运用工具的视角来看待教育的功能，只重视认知能力的发展与技能的训练，失去了教育的"本真之道"，会使教育的教化功能跌落。而适应社会需要、个人职业生涯发展需要的课程体系，能增强学生的职业能力，使他们对职业岗位的变动有良好适应性，而且能促进学生素质的发展，从而促进人的全面发展。

以学生的职业生涯发展为基本目标的职业教育课程，可以真正落实"因材施教"。首先，以职业生涯为目标，为学生终身职业发展做准备，有利于激发学生的学习积极性；其次，可以根据学生的思想、行为、习惯及性格、认知特点，将其基础现实、认知能力状况与职业生涯发展目标加以比较，从存在的差距中可以发现教育上的需要，从而确定符合学生实际的课程目标；再次，在教学组织上，以职业领域的工作任务为参照点，按照工作过程的需要来选择知识，以工作任务为中心整合理论与实践，有利于尽早让学生进入工作实践，体验完整工作过程，逐步实现从学习者到工作者的角色转换。

二、社会对人才素质的需求

学生个体的发展，与社会发展交织在一起。事实上学校教育的文化功能、政治功能、经济功能等，都是通过课程为中介而达成的。职业教育的性质决定其与社会经济发展有着密切的关系，以就业为导向的职业教育办学方针表明高职院校课程改革必须适应社会经济发展的需求，社会需求制约着职业教育课程的内容、结构、实施和评价等。因此，高职各类课程必须以社会需求为参照。职业教育课程这种定向性所要求的培养应用型人才，其"应用性"本源，是来自于工作结构、产业现场需求，而不是使知识结构适应职业岗位要求。而"职业能力"也绝不是某种职业技能的拓展与架构，它强调的是"职业实践能力"的培养，是知识、能力和素质的协调统一。当然，职业教育课程的目标，不能完全依赖于对现存社会的研究，而是基于对现存社会主流价值准则和运用方式的选择，因为，社会的价值取向本身也在不断变化。

由此可见，恰当确定课程目标，是职业教育课程改革的基础性工作。同时，我们还应看到，职业教育课程改革本身就由学生、老师、课程构成了一个多维的空间，其中任何个体既是一个立体存在的主体，相互之间又相互促进、相互影响。因此，职业教育课程目标实际上是多维的。

第三节　课程目标的分类

通常，课程目标的开发一般是通过研究所培养的人才类型来定位，但职业教育的特殊性表明，仅仅停留在人才类型的讨论是非常不够的，而是要具体地明确某个专业、某个层次的职业教育所面向的具体的工作岗位。只有工作岗位定位清楚，才能描述这些岗位的工作任务与职业能力，才能详细、具体、准确地把握这些岗位对人才规格的要求。因此，职业教育课程的目标开发一般采用分层、分类加以设计的方法，即首先开发设计课程的总体目标，然后根据对象的特点和层次，细分出分层、分类的目标，从而形成完整的目标系列。在实践中，职业教育课程目标有以下几种分类。

一、层次上的分类

（一）课程总体方案的目标

课程方案目标的确定旨在为开发较详细的每门课程的目标与教学目标提供方向和依据。一般地说，课程方案的目标是广泛的、不可量化的，往往反映了一定的职业教育理念或哲学。课程方案中通常表述的"人才培养目标"其实就是课程方案的目标。这种目标笼统、难以量化，但却很重要，因为它能够为每门课程的目标与教学目标开发提供宏观指导。

以往我们是通过研究职业教育所培养的人才类型来定位课程目标，其结论为确定职业教育课程目标提供了方向，而且往往体现在"人才培养目标"的表述中。但对于职业教育来说，仅仅停留在人才类型的讨论是远远不够的，而是要具体明确到某个专业、某个层次的职业教育所面向的具体工作岗位。只有工作岗位定位明确了，才能通过描述这些岗位的工作任务与职业能力，详细、准确地把握这些岗位的人才规格要求。这个时候的目标才能得到细分、才能具体。

（二）每门课程的目标

职业教育课程的实施是以一门门具体的课程为单位进行的，因此除了确定整个课程方案的目标外，每门课程的目标也要明确规定。每门课程目标是课程方案目标某一段内容的具体化，体现在课程标准中。对职业教育来说，一个专业由许多课程构成，所有这些课程目标的总和应等于课程方案的总目标，每门课程目标只是对课程方案的目标的某一段内容的具体化。如何选取？对于职业教育来说，依据就是某门课程所截取的工作岗位的那一部分工作任务。

相对于课程方案的目标来说，每门课程的目标要具体得多，但往往也是用笼统的方式陈述，量化困难。按照职业定义的输入模式和输出模式，有两种描述每门课程的目标的方法。一种是以要求学生达到的具体知识、技能和态度要求来描述，如机电一体化专业中"机床"课程的目标：掌握金属切削机床的基本概念、加工基本原理；掌握通用机床传动的基本知识；熟悉金属切削机床的结构特点；掌握金属切削机床的使用方法等。另一种是以学生最终能达到的职业能力要求陈述。同样以这门课为例，它的目标可以表述为：能阅读机床说明书，正确选用金属切削机床；能分析机床性能、传动特点并进行加工调试；能处理典型机床一般故障等。

两种方法各有利弊，依据输出模式表述课程目标有利于引导教师抓住职业能力的终点状态，有针对性地训练学生的职业能力，提高教学质量。但如果只依据输出模式，老师往往不能把握形成某个职业能力所需要的知识、技能和态度，无法进行具体的教学。而依据输入模式表述课程目标则恰恰避免了这一问题。但若只有后者，则又容易使老师只关注具体知识、技能和态度的学习，而忽略学习这些的最终目的，更不能围绕最终目的来组织知识、技能和态度的教学，这必然要影响到学生职业能力培养。因此，需要把这两种表述方式结合起来，先依据输入模式，后依据输出模式。

二、价值取向上的分类①

课程目标是教育目的和培养目标在课程领域的具体化，体现一定的教育价值观。职业教育课程目标的价值取向反映职业教育的本质特征和内在要求，蕴涵着职业教育的人才规格和质量标准。职业教育课程目标的价值取向，大致可分为"行为目标"取向、"生成性目标"取向以及"表现性目标"取向三种形式。

（一）行为目标

行为目标是以特定的外显行为方式陈述的课程目标，它指明整个课程活动结束后学生身上所发生的行为变化，阐明学生应该做什么，要达到什么程度。

① 郑晓梅. 论高等职业教育课程目标的价值取向 [J]. 职业技术教育，2003，(19)

它的基本特点是目标的精确性、具体性和可操作性。"行为目标"具体、明确，既便于安排教学过程，也便于准确评价和有效控制教学过程。"行为目标"体现了"唯科学主义"的教育价值观，以对行为的控制为核心。为了对人的行为进行有效控制，可以对目标进行分解，使之尽可能具体、精确，从而使其具有最大程度的可操作性。

从历史的角度看，"行为目标"是古老的师徒制的一部分。在作坊中，师傅经常要求徒弟在规定的时间内完成确定的、具体的任务，这些任务实际上就具有"行为目标"的性质。按照"行为目标"的观点，课程目标应来自对广泛的人类经验和现有社会职业的分析，其关注的焦点是具有工具性和效用性的基础理论知识和基本操作技能。职业教育要培养现代社会的人才是适用具体工作岗位，因此，首先要具备某一职业岗位或岗位群所必需的理论知识和操作技能。这种职业规定性使得职业教育课程开发活动应体现相关职业的专业知识要求和操作技术要求，这种要求实际上是由一系列具体、明确的特定职业岗位能力要素所组成。因此，职业教育课程目标的制定以培养学生掌握特定职业岗位能力要素为旨归。由分解的行为构成要素组成整合的行为能力正是"行为目标"取向的追求所在。

（二）生成性目标

生成性目标是在教育情境中随着教育过程的展开而生成的课程目标。它是问题解决的结果，是人的经验生长的内在要求。"生成性目标"强调学生、教师与教育情境的交互作用，正是在这种交互作用中，不断产生出课程目标，所以它是教育情境的产物，最根本的特点就是过程性。"生成性目标"在本质上是对"实践理性"的追求，是针对"行为目标"的不足而发展起来的。"行为目标"只强调外在行为结果而忽视内在心理过程，但有的学习结果很难行为化，这样它就不能完全反映学习的本质特征；而"生成性目标"否定预定目标对实际过程和手段的控制，对学生和教师在课程活动中的主动性表现出应有的尊重。

"生成性目标"过程性决定了它不把重点放在特定的行为和结果上，而是放在认知过程和解决问题上，通过活动过程培养学生获得以知识体系为支持的批判性和创造性的思维能力，使学生进入"知识本质"的过程。在这个过程中，学生获得了运用所把握的理论知识解决实际问题的能力。由于问题具有情境性，故解决问题的方式是多种多样的，不可能由外部事先予以明确规定。为此，"生成性目标"强调课程要根据学生在教育教学活动中的表现而展开，依照活动的实际进展情况提出相应目标。由于"生成性目标"的焦点集中在与活动过程相关涉的因素上，诸如学生本身的个性特点及其爱好的变化、认知的灵活性、能力的形成和个性的发展等要素，而这些要素影响着学生解决问题能力形成的速度与水平，所以在培养学生解决实际问题的能力方面比较有益。职业教育旨在培养能综合运用理论知识来解决职业岗位中技术问题的能力。解决问题的能力主要有赖于大量的经验性知识（或实践性知识）和隐性知识。由于这种知识具有对现场情境的依靠性和综合性，所以它总是与一定的工作情境联系在一起，既不能仅仅通过理论知识的学习获得，也无法借助"行为目标"预先设定，而是通过学生在具体活动过程中随着问题的不断解决逐渐积累形成的。随着活动的持续展开，学生解决问题的能力也在不断提高。

（三）表现性目标

表现性目标是指每一个学生在与具体教育情境的种种"际遇"中所产生的个性化表现。当学生的主体性充分发挥、个性充分发展的时候，他在具体教育情境中的具体行为表现及所学到的东西是无法准确预知的。它所追求的不是学生反应的同质性，而是反应的多元性，关注的是学生在课程活动中表现出来的某种程度的首创性，而不是事先规定的结果。"表现性目标"只为学生提供活动领域，结果则是开放的。它在本质上是对"解放理性"的追求，体现了人文主义的教育价值观。"表现性目标"取向不具有唤起性、开放性；它把课程视为发挥学生主体性的过程，强调学生的个性发展和创造性表现，因而它又比"生成性目标"取向更进了一步。由此可见，"表现性目标"取向在培养学生的个性发展、创造精神以及人格陶冶等方面比较适宜。随着终身教育、继续教育、可持续发展等观念的确立，职业教育开始从生涯规划的角度关注学生的完满性发展，即注重把学生的智力、体力、情绪、伦理各方面的因素综合起来，使他成为一个完善的人。

为此，职业教育从单纯培养学生的职业岗位能力向培养学生的社会适应能力、综合职业能力、创新能力以及情感、态度、价值观等多种素质相融合的方向发展，以追求工具性价值、效用性价值和发展性价值的统一。相应地，职业教育课程开发呈现出由学科本位——能力本位——人格本位发展的趋势。这种发展态势说明，当代职业教育课程开发的一个重要指导思想，就是要把职业教育从培养单纯的"技术劳动者"变为"技术人文者"。这种课程理念客观上要求将以人为本的思想贯穿于职业教育课程开发的全过程。人格为本的课程观的重心在于培养学生的主体意识和创新思维，以充分挖掘学生的潜能，因而人格为本的课程目标必然注重学生个体的心智活动，这恰好与"表现性目标"取向关注学生在课程实践中表现出的复杂的智力性活动相一致。因为这种智力性活动往往是学生凭借已有的知识和技能所进行的创造性活动，所以这种活动不仅使学生的综合能力、创新能力、个性等多种素质得到培养，而且可以使学生的职业意识、职业态度、职业探究能力得到锻造。尤其在培养创业意识、创业能力成为世界各国职业教育共同追求目标的今天，"表现性目标"取向所蕴涵的意义更得到了彰显。

三、行为结果上的分类

根据规定学生学习该门课程后要达到的预期行为结果，课程目标可划分为促成目标和最终目标。

（一）最终目标

最终目标指课程最终要达到的教学要求。对职业教育课程来说，最终目标就是在工作任务完成中需要达到的目标，强调了在设计的工作情境中一个学生应有的表现。由于最终目标通常是用工作任务所要达到的最终要求来定义的，所以，最终目标应通过自身来评价，最终目标的陈述应尽可能在接近于未来职业生活和现实的真实工作情境。如某个工作任务是维修被撞坏的汽车护板，最终目标就是要明确顾客的车必须在规定的时间内修好，评价也应在真实的情境或模拟的工作环境中进行。

（二）促成目标

促成目标是达到最终目标之前必须达到的目标。如对于"生产出合格的片剂"这一最终目标而言，促成目标就是熟练操作压片机；解释整个操作过程；解决压片过程中出现的问题；能够检验片剂的外观、厚重差异等。这些细化的分目标的功能就在于促成"生产出合格的片剂"这一最终目标的实现，这是用分解工作任务的要求来进行定义的。当然，这些细化的分目标本身还有促成它们实现的下一级的促成分目标，这些目标是从知识、技能、态度等的角度来进行定义。这些促成目标和最终目标形成一个严密的网状结构，从课程教学开始到课程教学结束，指导学生的学习。

第四章
职业教育课程内容

在一定程度上，课程内容决定了学生的学习方式和预期的学习成果，进而影响着人才培养的类型和质量。职业教育的职业属性决定了职业教育课程内容价值取向与定位依据。但由于不同类型的职业教育课程的结构特点不同，从而决定了职业教育课程内容有各种灵活而多样的组织形式与呈现方式。

第一节 课程内容的选择

课程内容的选择是指根据特定的教育价值观或课程观及相应的课程目标选择课程要素的过程。对课程内容选择的依据进行分析，能帮助我们在内容选择和组织上做出更合理的决定，从而更好地为构建科学合理的职业教育课程体系服务。

1859 年英国哲学家、教育学家斯宾塞提出"什么知识最有价值"的著名命题，这是课程发展史上第一次明确提出课程内容选择的问题。1949 年，泰勒在《课程与教学的基本原理》中提出了"怎样选择有助于达到教育目标的学习经验"的问题，"选择学习经验"成为"泰勒原理"的基本构成[1]。自此以后，课程内容的选择问题，成为课程论的基本问题。从一定意义上说，全部课程问题就是内容问题，课程的设计、课程目标、课程的评价以及课程的实施都可以理解为围绕着课程内容的安排及结果展开：课程的设计是关于内容的组织安排，课程目标是选择和决定内容的依据，课程评价是判断内容产生的结果，课程实施是内容的逐步实现。因此课程内容的选择是课程的重要问题。

---

[1] ［美］泰勒. 课程与教学的基本原理［M］. 罗康，张阅译. 北京：中国轻工业出版社，2008

一、影响职业教育课程内容选择的因素

职业教育课程内容的选择受诸多因素影响，其中培养目标与教育对象制约着课程内容的取舍。

（一）培养目标

职业教育的根本任务是培养高素质技能型人才，并着眼于学生职业生涯发展。技能型人才的培养必须使学生能够在实际工作现场，从事生产、服务中的实际工作任务或解决生产、服务中的实际问题。因此，学生在学校接受职业情境的实践训练以及由此获得的相关知识在一定程度上就是日后工作的内容。而社会对职业教育课程内容选择的需求，主要体现在社会技术进步和劳动力市场对职业教育所培养的技能型人才的需求上。因此，职业教育既要为受教育者进行就业准备，形成学生较强的胜任工作能力，还要为其发展奠定基础，养成较全面的素质和能力。在课程内容上，强调直接经验的获取，强调具备从业能力所必需的基本职业技能的训练以及与之紧密相关的知识的传授，强调规范、价值和事实的主导作用。职业实践所需要的动作技能和心智技能是课程内容的重点。针对这些技能所进行的相关专业理论知识的学习以及态度、行为方式的培养，是课程内容的基本要求。这表明了职业教育的课程应该是一种能力本位模式。

能力本位的培养目标是职业教育课程内容定位的导向标。然而，长期以来我国职业教育的课程按照学科体系框架设置，课程内容按知识逻辑选择，无法提供最受企业关注的"工作过程知识"和基本工作经验，无法提供的与职业实践有直接联系的职业学习机会，人才培养难以满足企业和劳动市场的要求，其根本原因是人才培养目标定位不准确，导致课程内容的选择出现偏差。

（二）教育对象

教育对象是课程内容选择的又一重要影响因素。一般来说，职业教育的培养对象，主要具有形象思维的特点。传统智力理论只局限于学业智力范畴，只通过传授学业知识发展学生智力，只以学业成绩作为评价标准。在这种理论框架下，进入职业院校的学生，被认为是智能低下的差生。然而，哈佛大学教授加德纳于1983年创立的多元智能理论告诉我们，每个人至少有语言、数理逻辑、音乐、身体运动、空间、人际关系、自我认识、自然观察者八种智能，多

元智能理论揭示了认知功能的多元性，它的精髓不在于提出人们有多少项智能，而在于指出了人与人潜能的差异性与多样性。这种差异性与多样性也就表明各种智能没有优劣之分、轻重之别，只有智能的结构类型的不同。而人的智力类型不同，其成才的目标、方式、途径也不同。每个人都有渴望发展的潜能。

职业教育的培养对象与普通教育的培养对象相比，在智能结构与智能类型方面存在着本质的区别。职业院校的学生与相应层次的普通院校学生相比，是同一层次不同类型的人才，没有智力的高低贵贱之分。以多元智能理论审视职业教育对象，可以说，进入职业院校的学生，多数是纸笔测试成绩不好的学生，而这种测试的成绩只能证明学生在语言智能、数理逻辑智能方面的强弱；进入职业院校的学生，文化课成绩不佳并不意味着在其他智能领域也必须是劣势；进入职业院校的学生，大多数是单一的评价维度、评价方式的落后者，而机械的、单一的评价模式缺乏合理性、客观性、公正性。

依据多元智能理论分析，职业教育的教育对象，其逻辑数理方面以及言语语言方面的能力相对较差，而空间视觉、身体动觉以及音乐节奏等方面的能力则较强。因此，必须准确定位学生的智能类型，以利于在课程内容选择上充分考虑受教育者的特点，关注学生个体智能的差异对教学的意义。

二、职业教育课程内容选择的依据

(一) 课程目标

课程目标就是学校课程要达到的预期结果，它是课程设计与实施的出发点与归宿，贯穿于整个课程运行过程中，对课程发挥着十分重要的作用。课程目标直接受到教育目的和培养目标的影响。课程目标作为课程编制过程中最首要的组成部分，对课程内容的选择起着指导的作用。内容选择必须依照课程目标，即有什么样的课程目标，便有什么样的课程内容，课程目标是课程内容选择的首要依据。由于课程价值取向的多元化和职业教育的特殊性，要确定职业教育的课程目标变得越来越复杂。在确定课程目标时，要综合考虑课程目标的范围、有效性、可行性、相容性等因素。

(二) 学生发展需要

根据以促进学生发展为本的课程观，职业教育课程的一个基本职能就是满足学生发展的需要，促进学生的发展。因此，课程内容的选择应该关注有关学生的需要、兴趣、身心发展特点等。学生发展需要包括两个方面：一是未来就业的需要，二是学生未来终身发展的需要。因此，在课程内容选择上要处理好以下几个关系，一是正确处理全面发展与一技之长的关系，关注学生成长的各个方面，重点加强思想道德教育和职业技能培养，促进学生德智体美都要全面发展。二是处理好学生全体与个体的关系，面向学生全体，关注学生个体差异和特长，为其提供符合自身发展需要的教育，实现所有学生都能全面发展。三是处理好阶段性学历教育与终身学习的关系，着眼于学生的人生道路，帮助每一个学生持续发展。

（三）社会发展需要

职业教育的职业属性意味着学生个体的发展总是与社会的发展交织在一起。"教育是为学生的未来生活做准备"，因此，在选择课程内容时，就必须要考虑现实社会与未来社会的需求，使学生在未来的公民生活中能有所作为。课程内容满足学生需要、促进学生发展和满足社会需要是相统一的。课程内容只有满足了学生的需要、促进了学生的发展，才能使学生更好地适应社会，满足社会的需要。

（四）课程内容本身的性质

课程内容的选择要考虑内容本身的性质，包括内容的重要性、实用性、正确性等。

内容的"重要性"可由下面几项判断：它是知识和文化中最基本的成分；它是应用性和迁移力最大的成分；它是属于探究方法和探究精神的成分。内容的"实用性"是指课程内容在实际生活中有用，也叫功用，或者叫关联。但在考虑这一依据时，需要注意不能仅仅考虑立即的实用性，不顾及长远发展的需要。内容的"正确性"可以由三个层面来判断：第一，课程内容的选择必须避免错误的事实、概念、原则、方法。第二，课程内容必须反映知识的发展，陈旧内容应排除在课程之外。第三，人类的知识、文化、价值、理想，有许多不是截然属于对或是错的，课程选择就必须采取多元标准判断内容的正确性，将不同的现象呈现出来。

三、国外职教课程内容改革的启示

近年来，不少国家开展了职业教育课程内容改革。从国外经验看，职业教育课程的内容大都呈现以下特点：一是以职业活动内容为主，以工作岗位所需技能为准则进行开发，某一门课程可能涉及多门学科知识，具有兼容性的结构。二是职业教育课程的形式多种多样，各种课程内容的呈现方式也多种多样，三是关注市场对劳动者要求的变化，适时地更新课程。四是专业课程内容与各生产要素相适应，与技术的变迁相适应，表现出应变性的结构特点。

教育部职教中心研究所刘育锋撰文分析德国、澳大利亚、美国、法国、日本职业教育教学内容改革情况，指出以上国家职业教育教学改革内容有如下值得我们关注的走势：第一，以职业行动任务或职业能力单元为逻辑而开发职业教育教学内容。第二，从学术课程内容与职业课程内容相对隔离走向整合，从一门课内容与另一门课程内容相对隔离走向综合，从一阶段课程内容与另一阶段课程内容相对隔离走向衔接。第三，重视职业指导相关课程的开设。并指出以上几国在职业教育教学内容上按照职业任务来分析职业教育教学内容，按职业任务的活动顺序来对职业教育教学内容进行排序的做法为我国职教内容的改革提供了一定的借鉴。[①]

第二节　课程内容的组织

课程内容的选择被确定后，对这些内容进行有效组织使之形成一个具有特定逻辑关系和价值关系并具有可操作性的内容体系，是课程内容研究的另一个重要问题。在课程内容的选择与课程内容的组织之间，存在着互相影响、互相依存的关系。过时、不适宜的课程内容，无论如何组织也是良莠混杂。同样，经过精挑细选的课程内容如没经过合理的组织，就起不到应有的作用。而课程内容组织的合理与否，对师生的教学尤其至关重要。因此，非常有必要对如何组织课程内容进行研究。

课程组织，就是将课程内容加以安排，建立有机联系和编排一定顺序，从而形成系统的课程结构。课程组织是课程内容结构化和有序性的标志。课程组织越严密，课程内容的结构化和有序性程度就越高。

一、职业教育课程内容组织的两种模式

关于职业教育课程内容的组织方式，目前在学界已形成了两种截然不同的

---

① 刘育锋. 部分国家职教教学内容改革新动向及对我国职教课程改革新启示 [J]. 职教论坛，2008，(1，下)

观点，一种是主张要把职业教育课程建立成形式学科，按照知识本身的逻辑进行课程内容组织，即学科知识逻辑模式；另一种观点则认为职业教育课程内容应当以工作过程为逻辑中心[①]，即工作逻辑模式。

下面以"数控机床操作"为例，分析两种课程内容组织模式的区别：

在职业活动中，数控机床操作的工作过程是"准备启动机床—夹紧工件—输入数据—移动刀具—启动机床—加工工件—测评工件（调整机床参数）—结束工作"。

在学科知识逻辑模式下，对数控机床操作课程内容的习惯安排方式是"设备结构——各个组成部分的作用——各个机构的工作原理——操作方式——常见故障及其排除方式"。讲授是按照传动系统、控制系统、机械零件等机械工程专业知识的系统化顺序来进行。

在工作逻辑模式下，对数控机床操作课程内容的组织就按照工作过程顺序来进行。也就是说，工作过程导向的课程内容选择不是指向科学学科的子区域，而是来自职业行动领域的工作过程，并以项目、任务、工艺、范例、案例、设备、产品、实验等作为课程的实现形式，而课程内容的组织则以工作程序为标准。

我们认为，从职业教育的特性出发，职业教育课程应以工作过程为导向，工作逻辑应当是职业教育课程内容组织的合理选择。职业教育的职业属性意味着职业院校专业教学过程的实施必须符合相关职业的内涵，而具有特殊的工作过程是一个职业得以成为的必然，所以，职业教育课程内容的组织尤其是专业课程的内容组织应以该职业具有的特殊工作过程为逻辑起点，符合职业教育人才培养规律。相反，如果专业课程的内容组织仍然按照学科顺序编排，平行展开，不能和职业活动趋向一致，不利于人才培养目标的达成和学生职业能力的提高。

二、职业教育课程内容组织的基本原则

（一）目的性原则

目的性原则是指对课程内容的组织要在一定的目的指引下进行。目的不同，对课程内容组织时其顺序、内容比重就会不同。职业教育课程内容的组织，应

---

① 徐国庆. 职业知识的工作逻辑与职业教育课程内容的组织 [J]. 职业技术教育，2003，（16）

以教育目的为指向，以培养目标、课程目标为依据。

（二）弹性原则

弹性原则是指在对课程内容进行组织时，既要有统一性，又要有灵活性。统一是指指导思想的统一，是以教育目的、学校培养目标和课程目标为归宿的统一。灵活性是能根据区域产业水平、企业文化以及学校特色、学生特点等进行课程内容组织。体现因地制宜和充分利用社会资源。

（三）关联性原则

关联性原则是课程内容组织要注意同时出现的各种课程成分之间的平行联系，这种联系是基于工作过程的知识（包括显性知识和隐性知识）、技能、经验以及基于学生职业生涯发展的素质拓展课程之间的关联性。

（四）整合性原则

整合性原则是指在课程内容组织中，加强课程内容之间、内容和学生的学习经验之间、以及学习经验之间的有机联系，以帮助学生把从各课程领域所学到的工作过程知识和先后获得的各种职业经验加以统整和贯通，提高学生的知识运用能力。

三、职业教育课程内容组织的方法

职业教育课程内容的组织方法大体有以下几种：

（一）纵向递进法

纵向递进法是指课程内容以等级式排列或者按照一定的步骤排列，这种把课程的内容由易到难或者由具体到抽象循序递进安排，符合学生的认知特点，其实质就是对课程内容作序化处理。

（二）横向简约法

横向简约法就是把相同和相近的课程内容进行某种形式的删减，使学生能够获取有用的信息。这就要求分析课程内容的取舍是否真正恰当，同时要注意恰当区分必备知识和拓展知识。可以把课程内容划分为难易程度不同的层次，设定"基本要求"和"较高要求"两个部分，以适应学生的不同需要。"基本要求"是面对全体的、统一的，应在必需、够用的前提下尽可能地降低难度，是为就业准备的；"较高要求"，是面对部分的、特殊的，是为发展准备的。

（三）立体整合法

立体整合法是以培养学生职业综合能力为课程主要目标，通过课程的综合化改革，将专业知识与职业实践结合起来，帮助学生通过在实际工作过程中完成具体任务来获得相互关联的职业知识，解决职业领域的问题。职业教育课程内容组织的立体整合，可采用以下方式：

1. 以主题为中心的组织形式

以主题为中心组织课程内容，即选取和确定一个主题并将与该主题相关的内容组织起来，这种方式意味着通过这种形式组织的课程内容将是综合的、去边界的。主题的确定以及相关内容的选择和组织需要教师做出周密的设计，同时更需要学生的积极参与。另外，基于主题的课程内容选择和组织并非各种内容的拼凑，而应该是在一定的逻辑关系或价值关系中组织课程内容。以主题为中心组织课程内容遵循了由抽象到具体、由演绎到归纳的逻辑。

2. 以问题为中心的组织形式

以问题为中心组织课程内容指确定一个与学生相关或能够引发学生兴趣的社会、生活以及其他活动中的问题或现象，并以此组织相关的课程内容，这种课程内容既有学科知识的成分，又有活动经验的要素。以问题为中心组织课程内容遵循了由具体到抽象、由归纳到演绎的逻辑。

3. 以项目为中心的组织形式

项目课程作为工作过程导向式课程，融合于各项实践行动中最新知识、技能、方法和技巧。其在教学中集中表现为：感知和熟悉工作环境，了解工作岗位和过程相关的知识，然后再开始学习相关知识。学生学习的过程自始至终与职业实践相联系，是企业和社会等外部环境和学生个体相互作用、自主建构的过程。[①]

---

① 张建国. 我国职教课程开发模式的演变及启示 [J]. 职业技术教育，2007，（1）

第三节　课程类型与结构

课程类型与结构涉及课程内容的实际组织形式，因为在实际的课程中，课程内容都是通过一定的课程类型和结构表现出来的。课程类型指的是微观的具体课程种类或方式，而课程结构的含义则要广一些，它既包括横向上不同课程类型的组织安排，也包括纵向上同一内容的不同深度。

一、课程类型

（一）课程类型的含义

课程类型是按照课程设计的不同性质和特点形成的课程类别。每种类型的课程都受一定的课程设计思想的影响。课程类型还直接影响到教学方法与学习方式的选择。

对于课程，从不同角度可以对其作不同分类，以课程的表现形式或者说影响学生的方式为依据，可分为显性课程与隐性课程；以学科逻辑组织为依据，可分为学科课程与活动课程；以课程空间为依据，可分为核心课程与外围课程。

（二）职业教育的课程类型

以工作过程逻辑为依据，职业教育的课程可以划分为以下几个类型：

1. 基本素质类课程

基本素质课程是对学生进行文化教育、职业道德教育、心理健康教育、身体素质教育的一类课程。主要包括职业生涯规划、职业道德与法律、经济政治与社会、哲学与人生、心理健康、语文、数学、英语、计算机应用基础、体育与健康、物理、化学等课程。

2. 职业技能类课程

职业技能课程是按照学生今后将要从事的某一职业所需要的基本职业技能要求设置的一类课程。这类课程反映了在职业分析的基础上，以职业活动中实际应用的经验和策略作为教学内容，以工作过程逻辑编排教学内容的特点。职业技能类课程通常采用实训方式开展教学。

3. 综合能力类课程

这类课程是在专业视角下对职业技能课程的综合，即将专业中若干个核心技能要求重组在一起进行实践教学，从而使学生对整个专业的技能要求有一个完整、清晰的理解和掌握。如项目课程，往往在一个项目中整合了多种相关职业知识与技能，以及职业意识、职业道德、职业素养、质量意识、环境意识、安全意识、敬业精神、团队精神等职业素质要求。这类课程通常采用综合实训方式开展教学。

4. 职业资格考证课程

这类课程是根据国家推行"双证制"的要求，结合国家"职业资格（技能）证书"考试，将认证要求的具有行业特点与职业要求的核心课程直接引入专业教学中，设置考证课程。旨在促使学校教学与行业规范相衔接，与职业要求相一致，促使学生获得国家职业资格证书或职业技能水平等级证书，以提升学生的职业能力和就业竞争力。

二、课程结构

课程结构是指各层次、各类型课程间的构成比例及相互间的纵横关系。课程层次结构是指涵括不同知识、技术层次与水平的课程的比例等关系；课程类型结构是指各种性质的课程的比例等关系。在一定意义上说，课程结构是课程组织的结果。

一直以来，职业学校的课程结构为"三段式"，即普通文化课、专业基础课和专业课。这种课程结构有两个分离，一是课程结构与工作结构分离，教学过程中只涉及相关的知识，而没有把这些知识与需要完成的工作任务联系起来。二是技术课程与文化课程分离。文化课与专业课自成体系，还经常出现课时之争。

在职业教育课程改革中，不少职业学校在探索与工作结构相吻合的职业教育课程结构，以期使各类课程结构能够搭配合理、相互支撑。这种课程结构的思路大体是：以工作过程为逻辑起点，提出所需要的实践知识、理论知识和普通文化知识，其各自的比例以完成工作的需要为限。技术课程和文化课程围绕工作过程展开，彼此之间从一种分离的状态走向一种整合的关系。

三、课程体系

一个专业所设置的课程相互间的分工与配合，构成课程体系。课程体系是否合理直接关系到人才培养的质量。课程体系的建立，必须依据人才培养的细化目标，并不断优化每门课程的结构及教学内容的选择。

目前职业教育课程体系改革，注意到了要建立合理的课程整体结构，各类课程互为联系、互相补充，形成既注重职业岗位需要、又注重学生职业生涯发展。一些职业院校设置了公共基础课、职业技术基础课、职业技术综合课、职业能力专项训练和选修课。实践课程要占较大比例。各类课程之间注意实现有机衔接，逻辑关联，循序渐进、由浅到深、由易到难。

同时，在职业教育课程体系构建中，要正确处理课程体系中的知识、素质与能力的关系。知识是形成能力和素质的基础，能力是知识和素质的外在表现，素质是内隐的知识与能力，是知识结构与能力结构达到一定程度以后的综合体现。教学的目的不仅仅是传授知识，更为重要的是要将知识转化成为能力，进而上升为素质。在这一过程中，必须以理论与实践的结合来实现。因此，职业教育课程体系既要设计理论课程体系，又要设计实践教学体系。总之，职业教育课程体系的构建要注意协调以下几个关系：一是兼顾专业教学覆盖职业标准和专业标准，在完成学历教育的同时，达到职业资格标准；二是按照"就业导向、能力本位、需求目标"构建课程体系，兼顾专科学历教育知识与职业资格能力；三是统筹"一体化"教学方法和教学手段，兼顾课堂教学和现场教学"一体"，理论教学与实践教学"一体"；四是在考核评价上，兼顾学历标准和行业企业要求，完善质量保证体系，使毕业生真正成为高技能人才。

第四节　课程内容的呈现

职业教育的课程内容主要通过教学来呈现，这里主要讨论职业教育教材建设问题。在职业教育课程改革中，教材建设直接关系到教学质量，目前对这一课题的研究，无论是深度或是广度都过于薄弱。反映当代职业教育的最新成就、在内容和体系上有明显特色的职业教育教材不多见，这与职业教育课程改革的要求明显不相适应。

一、教材建设与课程质量的内在联系

教材是指导学生进行学习的材料。教材不仅是提供该课程的信息和知识，

反映学科研究的学术成果，而且体现教育教学目标和人才培养的规格，决定教学方法的应用，为教学评价提供依据，与课程教学质量紧紧相连。科学、适用的教材，能使教学活动建立在符合社会需要的基础上，有利于培养适应社会主义现代化建设的高素质人才，相反，陈旧、落后的教材，不仅影响学生知识与能力结构的优化，而且导致教学过程的无效与质量的低劣，进而降低学校教育的整体质量水平。

职业教育课程面对目前我国就业制度改革的挑战，必须在课程目标、课程体系、教学模式等方面来一场深刻变革，以创新精神开展改革。诚然，教材创新是改革的难点之一，仅从教材编写看，由于现代社会知识、技术更新速度加快，教材要跟上时代要求并非易事。就目前职业教育教学改革来说，相对于人才培养模式、课程体系、教学方法、考试方法等方面的改革，教材改革逊色得多。有些学校构建了符合职业教育特点的创新型课程体系，教学方法与手段的改革力度也很大，但相应的创新型教材却没有编写出来，结果教师上课时受到教材的掣肘，或者仍使用旧教材，只打印一些新资料作为补充，或者根本无教材，只有一些讲授提纲，大大降低了新课程体系的运作效果，还引起学生对课程改革的疑虑，影响学生学习积极性，教育教学质量大打折扣。对此，我们不能再掉以轻心。

教材改革有利于促进教学观念与教学过程的改革。一般说来，学校根据培养目标确定课程设置后，教师按照教学目标，认真钻研教材，采取各种形式实施教学，以完成教学计划。这样，教材作为实现教学目标的重要中介，不仅成为教师组织教学活动的"剧本"，而且对教师也产生了按照"剧情"需要设计排演过程的要求。这种要求会促使教师理解和接受教材内容及其价值导向，并相应地采用有效的教学方法与手段。也就是说，由于选择新教材，教师通过掌握新教材的内容，按照新教材实施教学活动，可以促使教师观念更新，促进教学方法与手段的改革，促进教学质量的提高。

二、职业教育教材创新的核心是树立现代课程观

作为课程内容的落实，教材编写与其说是确定课程内容的过程，毋宁说是课程观念形成的结果，教材创新的前提条件是转变旧的课程观和教学观。如果不树立现代职业教育教学的新思想，教材创新便成为一句空话。

反观我们的职业教育教材建设，可以说，教材特色不明显极大地影响了职业教育特色的形成。在以知识为中心的课程观指导下，职业教育课程以学科的

知识体系为构架来展开，力求完整和严密地向学生展现该学科的基础知识和理论，把人的知识框定在一个狭小的圈子里，把这个知识圈内的知识积累作为培养目标，人的智力与才能及其高低，由这种积累的多少来衡量，由此形成了以教师为中心，以传授知识为目标的教学观。建立在这种教学观基础上的旧教材，只注意知识内容的完整和表达的准确，很少甚至没有考虑学生全面素质的培养和综合职业能力的训练。

职业教育课程要立足于能力本位，教材应侧重于应用性内容，关注职业教育领域的发展；侧重于对职业生涯需要的科学系统的分析，培养学生职业生涯规划能力、求职与创业能力；侧重于重现现场情景，以利于学生的学习和应用。这种教材不是学科学术水平和知识体系最科学、最系统、最完整的介绍，而是社会职业规划与实施水平和能力体系最先进、最直接、最适用的反映。这表明，职业教育教材创新，首先是课程观观念的创新，树立以学生为中心、以能力为本位的现代职业教育教学思想，才能真正使教材编写有实质性改变，适应新形势下职业教育教育的需要。

在现代课程观念指导下，职业教育教材应确定以下基本功能：

一是目标功能。教材所反映的课程目标要以结果性目标和体验性目标来呈现，使用便于理解、操作和评价的行为动词来表达，科学地选择课程内容以体现教材的目标功能。

二是教育功能。如上所述，职业教育课程不仅仅是为学生提供就业信息和就业推荐服务，而是关注学生的职业选择和人生发展。因此，教材应尽可能地引入社会职业的现实问题，设计一些职业情景性的体验让学生在感悟中理解、在经历中认同，以利于形成正确的职业态度和人生观、价值观，发挥教材的教育功能。

三是自主学习功能。职业教育个性化的特点和终身学习时代的来临，对学生的自主学习能力提出了要求，职业教育教材应具备引导学生"改变学习方式"、"培养学习能力"、"形成主动学习态度"的基本功能，使教材作为学生发展的文化中介。

四是指导学习方法功能。个性化的职业教育客观上要求作为课程学习也因人而异，因此教材应具有指导方法的功能，使教材成为搭建教师、学生互动的一个平台。

三、开发职业教育教材的原则

就职业教育课程的文字教材开发来说，除应遵循教材开发的一般原则如思想性、科学性等之外，其特定原则主要有以下几点。

（一）以职业教育需求为导向

职业教育课程的一切教学活动是围绕着职业教育目标来开展的，开发教材也要为课程目标服务。要根据学生对职业教育的需求和社会对人才素质的要求，按照进行职业选择和规划所必需的知识、技能、素质、品德等，选择最适用、最先进的内容。要克服学科本位论，放弃片面强调学科体系的完整性、全面性、系统性。要从学生的就业和岗位需求以及可持续发展的角度审视职业教育教材，真正实现从学科本位向职业能力本位转变。

（二）以能力培养为主线，注重知识运用

职业教育教材创新，要使教材从单纯的"知识仓库"中解脱出来，成为引导学生认识社会、认识自己的工具。教材开发体现培养学生能力，主要是教材内容要按照收集信息、发现问题、分析解决问题的方法和实践来考虑知识的取舍与开展，要摒弃旧教材以原理、概念、分类为主线，以知识要点陈述为结构，过多进行繁复的理论证明的模式，强化知识的应用性。职业教育教材如何把基础理论学习与技能训练、素质培养有机结合，将是教材创新的难点。既然职业教育培养的是应用型人才，在教材上应该体现应用理论来指导实践活动，并且能通过教材的引导，在参与实践活动中提高解决实际应用问题的能力。

因此，职业教育教材在内容上立足于与职业生活紧密结合、与学生实际结合，强调职业教育的个性化和实效性。同时还注意到由于学生自身因素不同，学习成绩有差异，再加上个人性格、兴趣爱好、天赋特长等不尽相同，因此为学生提供个性化学习资源，使每个学生都能体验到学习的乐趣以及实用性，以满足自我发展的需要。

（三）引导学生学会学习

按照现代职业教育教学观，学生的学习过程是一个内在的构建过程，教师是学习指导者与管理人，由此，教材必须把重点放在支持学生进行探索、解决问题上，放在帮助学生和教师解决教学过程中可能遇到的问题上。要改变旧教材为单向灌输式教学活动服务的表述，把学与教的方法融入教材中，对知识内容和技能指标进行学（练）法和教法的加工处理，以便于教学中的实际操作和引导学生学会学习，使学生掌握科学的学习方法和培养他们的自学能力。如果

教材能够为学生提供学习的任务与目标、学习的途径及相关的学习资源、完成学习任务的评价标准，那么，这样的教材一定能成为学生掌握知识、提高技能、发展素质的有力工具。

在教材编写体例和风格上，力求生动、实用、新颖，贴近学生。可用反映现实生活的小资料引出要讨论问题的背景，在阐述基本理论知识后，针对性地设计思考与讨论题、应用与实训题，并给学生提供能力训练的方法与途径。可通过相关链接，补充拓展性学习资料，使学生能够从中得到启迪、借鉴和参考。

（四）体现课程综合化

教材要反映课程综合化改革的需要，就是要围绕培养目标，打破原有学科的界限，吸纳综合化知识，强调综合运用各种信息和技术方法解决实际问题。也就是要根据教育目标对课程进行统筹安排、合理设计，使相关学科通过相互联系、渗透和整合形成一个有机统一的整体。教材内容的整合应力求体现科学整体的思想，在内容上要注重不同学科领域知识与技能之间的融通与连接，注意它们的综合联系和相互渗透，以培养学生综合运用知识的意识和能力。教材整合后，要注意有一定的逻辑结构，无论采用何种结构形式，均应体现职业教育的主题。此外，还应适度预见课程学科理论的发展，使教材内容有一定的前瞻性。

（五）体现区域性与适应性

职业教育教材的区域性是指应根据不同地区的经济建设、就业市场和行业发展水平编写教材，所提供的课程信息具有区域性。职业教育教材的适应性是指适合教育对象的年龄特征、个性特征和发展水平，适应科学技术的进步和经济社会的发展。

职业教育教材尤其是专业课教材必须紧跟职业发展新动态。将最新职业领域成果及时纳入教学内容，同时要注意职业教育教材一方面应有行业特色，以适应行业、企业对一线人才的需求；另一方面，要使学生所掌握的知识和技术能够切合实际，即取材恰当，适用性较强。

四、职业教育教材建设基本流程

（一）进行需求分析与资源分析

职业教育教材的编写首先应就教材建设的内部和外部情境进行具体的分析，

即通过对学校职业教育所处的社会环境、职业教育课程现状、职业教育发展历史、学校或地方职业教育教材资源的优劣势等因素的分析，为教材开发打下基础。

（二）定位教材目标

在需求分析与资源分析的基础上，整合学校教育哲学、学生发展和社会需要三方面的目标，确定职业教育教材开发的目标。要树立科学的职业教育教材观，坚持面向学生、面向职业岗位群、面向社会，教材设计和编写要最大限度地满足学生的需要和可能，符合职业院校学生的身心发展规律。教材不应是只追求教育经验的完美的预设，而要为学生留有发展的余地，使学生真正成为学习的主体，从而为学生就业和终身学习打好基础。

（三）组织教材编写

研究、确定教材内容体系和体例，成立教材编写小组并分工落实编写任务，培训教材编写人员。在这一阶段，教材大纲的审订极为重要，一定要充分研讨、反复论证；编写中也常常出现新的问题和想法，应及时沟通，集思广益，在不断修正中提高教材编写质量，还要注意教材内容细节的编制，无论是数据、图片还是教材版式及封面，都要纳入教材整体质量的视野。

（四）进行教材评价

教材评价是对教材的价值做出判定。要从满足学生个人发展的需要和社会对人才需要两个方面形成评价标准。评价内容大体包括以下内容：一是教材目标的评价，即目标是否既符合学生当前心理发展水平，又对他们的心理发展有促进；是否有一定弹性，可为不同特色的学生提供发展空间；是否符合社会需要，特别是职业社会未来发展的需要；是否具有可操作性与可检验性，便于教学实施。二是教材内容选择的评价，即内容是否有科学性，是否反映了职业教育的新进展；内容的广度与深度是否符合学生实际，能否为他们理解；能否为不同特点的学生提供发展空间；是否联系职业生活与社会实际。三是教材体例的评价，教材体例是否符合学生的认知规律，便于他们理解和掌握；是否符合教学规律，有利于最大限度地发挥教材的功能；是否具有严谨的内在逻辑；文字与图表的使用是否科学、严谨、规范；表达方式是否有利于学生自主使用教材，等等。

第五章
职业教育课程实施与评价

　　课程实施与评价是课程研究的两个相互联系又相互影响的重要环节。没有课程实施，课程设计就只停留在书面上。但课程实施不是简单、机械地执行课程，而是对课程的再创造。课程实施的结果受到多种因素的影响而处于动态变化过程，能否实现预期的目标，需要采取适当的策略和有效措施予以监测和评价。课程评价具有导向、诊断、反馈、促进发展等多种重要的功能，是课程实施再创造的依据。

第一节　影响课程实施的因素

　　课程实施是 20 世纪 70 年代以来新兴的课程研究领域之一，它是人们为解决现代教育中课程与教学分离日趋严重的问题而提出的。在近三十年里，西方学者对课程实施问题给予了极大的关注，国内自 20 世纪 90 年代以来对课程实施的研究也逐渐增多。当前，我国正处于课程转型时期，开始把课程研制看成是学校内在的活动。把教师当成是课程研制者中的一员，要求教师实现角色转变，主动地进行课程决策。

一、课程实施的含义

　　关于课程实施的含义，虽然有十几种解释，概括起来基本认为课程实施是将编制好的课程计划付诸实际的过程，是实现预期的课程理想，达到预期课程目标的基本途径。在课程实施中，教师发挥着主导作用。教师不再只是知识的被动传递者，而应该成为一个研究者，教师不仅要考虑怎样教的问题，也要思考教什么和为什么教的问题。

（一）课程实施首先是教师的学习过程

在这一过程中，教师需要理解课程的理念、目标、内容和方法等，这是课程实施的前提。由于职业属性使然，职业教育的课程实施客观上要求教师除了掌握本专业的学科理论知识体系、教育教学方法，还必须有本专业的实践经验，了解一线的技术应用现状，能为学生进行示范讲解，即使作为文化课教师，也应对学生的专业情况有所了解。加上在知识经济和信息社会日益发展的今天，一方面是产业结构的不断变化，新行业、新职业、新技术、新工艺的不断出现；另一方面是劳动分工的复合化，职业技术的综合化趋势，使得职业教育的内容也必须不断地变化，以适应和服务丰富多彩的经济社会。因此，作为职业教育的教师必须具有根据行业所需的综合职业能力，设计教学活动，开发教学资源，鉴定学生学习成果和职业能力等一系列管理和实施教学过程的能力。而这种能力需要教师不断学习，同时还不能仅仅只靠理论的记忆和逻辑的演绎而获得，它需要教师在课程实施中去思考、需要动手去做，在做中建构起自己的知识和能力体系。

（二）课程实施是教师间的合作过程

教师的工作处于教育体制的最基础的一层，课堂是课程政策传达的最后一站，教师课堂教学拥有相当大的自主空间。这容易使"每一个教室自成一个王国，每位教师的教学，彼此孤立"，时间一长，就可能产生教师"不愿观察别人的教学，也不愿被别人观察；不愿影响别人教学，也不愿意被影响"的结果。然而，职业教育强调"行动导向"的教学，基于工作过程的课程实施需要教师整体的支持与合作，当前我国职业院校"双师型"师资队伍建设从"个体双师"转向"团队结构双师"，折射了职业教育课程实施的合作性，没有教师整体（包括来自企业行业的兼职教师）的支持与合作，便没有真正完整意义上的职业教育课程实施。

（三）课程实施是对课程主要的调适过程

教师最了解课程实施的情境因素及实施中所遇到的具体困难，最可能调适课程的只能是教师。但如果教师对课程实施缺乏兴趣、担心新课程实施会影响自己业已形成的教学优势，就不可能主动参与课程实施过程，有效利用课程资源，积极、适当地调适课程实施方案。

（四）课程实施是教师"观念"和"知识"的重构过程

教师需要转变旧有观念，确立对课程的正确态度；教师要对自己能够胜任课程抱有充分的信心（这需要行政管理人员和校长为他们提供物质和精神方面的支持）；教师要学习课程的内容，完善自己的知识和能力结构以适应课程对自己在知识、技能等各方面的要求，进而思考自己的专业发展和获取新的知识、能力。而并非所有的教师都能够主动积极地应对这些"重构"，因此，课程实施的最大阻力和助力都源于教师。

二、课程实施的影响因素

影响课程实施的因素是多层次多样化的，它们构成一个系统，在特定的环境中发挥综合作用。在这些影响因素中，以下几个方面特别值得关注：

（一）课程实施背景

价值取向制约人的行为。研究者一般认同三种课程实施取向：忠实，相互调适，缔造。这三种价值取向可以导致明显不同的各种课程实施行为。忠实取向容易产生依照预定课程方案按部就班或被动"消费"的"消费者"；相互适应取向可激励实施者主动、积极地"消费"预定课程方案，依据实际情境不断地修正预定方案；缔造取向则让实施者成为课程开发者，将预定课程方案作为课程开发的资源，并主动利用其他资源，积极建构课程新体系。

课程实施对改变传统价值取向的要求越强烈，课程改革的难度就越大，也就越难以实施。有研究表明，人们对课程实施的态度一般类似于常态分布：反对者占5%，推延者占25%，沉默者占40%，支持者占25%，热诚者占5%。这说明课程实施者对课程实施的态度是非常复杂的。课程实施要达到理想的目标，必须诱发课程实施者对课程改革的积极心境，使之主动参与，善于创造。但凡课程发展史上变革力度很大的课程改革，总是难以实施，原因莫过于此。

学校的历史文化和企业行业对课程实施的影响也很重要。课程实施是否顺利，与其所在的学校的历史文化背景密切相关，因此要推进课程实施，必须研究学校既有的历史文化背景，分清其有利和不利因素，有针对性地加以控制。同时，由于职业教育强调校企合作、工学结合，强调将工作领域的新知识、新技术、新工艺、新方法引入教学，因此，课程实施尤其是专业类课程实施还受到来自企业行业的技术标准、人才规格要求以及企业文化的直接影响。

由此可见，系统分析课程实施的背景，从各个不同维度厘清学校课程发展的优势、不足、机会和困难，是学校课程实施的必要前提。

(二) 课程计划的特征

课程计划是课程实施的前提和基础。课程开始于计划，良好的课程计划是有效的课程实施的必要条件，因而课程计划本身的特征是影响课程实施的一个变量。因此，课程实施必定会受到课程计划本身特征的影响。这种影响主要体现在以下几个方面：

1. 课程计划是否具有合理性

这里所说的合理性包括两层意思：一是指课程计划以及课程计划编写是否具有正确的指导思想和理论基础。二是指课程计划既要考虑到人和社会目前的需要，同时又要考虑到人和社会的未来发展需要。这种需要可以理解为变革的迫切性，如果使用者觉得某一变革是很需要的，他便愿意投入较多的时间和精力去实施它。课程计划要尽可能全面地考虑到这些需要，这样才能使课程计划具有很强的针对性。

2. 课程计划实施的难易程度

包括教学内容、参与改革的人数、观念变革、教学方法和组织变化等多方面多层次不同程度的变化。过难或过易都不利于课程计划的实施，只有保持在一个合适的度，才能调动起参与者的积极性，保证课程实施的顺利进行。

3. 课程计划是否具有可操作性

即课程计划在被实施时操作的方便程度。

4. 课程计划的清晰程度

这里的"清晰程度"是指课程计划的应用者对课程计划的理解程度，能让实施者明确地知道应该做什么、为什么要这样做和怎么做的明确程度。理解得越清晰，课程实施的程度也就越大。许多研究表明，缺乏清晰性是阻碍课程实施的重要因素。有些新课程得不到有效实施的主要原因之一就是课程改革目标欠清晰或过于复杂，使教师没有足够的能力和信心推行变革。

（三）物质基础

课程实施的物质基础就是课程资源，大体包括：

社区课程资源，无论是博物馆、科学馆、图书馆、教育网络资源中心、青少年活动中心，还是学校周边的自然资源，等等，都是学校课程实施的可利用资源。此外，学校所在社区的各种改革计划、方案，社会群体现实舆论，家庭的支持程度等，对教育改革也可能产生相应的影响，进而作用于课程实施。

学校现有的教育资源，包括活动场所与设施、教育媒体和教育辅助手段，更是课程实施的必要保证。需要说明的是，并非教育物资水平越高，课程实施水平就越高。当教育物资水平达到一定程度之后，真正决定课程实施水平的还是课程实施主体，即师资和学生。

（四）课程实施主体之间的交流与合作

一般而言，课程的实施与三方面密切相关，课程决策者、课程管理者和来自教育实践中的教师。课程决策者多从宏观上把握课程实施的具体方向，强调课程实施的意义与价值。课程管理者在课程实施过程中起着桥梁的作用，他们一方面安排课程实施；另一方面又要指导教育实践中的教师。通过对课程决策者制订的方案实施效果的考察，他们必须总结经验，吸取教训，并在此基础上力图提出好的建议与意见。以此来改进原先的方案或是重新制订方案。教师是课程实施最直接的执行者，他们对实际操作过程中遇到的问题最有发言权。

三者之间的关系如此密切，就要求他们在课程实施的过程中要充分交流与合作。通过交流，课程决策者、管理者可以将隐含在课程中的一些价值理念传递给教师，并给他们提出一些建议与意见。通过交流，也可以让教师更好地理解课程实施的意义所在，提高他们实施课程的积极性，也可以让课程决策者们了解到课程实施。教师之间的交流也是很重要的，交流的过程就是相互取长补短，借鉴经验的过程。

（五）课程实施主体

1. 教师

有关研究者指出，教师的力量是导致成功的课程实施的主要因素之一。改革的方案可能是理想的，问题在于具体的实施过程，教师是否按照方案中所规定的内容去执行。教师履行着与课程材料的创造和实施有关的多种功能。不论教师是自己编制课程还是运用现有的课程材料，教师总是一个"课程的决策者"，因为课程的发展和运用总是要依靠教师的思维和行动。

2. 学生

在信息科技时代，学生越来越成为一种重要的课程资源，在课程实施中扮演着日益重要的角色。台湾省近日举办"全民开讲"，年仅 13 岁的孩子开设的"程式设计与应用"，竟是全台湾省选课人数最多的课程，从 7～70 岁均有人选择这门课程。学生可以通过网络学习，学生之间可以交流学习；甚至师生角色换位，教师也可以向学生学习。这些学习方式使学生成为课程实施的主体。不少学者已经在他们的研究工作中大量涉及学生与课程变革的关系。

3. 管理体制

在职业教育中，学校课程开发的地位不容忽视，而校长是学校课程开发和实施的关键。校长不仅要尽可能解决课程实施所必须具备的时间、空间、材料与设备，而且，校长的远见、推动力、决策一致、优先安排都是促使教师成功实施课程创新的重要因素。

(六) 课程实施对象

课程方案的可行性、课程材料的质量等，也是影响课程实施的重要因素。如果课程方案使教师感到执行起来困难重重或无法执行，那么教师就会回避课程方案精神而取容易之对策，或拒绝执行。课程材料的难度、实用性、清晰度及其与学生接受水平之间的协调性等，常常也容易改变教师实施新课程或学生学习新课程的态度。

(七) 课程实施的策略

有效的课程实施策略是课程实施的推动力，它能使课程实施获得事半功倍的效果，从而加快课程实施的进程。我国长期以来采取的是集权式的课程管理体制，决定了在课程实施过程中容易采取由上而下的单一模式，这种模式的特点就在于它带有很浓厚的行政命令气息。目前，我国课程管理体制作了重大的变革，从以前的中央集权式的管理体制转变为国家、地方、学校三级管理。这种体制上的改变无疑是对原先课程实施策略的一种突破与改进。

（八）课程实施的相关理论支撑

课程实施是一种实践，需要理论的支撑和指导。在课程改革的程序中，每一个环节理论的丰富程度都会对课程实施产生一定的影响。实践已经证明，课程论发展状况、心理学研究进展、教学论研究成果等对课程实施均有着很大影响。例如，课程计划如何制订才算合理，教师应该怎样培训才能转变他们的观念和提高他们的能力，这就需要教学论、课程论和心理学的理论知识；如何去开发和整合课程资源，这又需要资源开发和整合策略方面的知识，为课程实施提供尽可能宽广和浑厚的理论基础，才能使课程实施更加科学、有效。

（九）情境因素对课程实施的影响

课程实施情境包括各种外部因素，如国家和地方政府政策的倾斜、地方的社会经济发展水平、企业行业、社会团体和学生家长的支持和理解等，也包括教育系统的内部因素，如在教室、学校、学区、社区等各层次上都涉及一定的情境要素：关键人物的作用、文化因素、组织特征等。

课程实施是课程改革过程中的一个关键环节，它影响着课程改革的成效，而影响课程实施的因素是多方面的，它们对课程实施的影响是综合的，其中课程计划、教育管理人员和教师以及实施的情境都对课程实施的效果产生着重要的影响。而课程实施毕竟是一个新兴的领域，需要研究的东西还很多，但我们有理由相信，任何新事物的发展都是由小到大，由不完善到完善的过程。随着时间的推移，以及课程实施相关理论研究的不断深入，课程实施将会取得越来越好的效果。

第二节　课程实施的策略与模式

课程实施是将课程理论转化为课程实践的活动，这一转化所采用的方法策略是否适宜，关系到课程实施的成效，甚至会直接影响课程改革的成败。

一、课程实施的复杂性分析

当前课程实施受机械化、简单化、线性化学思维的影响，被看做静态地、忠实地执行课程计划的过程，缺乏应有的动态性、创造性和生成性等品质，致使我国职业教育课程实施存在诸多问题。其根本原因在于我们没有认识到课程实施的复杂性，而把课程实施简单化了。

复杂科学是 20 世纪 80 年代西方兴起的研究复杂性和复杂系统的交叉科学，它以一种复杂性的思维范式看待周围事物，认为复杂事物的发展具有非线性、整体性和非还原性、混沌性、自组织性和开放性等基本特征。它把课程实施看做是一个复杂事物、一个复杂系统或一项复杂活动，而不是一项简单机械地执行课程计划的活动。从复杂科学的视角来看，课程实施的复杂性表现在以下诸方面。

（一）课程实施的非线性

复杂科学理论认为，事物的发展不是线性而是非线性的。所谓线性是指两个变量之间的正比关系，即由"甲"必然会得出"乙"的这种关系。是一种必然的因果关系。非线性是指系统内要素之间不是简单的因果关系。由"甲"不一定能得出"乙"，一个要素既可以是原因也可以是结果，事物的发展是一个曲折的过程。复杂系统内的一个要素单方面并不能产生某一方面的效果。它总是和其他环境或其他要素结合起来相互作用而产生某一效果。要素的任何微小变化都可能对系统产生影响。这样促使复杂事物的发展具有一些不确定性和突变性。

复杂科学视野下的课程实施是一个非线性的发展过程。也就是说课程实施并不总是按照预设好的程序或意图发展，其过程和结果与预想的不完全一致。首先，课程实施这个复杂系统内的诸多因素之间关系的复杂性使课程实施非线性地发展。表现为初始状态下课程实施各因素之间难以相互适应和协调。比如设计好的课程计划不一定符合特定教育情境中的教师和学生。这样课程计划就不能直接按照原来的程序实施下去，需要调整课程计划或者提高教师专业素质以达到二者之间的协调和谐，课程实施表现为一种非线性的发展过程。其次，在课程实施过程中总是存在一些不确定性和突变性的因素。这些因素使实施者在实施过程中不得不对原有课程计划做出或大或小的调整，课程实施无法按照原计划直线式地进行下去。呈现非线性发展。

（二）课程实施的整体性

复杂科学理论认为，整体大于部分之和，构成事物的各要素不是简单的相加，而是与整体中的其他要素在相互联系中发挥作用。认识事物的整体需要首先把握要素之间的联系和作用，认识部分要素需要认识整体，通过整体来认识要素。因此，复杂科学视野下的课程实施是一个整体性的过程或活动，由各影响因素相互对话与互动来共同推进。归纳起来，有课程计划本身、人的因素（包括教师、学生、学校领导、家长等）、物的因素（课程实施的物质条件）及外部背景因素（学校教育环境、媒介等）。课程实施单靠教师执行课程计划或者仅依赖于某一因素是难以达成目标的，必须加强各因素的彼此联系。

（三）课程实施的动态性

复杂科学理论认为，事物的发展充满混沌性。混沌主要指确定性系统的内在随机性。系统状态可在上限范围内任一时空下发生变化，形成一种无法预测、无法计算的"混乱"局面；这种混乱是在全局稳定前提下的局部混乱，不是真正的完全无条件的混乱。因此，这种确定系统内的随机混乱就是混沌。在一个发展的复杂系统中，我们无法预测任一给定时刻的变化，无法预测这种变化何时发生，只知道它会发生。它具有随机性，但是又体现出一定的确定性，是确定性系统的内在随机性。

在复杂科学视野下，课程实施作为一个复杂事物，其发展过程亦充满不确定性、随机性、混沌性。课程实施系统内在因素具有随机性的变化，其发展过程是一个动态的创造过程。课程实施也就不再是静态机械地执行课程计划的过程，而是一个不断调整课程计划或实施策略的过程，甚至是一个再创造课程意义的过程。

（四）课程实施的开放性

复杂科学理论认为，复杂事物具有开放性。开放性相对于封闭性而言。所谓封闭性是一种孤立化的、割裂与其他事物联系的存在。孤立化和封闭化的事物易走向固步自封、忽视外界。开放性是复杂事物存在和发展的重要特征。课程实施的自主发展需要外界环境和其他事物的支持，需要与其他事物进行物质、信息和能量的交换。所谓开放，对于课程实施来说就是包括内部开放和外部开放。内部开放就是课程实施内部系统诸如课程计划、教师、学校领导、学生、家长、企业行业等方面彼此理解性、协商性地开放交流；外部开放就是课程实施本身与其他方面的彼此开放，诸如与课程目标、课程内容、课程评价等，甚至与课程之外的学校德育、社会环境、实际生活等方面有所联系和交流。事实上，课程实施不仅仅是课程本身的问题，它总会涉及课程和教育之外的东西，课程实施始终要处在开放之中。

二、课程实施的策略

在我国，职业教育课程改革可能由不同层面的教育机构发起，因此，大体上有以下三种策略：

（一）自上而下策略

课程变革是由国家或地方一级的教育机构发起，在实施中强调学校中的其他因素与变革相一致。这种策略又可表现为两种形式。一种是研究与发展模式，是国家或地区性课程改革中普遍采用的策略，强调国家或地区等上层机构要创设条件使学校管理者与教师充分认识改革的价值。另一种是多因素策略，该策略更多地关注政治的、社会的与经济的因素，主张通过利用三种组织要素——社会准则、教师意念与技术来克服单因素变革的局限。因此，这种形式比"研究与发展模式"更进了一步。

（二）自下而上策略

在这种策略中，变革机构试图通过教师检视学校中的问题，由此成为革新者而引入变革，因此作为个体的教师是变革的发起人。该策略主张处理教师当下关心的问题，借此发动学校系统内的组织变革。这种方式认为课程变革必须消除教师的疑虑，因此首先要帮助教师识别与分析问题，然后促使其采取变革行动。

（三）自中而上策略

与前两种策略相比，这种策略选择了一条中间路线。它认为从上至下的策略过多地依赖于外部的奖赏，从下至上的策略又必须以个人或群体倾向改革为前提，然而事实上学校文化总是相对保守的，不愿主动变革。该策略主张学校是发起变革的最适当的机构。学校要成为课程实施的主体，一方面，联合校外人士推广革新；另一方面，要创造有利条件，促使教师参与变革。

由此可见，课程实施策略关乎课程管理体制。随着我国三级课程管理体制的建立，教育行政部门要适当放权，让更多的群体参与到课程实施中来，并赋予他们权力，允许职业学校教师根据自己的实际情况对课程计划做出创造性的调整，接受行业企业、学生家长等提出的宝贵建议，创设民主的课程实施环境。要打破"自上而下"的单一实施模式，让职业学校和教师等主体开展"自下而上"或"自中而上"的课程实施模式，以调动不同层次、不同领域人们的积极性和创造性，使课程实施具有灵活性和创造性。

三、课程实施的模式

(一) 研究—开发—推广模式

这种实施模式认为课程改革是由以下四个阶段按计划性展开的过程：一是研究：建立某种教育理论；二是开发：根据理论设计新的课程方案；三是推广：将新方案系统地传递至学校与教师；四是采用：学校与教师无权对课程方案进行修改或调整，只负责使用。这种"研究—开发—推广模式"具有下列特征：

（1）需要实施的技能假定为可以学习的及可以特定化的。

（2）课程方案由专家设计并使其臻于完美。由于假定课程方案能适合不同的学校情境，教师很少有机会进行现场修改。

（3）假定课程目标已得到课程开发者、教师和学生的认同，并且这些目标成为评价学生的主要基础。

（4）评价课程的方法主要是心理测量式的，如成就测验或态度调查。

（5）课程实施以"忠实"程度作为评估的基础，课程方案的使用者是变革的被动接受者。

(二) 启动—实施—吸纳模式

这一模式的研究者认为实施变革的主要障碍在于学校的组织动力，因此他们强调在实施阶段给学校加入一些鼓励变革的组织变量。这一模式由以下三个阶段组成：一是启动：变革领袖寻求所有可能参与变革的人（如教师、行政人员等）的理解和支持；二是实施：新课程方案与学校组织之间的调运，既定课程方案的特点、教职员工的能力、当地社区的性质以及学校组织结构等都可能有所改变；三是吸纳：设立一些程序，尤其是在职培训等，来保证实施的方案得到必要的人力与财政支持。

"启动—实施—吸纳模式"不再将注意力仅放于技术、行政权力等因素上，而是关心变革过程中教师的信念、理解、能力，学校与社区的情境等特点。这一模式具有下列特征：

（1）良好的教学知识是缄默知识，最好由教师间相互观摩学习，而非由外部的专家、顾问来界定和传授；

（2）课程开发集中于本地的教师培训，外部生产的教材则放在次要地位；

（3）课程变革并非由一套预设目标指引，而是由一套有关教师与教学、学习者与学者、学科内容与其潜在意义以及学校教育与社会政治力量的关系等信念指引；

（4）评价方法不再拘泥于标准化、系统化等正规方法，其取向在于从师生的观点理解课程；

（5）课程实施是教师的多元诠释过程，他们会综合多个侧面的认识来讨论课程变革。

四、课程实施的注意事项

学校课程实施的有效性取决于人们对课程文化背景的透视和内化程度，教师和学生在课程文化上的深厚修养和自觉内化，能够为课程实施提供精神动力和智力支持。因此，学校课程实施的对策研究应该以文化背景的透视为基础。基于文化背景透视的课程实施对策研究具体包括以下若干方面：

（一）课程实施中的"和合"与"和而不同"

课程实施过程中，人们会表现出各种不同的价值取向，不同的价值取向导致人们的意见分歧。所以在课程实施上不能用统一标准去衡量他们。我们可以引入我国优秀传统文化中的"和合"与"和而不同"思想来处理课程实施过程遇到的问题和矛盾。"和合"的理念最早出现在先秦时期，管子、墨子、荀子等著名思想家都运用此概念来阐述他们的哲学思想和文化理念。"和合"精神主要用于正确处理人际关系，强调使这些关系保持和谐统一，形成合力。"和而不同"语出自《论语》，用以指导世人如何处理人际关系和对待不同意见。这些古老的光辉思想具有很强的现实意义。所以，人们在课程实施中碰到问题和矛盾时，不应该相互指责，应该变"对立"为"对话"、变"阻力"为"合力"。

（二）课程实施中的"以人为本"

课程实施不应限于教师低层次上的传习书本知识和专业技能，应"以人为本"，即课程实施要"重人轻物"，要凸显"人性化"，防止课程实施中的"物化"和"异化"。这就是说，课程实施有一个本末问题和层次问题。

关于"本末"问题，课程实施者要会取舍，要有选择的分寸感。具体讲，师生要以道德（师德和学生的品德）为本，以才艺为末；以生命智慧（不是狭义上的"教学智慧")为本，以知识技能为末（真正意义上的课程实施的"副产品"）；以实践求证为本（强调过程：实践出真知——"智"），以书本学习为末（"纸上得来终觉浅"）；以长远发展为本（人生犹如"马拉松"），以短期发展为末（短期发展是为最后的"飞跃"所做的"量变"，不能飞跃，所有的量变都等于零）；以成功为本（真正的成功是人生的一世），以成事为末（成事是人生的一时）；等等。所以说，课程实施中"以人为本"不是空洞的口号，其背后有很深的文化内涵。

关于"层次"问题，课程实施对教师和学生的作用及其结果，在客观上有参差不齐的状况，大致呈现三个层次，即知识型、能力型和智慧型。现实中的课程实施大都滞留在前两个层次，而后一个层次对大多数人来说是可望而不可即的。这里说的智慧是师生的生命智慧，而不是目前有人提倡并追求的所谓的"教学智慧"。"智慧使人快乐，真理让人自由"。对课程实施者来说，智慧的目标可谓遥不可及，但虽不能至，心向往之。

"以人为本"就是要把学校课程实施聚焦在教师和学生的文化自觉和生命自强上，师生一旦有了自觉和自强的意识和动力，就会涌现出智慧型、创新型的教师，培养出具有创新精神和实践能力的学生。

（三）谨防课程实施中"顾此失彼"和"重硬轻软"

学校的课程实施是一个曲折的过程，这种曲折的过程折射出课程实施中的误区。误区之一就是"顾此失彼"，具体表现为：学校的课程实施过于狭隘，仅局限在学校及其课堂内，顾不上与家庭教育和社会教育的统合。教师只顾了解学生、提高学生，却顾不上真正了解自己、提高自己；学生只顾课堂与书本，却顾不上综合职业实践活动，只顾"书里"顾不了"书外"。

误区之二是"重硬轻软"，主要是指课程实施的资源配置与"文化弱势"问题。资源配置是课程实施的硬件，"文化弱势"则是课程实施的软件。在课程实施中，我们常常注重的是硬件建设，过多地强调资源配置。往往轻视或忽视"文化弱势"这个软件建设，文化弱势不仅表现在城市地区与农村地区之间，也表现在同一地区的不同学校之间，这种客观上存在的"文化弱势"，增加了课程实施的难度。

应该指出的是，课程实施也是一个在曲折中走出误区的过程。课程实施能否走出误区，关键在于我们能不能透视环绕课程实施的文化背景，能不能实现文化自觉和生命自强，能不能把握人生的主流和拥有自己的生命智慧。

第三节　课程评价

评价是指衡量人物或事物的价值，是判断与衡量人物或事物的优点与积极作用。课程评价就是通过对课程实施的结果进行判断与评价，从而为调整、修订、创新课程实施的策略与方法提供依据。

一、课程评价的含义与功能

(一) 课程评价的含义

在西方，关于课程评价（Curriculum Evaluation）主要有三种观点：第一，早期的泰勒认为，评价过程实际上是一个确定课程与教学计划达到教育目标的程度的过程。强调评价以目标为中心，研究教育行动达到或偏离教育目标的程度。第二，美国学者克龙巴赫认为，评价是为做出教育方案的决策搜集和使用信息的过程。强调评价是为了改进教育决策。第三，有学者认为，评价是确定某事物的价值。强调课程与人的需要的关系。

我们认为，课程评价应视为对课程编制全程各个环节、各种因素的价值判断过程，即课程评价指的是研究一门课程某些方面或全部的价值的过程。课程评价的焦点或目标应包括课程需要和（或）学生需要，课程设计，教学过程，在教学中使用的教材，学生成果目标，通过课程学生取得的进步，教师有效性，学习环境，课程政策，资料分配以及教学成果等内容。

(二) 课程评价的功能

1. 改善教学体系

课程是指某一学科的教学活动过程，即在规定时间内，教师以一定分量的教材，组织一个同定班集体的学生进行学习的形式。如果把学生在校接受各种教育训练活动看成一个系统，组成这一系统的因素应包括教师、学生、各种教学活动、媒介手段及评价活动等，这一系统的运转受社会及学校教育目标两方面制约。教师是管理者、各种学习条件的安排者，又是学生专长内容的选择者、教学信息的提供者。学生通过教材及教师的讲授活动接受各种信息。评价功能则在于判断这一活动过程的有效价值。

为了不断改善这一系统，必须对该系统实行严格控制，根据系统论的观点，任何系统只有通过信息反馈才能实现有效控制，而教学系统的反馈信息就是通过评价来获得的。因为评价是连接教学系统中各要素的工具，主要功能是通过信息反馈达到教学系统的目的。教师借助于课程评价可创造性地改进教学工作，如确定不必要的部分或存在问题的部门，通过对学生学习效果的评价，可以了解每个学生对所学知识的掌握程度，订出因材施教计划，也使学生通过评价了解了自身的进步与不足。通过对教学管理的评价，可以帮助校系领导判定学校有关制度的管理，从而有益于提高教学质量。只有将评价反馈取得的信息与调整机能紧密结合，才能有效地改善教育系统。

2. 改进课程建设

课程评价是一种动态评价，通过对过去课程进行评价，对当前教学进行判断，从而对今后课程的发展做出预测规划，但这一切都必须以优化决策、改进教学工作、提高教学质量为目的。课程评价与经常性教学评价目的是一致的，两者互相结合，如教学质量评价可与教学检查及主讲教师教学评议相结合，专家评议前的现场调研可与经常的检查听课、抽查作业相结合，对评价结果的分析处理可与教学总结相结合等。其实，评价本身就是一个边评议、边改进、边提高的过程，如应用得当，可调动广大教师和学生的积极性，也是加强课程建设的有效途径。

3. 提升课程质量

通过对课程提供某些必要的修订措施，以使其更好地发挥育人载体的作用。这需要通过课程研制的不同阶段来实现。在不同的课程研制阶段，课程评价对于课程质量的提升有着不同的表现。这大体上可以概括为以下三个方面：

一是在新的课程尚未研制之前，通过课程评价指出原有课程中存在的问题，从而为新的课程提供参照，明确课程的目标和重点，为改进课程提供方向性指导。

二是在新的课程开始研制之后，通过课程评价进一步诊断课程研制的过程是否科学合理。如果不够科学合理，就要做进一步的修改，从而为改进课程提供参照性的意见。

三是在新的课程已经研制出来之后，通过课程评价，进一步分析所研制的课程目标是否合理科学，所选择的内容是否系统全面，对课程进行的组织是否合理科学等。另外，还要进一步分析新的课程在课程目标、课程内容的选择和组织等方面是否存在遗漏，如有遗漏，要做进一步的补充完善工作。

4. 推进教学改革

职业教育通过几年的改革，取得了可喜的成绩。尤其对教学体制及教学方法的改革成绩更为显著。但真正深入到教学内容的改革还需进一步深化，有些课程内容陈旧，前后脱节，有的课程起点偏低，多次重复等；有的教师授课方法死板，甚至照本宣科，有的则讲解过细，把教学过程仅仅看成为单向知识传递过程，从而忽视了对学生的能力培养，严重影响教学质量的提高，而课程评估应用得当，则可除去上述弊端，从而促进教学改革。

5. 改进教学实践

课堂教学是课程实施的基本途径，课程评价对于教学实践的改善起着重要作用。这主要体现在三个方面：

一是评价课程目标是否落实。通过课程评价，判断教师在教学过程中是否落实了所规定的课程目标，其中，包括这些目标落实的质量、落实的水平等。

二是评价课程内容是否落实。通过课程评价，判断教师在教学过程中是否落实了所规定的教学内容，包括教学过程中是否存在对课程内容进行了增减或遗漏等问题，如果存在增减或遗漏，要弄清楚增减或遗漏的原因，其依据是否充分、合理。如果充分合理，就能为课程修订提供良好的基础，如果不够充分合理，则需要在今后的教学中进行重新论证。

三是对教学效果进行评价。教学效果评价是教学评价中的重要内容之一。对教学效果的评价离不开课程评价的指导。这是因为，教学效果的评价需要有评价的标准，即根据什么来进行评价，而这恰恰是课程评价的重要内容。

6. 提高教育质量

教育质量分为教学质量与学生质量两方面，学生质量主要取决于教学质量，而教学质量又是教学工作优劣程度的具体体现。最终落实到学生质量上。质量是教师与学生两者共同创造的，是控制作用的结果。因此，在设计指标体系时，除重视效果指标外，还应注重对教学过程的评价，指标体系应体现教学质量控制的全过程。

教育的根本目的是培养人，必须实现其最佳社会效益，但这要受多种因素制约，如教师水平、教学设备及条件、教学内容、教育结构及学生素质等。很显然，要使教学各种条件均处于最优状态是办不到的，或者说是困难的，但通过课程评价可以促进教育系统诸因素处于较优化状态，扬长避短，以发挥教学诸因素的最大效益，从而全面控制教育质量。

7. 完善课程评价

课程评价不仅能够提升课程质量，改进教学实践，而且有助于自身的发展与完善。虽然课程评价与哲学、社会学、教育学等领域的研究密不可分，但从根本上来说，主要是对已有课程评价进行修改和完善。这不但使课程评价在从最初的零散粗放形态走向系统科学形态的过程中呈现出此种功能，而且在课程评价的发展史上，每一次重大的改变，实际上都是课程评价自身完善功能的展现。如前所述的目标实现、信息搜集和意义共享等，实际上就从一个侧面反映了课程评价的发展与完善。

客观地说，课程评价之所以能够使自身更加完善，主要有两方面的原因：

一是现实课程评价的局限性。尽管每一种课程评价都是对已有课程评价的改进，但并非都完美无缺。因此，每一种课程评价与已有课程评价相比较而言，在呈现其优势价值的同时，也存在一些明显的局限性。正是由于课程评价存在着一些局限性，才促使人们进一步对课程评价进行改进，从而更加完善课程评价。

二是新的发展理念的推进作用。随着自然科学、社会科学研究的不断深入发展，一些新的理念不断涌现，这些新的理念常常以自己的方式作用于课程评价，对课程评价提出了一些改进意见和要求，这在客观上有助于课程评价的进一步完善和发展。

二、课程评价的类型

课程评价根据目的、主体、方法等的区别，可以有不同的类型划分：

(一) 决策性评价、研究性评价和工作性评价 (依据目的分类)

决策性评价主要由教育行政部门召集人员或委托专门机构来开展评价，目的是通过对正在使用中的课程的价值和合理性做出判断，为调整有关课程的法律法规和重大决定提供信息。侧重关注课程与社会、课程与学生等宏观问题。

研究性评价是指一般由理论工作者为新课程的开发或为改进新课程需要获得积累相关资料和信息而进行的评价。侧重关注课程的合理性和价值等课程本身的问题。

工作性评价是指主要由教师或学校为课程是否对学生的影响达到了既定的目的而进行的评价。主要关注课程对学生的直接效果。

(二) 形成性评价与总结性评价 (依据评价功能分类)

形成性评价发生在课程设计过程中，主要目的在于评判课程设计各阶段草案或计划原型，以便对之做进一步的改进或修订。形成性评价的作用在于孕育课程、发展课程，使之逐步趋于完善。总结性评价发生在课程设计完成之后，主要作用在于收集资料，判断课程的整体效果，并以此作为今后采用或进一步推广的依据。

(三) 依据目标的评价和不受目标约束的评价

课程评价根据是否受目标的限制还可分为依据目标的评价和不受目标约束的评价。依据目标的评价是以目标为基础进行评价，有什么目标便做什么评价，目标之外的现象一概不列入评价范围。依据目标的评价通常要判断目标的达成程度。因而要求叙述精确的可观察的行为目标。不受目标约束的评价是以整个教育实际现象为范围进行的评价。因为课程实施所产生的影响是复杂多样的，与目标相关的现象只是其中的一小部分。因此，课程价值的判断不但应该考察目标的达成程度，也应该考察目标之外的其他结果。另外，不受目标约束的评价还可对目标本身进行评价。

(四) 内部人员评价与外部人员评价

课程评价根据评价主体分类分为内部人员评价 (自评价) 与外部人员评价 (他评价)。内部人员评价是指由课程设计人员自己进行的评价。外部人员评价是指由课程设计人员之外的人进行的评价。内部人员评价的好处是评价者对课程的精神实质有较好的把握，容易把评价与课程方案的改进联系起来。外部人员评价的好处是评价面广，容易做到公正客观，信任度比较高，但这两种评价也都各有其问题，理想的评价是内部人员和外部人员结合起来进行评价。因本研究是总结性评价，故主要是外部人员评价。

(五) 过程评价和结果评价

结果评价是一种传统的评价方式，它的特点是只注意到输入和输出两点，对于其中的过程则缺乏注意，这种评价常被批评为暗箱式的评价。过程评价是针对传统评价的弊端而提出的新的评价方式，它的特点是注重课程实施运作过程的分析，注意揭示影响课程的各种因素及其相互作用。

三、课程评价的过程与阶段

由于在评价取向上的不同，不同的课程评价模式在具体的过程和使用的方法与技术上也必然存在差异，所以并不存在规范化、标准化的评价过程与方法。尽管如此，不同的课程评价研究者大都会提到这样一些步骤：集中于所要评价的课程现象、收集信息、组织信息、分析信息、报告信息、再循环信息等。作为一种实践活动，课程评价是一个动态有序的活动，它应有几个基本的阶段。

(一) 准备的过程和方法

准备阶段是课程评价实施前的预备工作阶段。主要工作就是确定评价对象和目的，建立课程评价机构和部门，分解评价目标、确定评价准则和指标，制订评价方案。

1. 确定评价目的和对象

开展课程评价首先要解决"为什么评价"的问题。课程评价目的反映了评价者的课程观、教育观，也影响到评价方法与工具的运用。

确定评价对象是根据评价目的选择评价事项。

2. 建立课程评价机构和部门

课程评价作为一项有组织有目的的活动，不是个人行为，必须由一定的机构或部门来承担。建立正式的评价机构或部门，有专人负责，便于工作的开展，便于资料的收集、积累和调阅。评价机构的人员构成一般应包含三个方面：一是掌握一定课程评价理论，具有一定课程评价经验和技能的专家；二是课程管理与决策部门的人员；三是参与课程实施的教师和学校领导。有时还可以吸收社区代表、学生及家长。对于专家的选择，应逐步过渡到建立专家库，从专家库中随机选择专家参与评价。当然这主要适用于综合评价或专家评价的类型。

3. 分解评价目标、确定评价准则和指标

这里确定评价的指标体系最关键，要找出代表性的主要行为和能反映对象的本质属性的项目，然后进行分类、确定出评价项目、权重和指标体系。要考虑操作的可行性。

4．制订评价方案

评价方案是评价工作的依据或蓝图，对评价活动起着指导和规范作用，直接影响到评价的进行乃至成败。评价方案的内容主要包括评价的目的、原则、对象、指标体系、评价方法、评价的组织及时间安排。这些都必须在评价方案中清楚地表述出来，便于执行。评价方案一定要通过多方论证才可出台。总体来说制定评价方案的问题与任务如表 5-1 所示。

表 5-1　课程评价计划阶段的问题与任务

关 键 问 题	任 务
评价什么	调查应该评价什么
评价的任务是什么	确定任务，并且证实它
评价将会影响谁，以及有谁参加评价	确定评价的听众以及参与者
环境中的哪些因素可能影响评价	研究评价的环境
什么是评价的关键性问题	确定主要问题
评价有没有成功实施的可能性	决定要不要把评价继续下去

通过认真仔细的研究讨论，应制订出一个以书面文字方式表达的评价方案，让课程评价及其管理人员能够按照它来检查与控制、管理课程评价的准备与实施工作，指导评价人员开展、组织和总结评价工作。

（二）搜集资料和数据

这是课程评价实施中的重要基础性工作。这项工作主要考虑的是应该收集什么样的资料，应该收集多少资料，应该从哪些方面来收集资料，应采用何种方法和技术等。一般来说，课程评价收集资料的范围因素是很多的，主要包括学生、教师、课程材料以及学校与社会几个方面的资料，有时还要收集家长及企业行业代表的资料。

1．学生的资料

主要包括学业成绩、学习态度、价值观、情感特征、抱负水平、同伴关系，对课程教材的看法，对教师教学的意见，作业、作文、制作的各种作品如绘画、雕塑、摄影、实验器材、获奖成果等。

2. 教师的资料

教师是课程实施的直接执行者，对课程实施体会得更深刻、更具体、更全面，对课程也更有发言权。这方面的资料主要包括课程的可接受性、教材的可用性、教材编排的合理性、教材知识内容的难易性、课程标准的可行性、课程教学时间的可行性、教学方法与过程以及课程资源的可支持性等。

3. 课程实施材料

主要包括课程实施发展的过程、人员构成情况、组织情况、实施计划、人员培训以及大纲、教材等。有时还包括关于课程的意见与修改备忘录等。

4. 学校与社会的资料

课程能否顺利实施往往与参与学校教育的企业行业条件和环境有密切关系。因此，课程评价也应考虑把这方面的资料收集起来。主要有学校资源经费、时间调度、学校的积极性、学校的支持性程度，企业行业的意见、企业行业的资料等。

收集资料的方法包括测验、观察、观摩、查阅教案、查阅学生作品、问卷调查、访谈调查等。搜集数据资料要注意全面、真实、准确、信度和效度等问题。

(三) 整理和分析评价资料和数据

收集的资料首先是归类整理。一般而言，这些资料包括数据型资料和非数据型资料两类。对数据型资料要进行计算和检验，然后根据情况分别归类。在这个问题上，传统的做法是建立卡片与卡片箱、文件与文件夹，应用时查出有关的文件与卡片，并进行抄录和复印，形成所要的材料。这种方法比较烦琐，还易出错误、出疏漏。而且对于音像资料的保存和查找则更为复杂。随着电子计算机尤其是多媒体技术的发展，这些问题将会得到有效的改善和克服。计算机的特点是存储容量大，材料不易遗失。在专门设计的数据库中还能对输入的信息资料进行分析、统计和检验，提取也十分方便，不会出现错误和遗漏。因此，应积极借助现代计算机和多媒体技术，在评价中发挥作用。

(四) 解释评价资料

通过对资料的整理和分析，评价组成人员就要根据评价指标体系规定的内容和要求，进行指标评定，做出分项结论，分头完成评分评议表。有关工作人员对评委的评分和意见进行汇总，做出综合的评价结论。

评价结论不仅要就课程的价值做出定论和做出解释，同时还要分析问题、诊断问题，提出课程今后的改进措施和努力方向。对评价结论的解释要有理有据，令人信服。要坚持两个基本问题：第一，坚持价值判断与资料数据的统一。也就是坚持价值与事实的统一。按照数据所达到的水平，做出价值判断。即实事求是，客观、公开、不掩饰、不夸大。第二，坚持判断与分析说明的统一。判断就是对数据事实的意义做出结论，例如"效果显著"、"比较成功"、"关系密切"，等等。而分析说明则是对判断的结论进行分析性的解释，把其中的机理、奥秘揭示出来，分析是深层的挖掘和剖析。分析取决于评价者的经验水平和理论素养。有分析有判断，使人们知其然，亦知其所以然，这样的结论才可靠和有效。

（五）做出判断、撰写评价报告

课程评价结束后应该把评价的结果以书面的形式报告给课程实施人员、教育行政部门或其他需要知道、了解课程评价结果的人群。只有完成了这一任务，才算是真正完成了课程评价工作。

课程评价报告以规范的文字和系统的结构反映课程评价的全部情况。主要包括评价的目的、方法和基本过程；评价的基本结论，包括实践效果结论、研究成果结论、预期效果结论、非预期效果结论以及对各项结论的分析解释，对课程改进与发展方向的建议等。

撰写课程评价报告，不应仅仅停留在简单的书面形式上，还应尽可能利用音像、电子计算机、多媒体技术等，使评价结果接受者能获得更为广泛、直观的信息。评价报告要做到既规范标准，又简洁易懂；既系统完整，又重点突出，详略得当。撰写完评价报告后，要进行认真的讨论，经修改后，才能向评价报告接受者提交报告。

四、课程评价的对象

课程评价的对象可理解为课程评价的范围、评价的客体，从课程设计到课程实施各阶段各个因素，涵盖课程编制全程，范围具有广泛性，它涉及教材编写的方式、教学方式、学习方式、学校管理方式、教研方式、教师角色的转变、学生角色的转变、校长角色的转变等问题。纵观各学者的意见，我们不难发现，课程评价对象不外乎包含以下几方面内容：

（一）课程背景

它主要是在课程正式开始之前的评价。它的主要任务是对课程的各项背景内容进行综合性评价，目的在于检查课程是否有理论依据和时代意义，背景条件如物质条件、课程实施人员的理论和思想准备是否充分和完备，目标是否切实可行，设计方法和对象的选择是否恰当等。背景评价旨在确定课程的可行性。通过背景评价可以对课程是否可以马上做出判断，或者指出要加以完善、补充和修改的地方，为实践的成功奠定良好的基础。

（二）课程目标

按照传统评价理论，评价就是看学生在行为上的变化是否与预先制订的课程目标相符合。因此，在这里，课程目标是不能被评价的。但是，由于学生受到课程的影响以后所发生的变化是课程目标所预料不到的。这其中既有积极的变化，也可能有消极的变化。另外，还存在课程目标本身的合理性问题。所以课程目标必须成为评价对象。

（三）课程实施过程

主要是对课程实施过程的评价，它的目的在于对课程实施的各个步骤以及结果做出判断。它对课程实施者是否遵循了课程的要求，是否按照课程方案设计的方法开展活动，资料、数据的积累和管理是否科学完整、有序进行监督。由于这种评价是在课程实施的过程中进行的，因此也称为形成性评价。它对课程实施的规范有序进行、对课程实施的结果做出科学解释起着重要作用。

（四）教师工作

教师通过课程影响学生，教师的言行举止等对学生也有很大的影响；另外，教师素质也对教师参与课程开发起着关键的作用。因此，教师工作应该是课程评价的对象之一。

（五）课程实施结果

这是对课程实施结束时的结果进行的评价。它包括实践操作效果的评价和理论发现的评价。课程实施效果主要包括学生各方面发展水平、教师各方面发展水平、课程教材开发状况等，通过评价来验证课程是否达到了预期目标，是否取得了预期效果。

（六）对学生学业成绩的评价

学业成绩应该是课程评价的重要对象，但是学业成绩的评价又绝不可能代替对学生的评价。因为学业成绩不是一个学生的全部，对一个需要全面发展的学生来说，学业成绩仅是其中的一部分，除此之外，道德、情感、心理、能力等都是必需的。因此，对学生的评价，不能局限于以各种方法去测量他们的学业成绩，而是必须重视对他们的情感的培育和心理发展水平（如学生的思想品德修养情况、学生的创新意识、创新能力、学生之间的合作精神与进取意识）以及动作技能发展水平的提高。

（七）课程系统

这是对课程的背景、过程和结果进行的全面综合的评价。它要对整个课程进行整体的系统评价，如课程实施范围的选择、参与课程实施人员的选择、课程实施指导人员的选择、课程实施工作程序的安排、课程管理问题、课程开发问题、课程评价的评价等，通过评价，指出课程的成功之处，存在问题以及努力方向。

第六章
职业教育课程管理

　　管理具有管辖、控制、治理三层含义。职业教育课程的门类多、变化快，不同专业、不同类型的课程既难以统一标准，又不能放任自流。因此，课程管理是规范教学行为、保证教学有序进行和实现教学目标的基本条件与必然要求。

第一节　课程管理概述

　　课程管理是课程研究领域一种普遍存在和涉及范围很广的现象。课程管理的内涵、管理模式及其作用与意义，是广大职业教育理论与实践工作者关心的问题。

一、课程管理的内涵

　　狭义的课程管理是指"对课程采取的经营（管理）措施"，是学校内全体老师对学校内课程系统进行调节控制的过程，把这一概念与学校管理、教育管理相联系进行阐述，就是学校管理是教育管理的一部分，而课程管理又是学校管理的一部分。

　　广义的课程管理是包括教育行政部门和学校在内的整体上对课程的编制、实施、评价等工作的组织与控制，是指学校根据上级教育行政部门有关课程的政策规定，结合本校的实际情况，为实现学校的培养目标而进行的课程设计、实施与评价的组织活动。①

　　由此可见：

　　第一，课程是分级管理的，既有中央和地方教育行政部门对学校课程进行管理，也有学校层面进行的课程管理；

---

　　① 马云鹏等. 课程与教学论［M］. 北京：中央广播电视大学出版社，2002

第二，课程管理有多个主体。教育行政部门及学校对课程进行管理，也有专门性的课程机构、社会团体及人员（如家长）参与课程管理，职业学校更有企业参与课程管理；

第三，课程管理手段是多样化的，既包括行政命令、部门规章等行政管理手段，也包括技术咨询与服务、经济和市场、法规手段等；

第四，课程管理是全面的，其范围和内容包括国家与地区的课程编制、课程实施、课程评价等，也包括学校的课程组织、实施。

二、课程管理的意义与作用

课程管理作为一种贯穿于课程开发到课程实施过程始终的活动，对课程系统的运行具有重要作用。

（一）课程管理是实现课程目标的重要保证

课程目标的实现有赖于课程编制、实施、评价过程的和谐运行。事实上，当人们根据学情的特点与社会需求提炼出课程目标时，课程管理的工作就已经开始了。人们根据课程目标的需要，整合课程内容，继而确定课程标准，将课程内容按一定的规律组织起来，形成系统性的教材，最后进入课程的实施与评价。这一系列管理活动都与课程目标的实现密切相关。

（二）课程管理有助于实现课程系统的优化运行

课程管理的主体是多元的，国家、地方政府及学校、教师都是参与课程管理的主体。多元的管理主体从不同的角度对课程系统实施监控，保证课程系统在具体环节上的优化，从而保证了课程系统的科学性。如果管理主体的任何一方发现课程运行中的问题，也能及时反馈信息，较快地进行调整，从而在最短时间内予以纠正，最终保证课程体系的稳定、有效运行。

（三）课程管理能够提高课程系统运行的质量和效益，促进课程改革的深入

课程管理也包括对课程运行过程所需的经费、设备、师资、教材等教学资源的调度与分配。通过合理分配和使用教学资源，并制定相应的优惠政策，对课程系统实施有效的、科学地管理，在一定程度上能够缓和、消除许多矛盾，保证把有限的资源投入到更有效课程中，从而提高课程实施的效益，促进课程改革的深入、持久地发展。

三、我国课程管理概况

我国课程管理经历了从二级管理逐渐过渡到三级管理的过程。新中国成立以后，受苏联调度集权管理模式的影响，我国基本上实行中央对全国的课程教材统一管理的模式，全国统一教学计划、教学大纲与教材。80年代中后期，开始出现中央、地方二级课程管理模式的萌芽。1992年，原国家教委颁布《义务教育全日制小学、初级中学课程计划（试行）》在课程设置中将课程分为"国家安排课程"和"地方安排课程"两类，标志着国家、地方二级课程管理模式的确立。以后又逐渐提出国家、地方、学校三级课程管理模式。1996年，在《全日制普通高级中学课程计划（试验）》中，第一次将课程管理作为课程计划中的独立部分，规定"普通高中课程由中央、地方、学校三级负责……学校应根据国家教委和本省（自治区、直辖市）课程计划的有关规定从实际出发，对必修学科做出具体安排，合理配置本学校的任选课和活动课。"这一文件提出了三级管理的课程管理模式。1999年初，教育部《面向21世纪教育振兴行动计划》在关于课程管理的内容上再次明确了三级管理制度，并且进一步扩大地方和学校的权力，允许地方和学校开发符合本地实际需要的课程。1999年6月召开的改革开放后第三次全国教育工作会议明确提出，调整和改革课程体系结构、内容，建立新的基础教育课程体系，试行国家课程、地方课程和学校课程。三级课程管理体系正式确立，并进入运行阶段。

职业教育的课程管理基本与普通教育课程管理经历相似，但不同专业其发展速度不完全相同。部分专业，特别是行业性较强的专业如医药学专业，至20世纪90年代末期，仍执行统一的教学计划与教学大纲，仅在课程设置方面略有调整。

随着市场经济体制的建立、科技进步和产业结构的调整以及劳动力市场的变化，原有的学科型课程体系不能适应培养高素质劳动者的需要，也不能满足人民群众日益增长的多样化职业教育需求，成为职教育存在的普遍性问题。2000年，中共中央、国务院发布《关于深化教育改革全面推进素质教育的决定》，职业教育领域开始了新一轮的课程改革，专业设置权逐渐下放到地方政府，在统一教学大纲的基础上，教材可以由学校自行选择使用。学校也可以在行业专家指导下，根据学校自身及所处地区经济产业结构及职业岗位人才的需求，设置具有行业特色和校本特色的课程，选修课数量增加，富有校本特色的课程增多。除公共性的文化基础课目前仍执行统一的教学大纲外，以岗位能力需求为导向的专业课程开发成为各职业学校的核心工作之一，部分地区出现了地方性课程标准，各职业院校在执行国家课程和地方课程的同时，开发或选用适合本校特点的课程，表明了我国职业教育课程管理进入三级管理阶段。

第二节　课程管理模式

课程管理的模式与国家的政治管理体制、经济管理体制相对应。政治上实行中央集权体制，则相应的教育与课程管理也实行中央集权模式；同样，政治上实行分权体制，则教育与课程管理也是分权制。我国的职业教育课程管理则是一种混合型的管理模式。

一、中央集权型

（一）含义

中央集权型课程管理模式是指由中央统一规定课程标准，制定统一的教学计划和教学大纲，确定统一的课程评价标准等，强调课程的同一性和统一性，强调所有地区、所有学校都设置相同的学科，运用相同的评价标准，甚至要求使用相同的教材，使用相同的课程表。

由于课程标准、课程计划、教学大纲均由国家制定并通过政令颁布实施，地方政府和学校只能依照执行，不得调整，也不需承担责任。为保证课程的实施，中央集权型课程管理模式还需同时配备科目设置、课程内容、教学、学年周数、各学年培养目标、升学与放假等事宜，且只能使用统一的教材或仅可在有限的几种教材中进行选择。

（二）特点

中央集权型课程管理模式通过实行统一的教育标准，保证基础教育质量。在中央的统一管理下，各地区都实行相同的课程计划和课程标准，以同样的标准进行评价，能够在一定程度上保证课程实施的结果在一定基本水平上的有效性，从而保证最基本的教育质量。在这一管理模式下，对课程资源的分配要考虑地区差异进行配给，运用补偿原则照顾落后地区，在一定程度上可能保证相对的教育平等。中央统一制定课程计划、确立统一的课程标准，指定统一使用的教材，确定统一的评价标准，使各地区普遍接受一种体现国家意志的文化精神，从而保证了文化的统一性，并使一些民族地区或文化特色较浓的地区能够对社会主流文化产生认同感。这种管理模式是直线式的，从上到下的，地方政府和学校忠实地按照中央的意图操作运行，方便中央对教育全局的调控，有利于提高一些重大教育改革、课程改革的效率，保证教育的投入与投入的专项专用等。

中央集权型课程管理模式不适应地区之间经济上、文化上的悬殊差异，特别是地域辽阔的国家，各地经济发展极不均衡，实行中央集权型课程管理模式，无法照顾到各地的实际情况，不能保证各地根据自己的特点充分发展，因而不利于教育的整体推进。过分集中的管理模式，使各地区、学校只能在中央的统一部署下，按照中央规定，机械、僵化地执行各项具体操作，不利于调动地方和学校的积极性，使课程运行变得呆板而没有生机和活力。高度集中的课程管理模式，只有中央教育行政部门有权力进行课程管理，教育实践各环节的参与者都无权管理课程，实质上体现了一种管理的专制，这是与民主化管理相对立的，背离了要求实践者积极参与、以学生发展为本的课程管理原则，不利于教育的民主化、科学化进程。由于不同地区经济与社会发展需要多层次、多规格的人才，而集中型课程管理模式将学生按照统一的内容和程序进行培养、加工和塑造，无视社会、地方的需要，必然产生单一型人才不符合社会多样化需求的状况，造成人才供需矛盾，导致教育功能弱化，既对生产造成消极影响，又造成社会的人才浪费。因而高度集中、统一的课程管理模式削弱了为当地经济和社会发展服务的功能。

(三) 国家课程实例分析

2004 年，为了贯彻落实《中共中央国务院关于进一步加强和改进未成年人思想道德建设的若干意见》，进一步加强和改进中等职业学校德育工作，教育部制定了《中等职业学校德育大纲》（以下简称《大纲》），对中职学校德育课程目标提出了明确的规定和要求：

1. 明确规定德育课程的内涵与教学目标，保证课程实施的方向

《大纲》把德育课程内容分为民族精神教育、理想信念教育、道德品质文明行为教育、遵纪守法教育、心理健康教育五个部分，是集智育、体育、美育等诸多方面于同一培养目标下，根据教育规划，以纲要的形式规定德育目标、内容、要求、实施途径、管理的指导性文件。反映了国家对中职学生思想道德素

质的基本要求，是学校德育工作的依据，也是各级教育行政管理部门对学校德育实施科学管理的工作指南。

2. 建立了立体的德育课程管理框架，保证德育队伍建设工作落到实处

《大纲》强调各级教育行政部门应有明确的机构负责中等职业学校德育工作，学校实行校长负责的德育工作管理体制。行政管理部门及学校要根据本大纲德育目标要求与教育内容，针对本地区和不同类型学校需要，制定本大纲实施细则以及实施情况的评估制度和办法，定期对本大纲的实施情况进行督导、检查评估。党组织要发挥德育的监督保证作用。

《大纲》要求各级教育行政部门和学校要选拔政治素质好、业务能力强的同志从事德育工作。优化队伍结构，建设一支专兼结合、功能互补、政治坚定、业务精湛的德育工作队伍；制定规划，有计划地培训学校的校长、班主任、德育课教师及其他德育工作者，不断提高德育专（兼）职工作者的素质和德育工作的能力、水平；培养一批在德育工作方面有专长和造诣的管理者、优秀校长（书记）、班主任、德育特级教师和研究人员；切实解决德育专（兼）职工作者的工作、生活等方面的实际问题。建立贯彻实施本大纲的岗位责任制及考核、奖励办法，明确各部门的育人责任，并落实在工作的各个环节中，形成教书育人、管理育人、服务育人的全面、全程、全员育人的局面。全体教职工都要做学生的德育工作。

3. 为德育工作提供资金保障

《大纲》提出德育经费要确立科目、列入预算。学校德育经费投入的范围，包括对学生进行德育的教学、管理和日常德育活动两部分。教学、管理经费投入包括德育课教学、德育专职教师的培训提高、社会考察与调研、有关教研室的业务条件建设和图书资料购置、德育科研。日常德育活动经费投入包括对学生的日常思想教育、假期和课余时间组织的学生社会实践、大型德育活动以及用于学生和德育队伍表彰奖励等所需经费。学校应把建设适应学生德智体美劳全面发展的现代化德育设施、设备和活动场所、基地纳入总体建设规划，并从基本建设费和设备费中给予保证。

4. 强调科研对德育工作的作用，规范德育教育的实施途径

各级教育行政部门和学校要把德育的研究项目列入科研规划，建立德育研

究组织，并充分发挥其作用，为实施本大纲提供理论指导和业务咨询。要注重学生政治思想品德现状和发展趋势的调查，结合中等职业学校德育工作面临的实际，确定研究课题，探索德育规律，不断提高研究水平与实际工作水平。教育行政部门和学校应建立和完善德育研究成果的鉴定、奖励、推广机制。实施德育教育要求通过德育与其他课程的教学、实训活动、实习与社会实践活动、心理健康教育与职业指导、班主任和学校的管理与服务、党团组织活动、校园文化建设等途径，与家庭、社会密切配合构建德育教育网络，实施德育教育。

二、地方分权型

(一) 含义

地方分权型课程管理模式是与中央集权型课程管理模式相对的一种管理模式，地方分权型课程管理模式强调社会需求多样化，强调学校自身的独特性，强调学生的个别差异，强调以人的发展为本。在这种管理模式下，不同地区没有统一的课程计划、课程标准，不同地区和学校可以有多种备选教材和多种选修课。

地方分权型课程管理模式充分考虑地区及学校的差异性，课程设置和管理实行分权体制，国家不作统一规定，课程管理的主体是地方和学校，科目设立、教学内容、课时标准、培养目标均不统一。中央不直接干预地方的课程管理事务，主要通过考试进行间接调控，教科书的编写、审定、履行也没有统一的规定的限制，地方和学校可以自由选择和确定教材。

(二) 特点

地方分权型课程管理模式充分考虑了地区、经济、文化差异，使课程能与地方经济、社会紧密联系在一起，分权下的课程管理可根据本地区、本学校的实际需要开设相应的课程、选择并开发相应的教材、培养相应的人才，因而能够把握社会需求，最大限度地实现教育的服务功能。地方分权管理模式下，管理权力下放，地方、学校享有较大的自主权、选择权，有利于调动地方和学校的积极性和主动性，有利于发挥地方与学校的创造性，促进整体课程体系的高效运行，达到局部最优化，也体现了教育的民主化、科学化。在分权模式下，各地区、学校按照实际情况开发课程资源，既能挖掘自身的最大潜力，又能量力而行，没有对薄弱校的强制现象，也没有重点校的"吃不饱"现象，因而实现了实际上的教育平等。

由于采用分权管理，全国没有统一的课程计划、课程标准，则难以保证全国范围内的最基本的教育质量，各地、各校培养的学生水平参差不齐，整体教育质量受到影响。分权管理模式下，管理主体多元化，教学内容深广，很难进行在总体上形成统一认识，不能及时准确地把握整体课程系统的运行信息，不利于国家对教育的宏观控制和管理。由于中央很少控制，大多地方或学校自由自主进行课程实践，长时期实行这种模式容易导致课程管理的失控，形成无政府状态，进而造成教育上的混乱，不利于教育的长期稳定发展。

（三）实例分析

2006年广西教育厅下达了《关于制定中等职业学校教学方案的指导意见》（试行）（简称《指导意见》）[①]。提出了广西地区各中等专业学校制订教学方案的指导思想和基本原则。在课程设置上，提出中等职业学校的课程按功能分为文化基础课程、专业课程，按与专业的依存度又分选修课程与必修课程。《指导意见》对文化课、专业课的任务作了明确说明，对教学时间进行了统一分配，并规定法律基础知识、经济政治基础知识、哲学基础知识、职业道德教育、安全教育、语文等社会学课程及数学、英语、计算机应用、体育等课程的教学时间为800学时，部分对文化基础要求较高或对专业技能要求较强的专业，可根据语文、数学、英语等3门课程的学时，但其调整幅度不得超过30％。

为此广西制订了28个专业示范性教学方案，其中文化课统一课时为710学时，调整幅度均在30％以内。法律基础知识、哲学基础知识、经济政治基础知识、职业道德教育、安全教育、体育等德育相关课程均属国家管理课程，教学时间均按照国家统一的教学大纲执行，未做任何调整。语文、数学、计算机应用基础、英语等课程实现了地方管理，其任务是：以毛泽东思想、邓小平理论和"三个代表"重要思想为指导，引导树立正确的世界观、人生观，提高其科学素养，打好学习专业知识、掌握职业技能和接受继续教育的基础。文化基础课程教学应根据学生的实际文化基础知识程度和劳动就业的实际需要，有针对性地实施分层次教学和个性化教学，加强能力的训练与培养，加强与学生生活和社会实践的紧密联系，加强与专业课程教学的结合和渗透。

---

① 张建虹等. 广西中等职业学校数控技术应用等12个专业示范性教学方案 ［M］. 北京：语文出版社，2008

三、混合型

混合型课程管理模式是指中央集权与地方分权相结合的课程管理模式。这种课程管理模式试图避开前两种模式的缺点，集两者之长，对课程系统进行调控以达到最优化运行，力图在国家统一要求的前提下，实现多样化、灵活化和弹性化，保证国家教育基本质量水平，满足地方和学校的实际需要。

由于两者结合的侧重点有所不同，混合型课程管理模式可分为许多分支模式，如"国家主导"模式、"地方主导"模式、"校本主导"模式等。

(一) 国家主导模式

国家主导模式的基本特征是将课程设置标准、课程计划和教学计划三者分开制订，国家制订课程设置标准和课程计划，规定学科、课程、教学时间、学分和教学大纲，学校依据课程计划，结合地方培养目标，制订自己的教学计划；国家规定的课程计划是板块式的，分别设置许多不同的可能组合的课程群，有基本课程计划、不同职业课程、不同特色课程等，这些计划标准除对课程设置标准作出规定外，无其他硬性规定，供学校在编制计划时选择组合。教科书采用审查制和选择制，允许各种组织和人员编写，但这些教材需呈送国家有关部门审查，只有审查通过的教材才能出版发行。学校则从国家公布的教科书目录中自由选择确定教材。

(二) 地方主导模式

这一模式的特点是国家通过制定基本框架、指导方针来控制课程事务，地方教育行政部门负责保证按国家目标、框架来组织课程实施活动，以及分配和使用课程资源。

(三) 校本主导模式

这一模式的特征是学校根据自己的教育思想，结合行业企业的要求，为满足学生需要，主动而有计划地进行课程开发，学校是课程决策的中心，校长和教师是课程开发的主体。

(四) 实例分析

教育部职业教育与成人教育司与教育部职业教育中心研究所编制了《中等

职业学校中药专业教学指导方案》，将中药专业分为中药营销、中药药剂、药材生产三个专门化方向，将中药专业课程划分为文化基础课、各方向必修课、中药营销方向课、中药药剂课、药材生产课以及教学实习与综合实习六个"板块"。其中各专门化方向课均在文化基础课、各方向必修专业课及教学实习与综合实习三大板块的基础上，根据学校专业设置的实际情况及学生的实际需要设置。[①] 通过限定选修课程与任意选修课程的界定，以及对各课程内容、课程标准的规定，规范管理各专门化方向的专业技术课程。各学校可以根据需要，通过开设讲座等形式开设美育、现代科学技术、学习方法指导等选修课。这样，学校在"指导方案"基础上制订的实施性教学计划，既不违背国家对课程管理的要求，又能够根据学校所处的地区经济发展、人才需求状况组织课程实施，体现了国家管理课程的原则和学校组织课程实施的灵活性。

2006 年，广西教育厅下达了《关于制定中等职业学校教学方案的指导意见（试行）》（以下简称《指导意见》）也体现了这一特征。《指导意见》将教学方案分示范性教学方案和实施性教学方案两类，示范性教学方案由教育部或部委职业教育教学指导委员会和自治区教育行政部门制定和颁发。实施性教学方案由学校按照《指导意见》和示范性教学方案，根据当地经济和社会发展对人才规格的要求组织制定。按分组管理的要求，区直学校报自治区教育厅核准备案后实施，其他学校由学校属地的高级教育行政部门核准备案后实施。

广西教育厅公布的 28 个示范专业指导方案，在规范课程管理的同时，推动了学校校本课程开发工作。特别是任意选修课的开放，使各学校有机会以学生的个性化需求为起点，结合学校的现有条件或整合社会资源设计课程而不再受专业的限制，为学生多元智能的发展创设平台。

第三节　课程管理的发展趋势

实践证明，世界上任何一个国家都不可能采用单一集权型或分权型的课程管理模式，而是趋于把二者融合在一起，寻求最佳平衡点，从而深入挖掘管理潜能，优化教育、课程运行环境，最大限度地推动教育事业的发展。

一、民主化趋势

从课程管理的宏观层面看，课程管理的民主化趋势主要体现在管理的参与

---

① 周晓明等. 中等职业学校中药专业教学指导方案［M］. 北京：高等教育出版社，2002

主体呈现多元化特征，课程管理人员空前广泛，课程管理的层次多元，原来只限于政府、行政部门或学校管理的事务，已经扩大到每一位课程专家、学生、家长、企业及民间机构。但无论哪一个层次的课程管理，都特别注意吸纳各方面的代表参加，保证能够从多角度分析问题、解决问题，力图使课程管理更有效，更科学。学生对课程也拥有越来越多的选择权和决策权，能够根据个人发展的需要选择课程。

职业教育课程的目的是使课程能够更好为企业培养适用型人才服务，岗位需求显然是课程目标设计的依据，因而企业成为职业教育课程目标的规划者，然而学生是接受课程第一主体，其学习潜能成为影响课程实施效果的重要因素。任何一门课程的设计都将以"学情"为起点，以满足学生的学习需求为前提，经过教师教学策略选择与设计，最终实现课程目标。可见从课程的微观层面看，学生、教师、企业必须成为课程管理的重要力量，要特别重视他们对课程的评价，而教师则应在课堂教学过程中发挥重要作用。

二、规范化趋势

课程管理规范化是指对课程管理加强规范建设，使之有章可循，从而充分发挥课程管理的作用，有效服务于课程改革。课程管理的规范化趋势主要体现在两个方面：课程管理的法制化与机构专门化。课程管理法制化是指国家对课程管理采用法律、规章、制度、文件等形式规范的趋势，机构专门化是指建立专门的课程管理机构。

课程管理的规范化趋势还体现于学校内部对课程的设置、开发、实施、评价等环节的控制，包括对课程设置的申报和审批流程、相关教学文件的拟定与调整、课程标准的审核、课程实施过程的质量监测以及适时的课程评价与修订，等等。

三、弹性化趋势

各国的课程管理越来越摒弃统一、僵化的课程管理模式，充分考虑地方与学生的个性差异，遵循针对性原则，"因地制宜"地实施课程管理。如针对不同能力层次、不同身心发展特点的学生，采取分层设置课程的办法，由学生自主选择学习。选修制与学分制的推行与实施，使学生不仅可以自主选择课程，还可以自主选择学习方式、学习进程与学习时间，使课程具有很大的放缩余地，具有弹性的特征。

四、整合化趋势

课程管理的整合化趋势包括三层含义：一是指对课程管理实践中各个方面、各个层次、各种策略与手段的协调配合与系统整合；二是指对课程管理研究的整合，包括课程管理理论的科际整合研究、对课程管理与实践进行整合的研究，目的在于对课程管理实践形成总体的认识和把握；三是要把课程管理实践与课程管理研究相结合，这是课程管理整合化最重要的含义。课程管理整合化的趋势提示我们：课程管理是一项复杂的系统工种，在实践和研究中既要深入分析具体的细小环节，又要以整体观点综合考虑，才能从理论与实践两个方面促进课程管理理论与实践的共同发展，最终促进课程实践的卓越与高效。

第七章
职业教育校本课程开发

校本课程开发作为一种新的课程开发策略、一种新的课程变革模式、一种新的课程管理模式、作为对国家课程的补充和学校特色的体现，在职业教育领域有重要的意义和作用。

第一节　校本课程开发概述

校本课程开发源于对 20 世纪 50～60 年代，课程改革发展的反思而始于 20 世纪 60～70 年代。经过思考，人们发现课程的编制者、课程实施者和课程评价者之间相互脱节现象严重。随着非集权化课程决策在各国逐渐得到重视和职业教育领域课程改革不断深入发展，逐渐掀起了校本课程开发的热潮。

一、国家课程与校本课程

（一）国家课程

国家课程亦称国家统一课程，是自上而下由中央政府组建的课程编制单位负责编制、实施和评价的课程。这类课程编制单位常常被冠以"课程编制中心"的名称。它们受政府指派或委托，负责为整个教育系统某些地区、某类学校编制课程。

国家课程具有以下特征：

1. 权威性

课程编制中心的权威性来自政府赋予它们的职责及法律赋予它们的合法性。

2. 多样性

课程编制中心可以为整个教育系统编制课程，也可以为某些地区或某些学校、某个教育阶段或几个教育阶段编制课程。

3. 强制性

在绝大多数国家，课程编制中心负责编制的课程是强制执行的，其中包括教学大纲、教科书、教师用书、习题集、教学辅助材料等。

(二) 校本课程

校本课程是由学校全体教师、部分教师或个别教师编制、实施、评价的课程，也包括校际间合作编制的课程。

校本课程可以从通过两个维度予以分类：一是课程的形式，包括筛选已有课程、改编已有课程和开发全新的课程；二是学校教师参与校本课程的形式，包括个别教师参与的课程、部分教师参与的课程和全体教师参与的课程等（图7-1）。

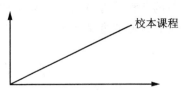

图 7-1 校本课程的类型

最高层次的校本课程是全体教师参与开发的、全新的校本课程。这种课程集中了教师集体的智慧、经验和能力，体现了最新的学术动态和课程开发理论，被称为"高级的校本课程"。最低层次的校本课程是由个别教师开发的、仅仅筛选了已有的课程，或者对已有课程进行"修补"。这种课程开发比较容易，所花费的人力、物力、财力和时间都较少，被称为低级校本课程。[①]

二、校本课程开发的特征

(一) 体现教育的服务性

校本课程开发以学校为基础，在充分调查学校所在地区与学生需求特征的基础上，通过科学程序编制课程，从而使校本课程的目标指向本学校、本地区的实际需要，尊重学生、学校、社区的差异性，保证了课程真正以促进学生发展为目的，适合本地区的经济需要，顺应社会的需求，有效地实现教育的服务功能。

---

① 王斌华. 校本课程论 [M]. 上海：上海教育出版社，2002

（二）促进教育民主化的进程

校本课程开发鼓励教师、家长、学生及社会各界人士的参与和支持，多方听取意见和建议，使各方代表共同参与学校课程计划的制订、实施与评价活动，充分体现课程的民主性与开放性。在纵向上，校本课程与国家课程衔接，各级课程开发机构相互交流与沟通；在横向上，除教师、专家参与课程开发外，也鼓励家长、学生及社会各界的参与，注意融入社会生活的实际变化和最新出现的相关研究成果，使学校课程具有更强的主动变革的能力。

（三）表现反思性的行动研究过程

校本课程开发的理念是把课程开发的权力交给教师，主要由教师根据教育教学实践、学校特点及状况、学生的需要和特点进行课程的开发和编制。因而要求教师首先反思自己的教学实践，运用行动研究的方法，准确深刻地把握教学实践，进而做出正确的课程决策。校本课程的开发体现为一种"开发－实施－观察－反思－再开发"的过程。在这种反思性的运行研究中，教师的专业知识、专业技能等教学素养也得到提升，促进了教师的专业发展。

（四）促进课程资源的权力的重新分配

校本课程开发是针对国家课程的局限性而采取的课程开发策略。国家课程的开发是中央高度集权的模式，缺乏灵活性和教育实践的有效性，学科专家处于课程开发的核心位置，缺乏对课程系统结构的整体把握，常常把课程设计限定在学科结构上，而相对忽视社会需求与学生发展的需要，课程专家与实际实施的教师缺少应有的紧密联系和交流，严重影响课程改革的效果。校本课程正是针对国家课程开发中的种种弊端，通过资源与权力的重新调整和优化配置来提高教育的效益及教育适应变革的能力。

（五）对国家课程的补充

校本课程在课程的开发质量和水平上受到开发者的水平、时间及精力的限制，同样具有局限性。而国家课程涉及国家统一教育质量、统一的文化认同等基础性、长期性、根本性问题，是必需存在的。过分倡导校本课程容易导致地方狭隘主义。因此，国家课程与校本课程各具优势，相互衔接和补充，才能保证课程体系的科学、合理与稳定。

（六）要求教师转变角色

在国家课程中，教师只是课程的执行者。而校本课程要求教师在开发、实施与评价中都要发挥骨干作用，这使教师从心理上、角色定位上都发生极大变化，积极性、主动性高涨，有利于课程实施的高效顺利运行。

三、影响校本课程开发的因素

（一）主体因素

校本课程开发的参与者包括教育行政工作者、课程专家、学校教师、学生、家长、企业及社会团体等，他们都是校本课程开发的主体，对校本课程开发的深度和质量都有较大影响。

1. 校长与教育行政工作者

教育行政工作者，代表着国家和社会的要求，对校本课程开发起两个作用：一是把握校本课程开发的总体方向；二是提供优惠政策而促进、支持校本课程开发。校长对校本课程开发的申请更多地通过对学校的特定管理方式所形成的学校管理特色体现出来。采用分层管理结构、权力集中、自上而下制定决策的校长，对校本课程的开发有较强的制约与控制，而开放、民主、着重于参与管理特征的校长，则对教师开发校本课程工作有较大的支持、鼓励、指导和帮助，体现了较大的开放性。

2. 课程专家

课程专家掌握课程理论与开发技能，是作为课程开发权威而存在的，是国家课程的开发中的主导者。但在校本课程开发领域，课程专家只在教师缺乏课程开发理念和技能的情况下起作用，为校本课程的开发与实施的全过程提供咨询与技术指导。因此，课程专家应转变自身的观念，重新定位，避免在工作中大包大揽，应做好教师的培训、学习和指导工作，充分发挥自身作为校本课程开发理论资源的优势。

3. 教师

教师是校本课程开发的中坚力量，其教育理念与专业素养对校本课程开发有关键性作用。

长期以来，教师形成的观念是：科研是学科专家、教育理论家的事，与自己无关。对个体教师而言，教学是一种个体行为，经过一定时间，每位教师都会形成习惯性的教学方式，形成对课程的固定看法。而校本课程的开发是教师进行反思性的行动研究过程。开发校本课程必然会打破教师一些固有的看法和做法，从而对教师形成一定的压力，如果教师对校本课程采取消极接受，甚至抑制的态度，则会严重影响教师对校本课程的编制、实施、评价等一系列行动的效果。在课程开发过程中，教师还需学会与各类参与者沟通和协调，加强合作，并掌握确定课程目标的技术、课程纲要撰写技术、选择与组织课程内容的技术以及课程评价的技术等。这些因素都体现为教师的教育教学理念和专业素养。

4. 学生及企业

职业学校的主要职能是为企业培养人才，企业对人才的需求将是职业教育课程的培养目标。因此，职业教育的校本课程开发，在课程设置阶段主要受企业用人需求的影响。而学生是校本课程开发直接面向的服务对象，在课程的实施阶段，准确地把握学生的需求与个性特点，能调动学生学习的积极性与主动性，增强校本课程的生命力。

5. 家长及社会团体

家长和社会团体对校本课程开发的影响主要体现在对校本课程的接受与认同，为校本课程开发提供物质资源、人力资源及技术资源等，是校本课程开发中很重要的辅助力量。

(二) 环境因素

1. 物理环境

物理环境包括三个层次：即中央、地方、学校各层次的物理环境，而以学校的物理环境最为重要。具体体现为在中央的教育投入，人力、物力、财力支持；地方的区域特点，区域优势与劣势，地方的教育投入；学校的硬件设施建设，可能成为课程开发提供的各种物质条件，包括学校内的校舍布局、教学仪器设备的配置、图书资料的配备、校园物理环境建设，以及学校的地理位置、学校附近的自然环境及社区状况等。

2. 软性环境

软性环境包括教育行政管理体制、政策、学校领导及文体方面。开发校本课程首先要求具有实行民主、开放的国家政策背景，通过政策使校本课程开发在社会大环境下合法化、合理化，才能放开手脚有所作为。在政策背景大环境下，学校领导和学校文化的小环境对校本课程的开发又起着重要的促进或制约作用。包括学校的管理特色、教风、学风、师生关系、学校变革的传统、员工的合作精神等。这些方面都会对校本课程开发产生或明或暗、或大或小的影响。

四、校本课程开发的基本原则

(一) 针对性原则

职业教育课程的主要任务是提高学生的职业能力，为学生就业做准备。因此课程的针对性体现为两个方面：一是课程目标的开发有赖于行业的需求，课程的内容必须符合目标职业岗位工作任务的需要；二是课程内容的组织、实施的过程与方法必须符合学生的学情状况。

(二) 综合性原则

实践的逻辑与学科逻辑是完全不同的，它遵循"为我所用"的原则，只要是有用的知识，都必需纳入其范围，并且这些知识之间未必有严格的逻辑关系，其组织原则是任务中心，即用职业任务去统整所有这些知识，因此，职业教育课程的内容在本质上是综合性的。

(三) 实用与够用原则

职业教育课程必须提供给学生实际工作中所需要的知识、技能、态度，其核心是培养学生的"做事"能力，让学生在实践中掌握知识与技能。因此必须抛弃学术性的学习方式，树立知识即行动、行动即知识的观念，让学生在尽量真实的职业环境中通过行动来构建自己的职业能力。

(四) 衔接性原则

职业教育课程需要考虑几个方面的衔接问题：一是与普通教育课程的衔接；

二是不同教育阶段的职业教育课程之间的衔接；三是学校内部不同门类课程的衔接；四是每学年教学活动的逻辑衔接。课程的衔接性原则决定了校本课程的开发必须实现课程目标、课程内容及课程评价的一贯性与有效性。

第二节 校本课程开发的实施

校本课程开发需要回答三个问题，即：开发什么？由谁开发？如何开发？开发什么是指课程开发希望获得的产品；由谁开发是指课程开发的主体；如何开发则是指课程开发的方法。

一、开发的内容

校本课程开发的内容要回答的是开发什么的问题。根据课程开发工作的进程，可以分为文本层面的开发、实施层面的开发与评价层面的开发。

（一）文本层面的开发

文本层面的开发包括课程目标、课程门类、课程结构、课程内容等项目的开发。这些内容通常以文本形式承载课程的相关信息，将作为课程实施的依据，故称为文本层面的课程开发。

1. 课程目标

课程目标对于课程而言是至关重要的。没有课程目标，课程实践就无实质意义。职业教育课程学问化的倾向很大程度上也源于课程目标的不明确。就教师的立场与出发点，普遍希望教给学生更多的知识、技术理论知识，其动机无可厚非，但学生的学习时间有限，这就决定了课程内容必需有所取舍，而取舍的标准正是课程目标。

课程目标的呈现方式是影响文本层面课程开发质量的重要因素。教学与一般的服务性产品相比，共同的特征之一就是质量的形成性，即教学质量往往在教学实施教学的过程中形成。教师的基本职责与任务是基于学情与课程标准的差距设计适当的教学实施方案予以施教，使学生的素质达到标准的要求。因此教师对教学模式与方法策略的选择和灵活运用，直接影响了教学质量的好坏。而教师对课程标准的识读能力与对学生学情的准确分析，是决定影响教学设计与教学实施质量的关键性因素。以准确、全面而又易于识读的方式呈现课程目标，有利于教师提高教学质量。课程目标能否易于被施教者准确识读，则是评价课程目标开发质量的要素之一。

2. 课程门类

课程目标确定后，需要确定通过开设哪些课程实现目标，这是职业教育课程开发的重要环节。不同的教育理念与技术将导致开发的课程框架的差异，从而形成不同的课程门类。这正是校本课程具有个性化特征的原因。

课程门类通常分为公共课、专业基础课与专业课。职业教育课程与学科课程不同的是强调人文素质与专业素质培养的相互渗透，倡导职业道德教育与职业技能训练的相互统一，故职业教育课程通常分为理论课程与实践课程两个大类。

如何整合技术理论知识与技术实践知识是当下职业教育课程开发的重点和难点。

3. 课程结构

课程门类确定后，需要确定各门课程的排列顺序，并合理规划课时，这就是课程结构的开发。开发的结果就是形成课程计划。

传统的学科体系中，知识有其独特的逻辑关系。课程结构的开发就是依据知识的逻辑关系编排的。然而技术理念知识与技术活动并不是一一对应的，技术理论知识具有强烈的完成特定技术任务的使命，是职业技术活动决定了职业教育课程应当教什么。在这些技术理念知识之间，并不能找出像物理学、化学知识之间那种紧密的逻辑，这些理论也不能被明确地划分成像物理学、化学那样的学科，因而技术理论知识本身缺少按学科课程来组织的基础。所以不能简单地按"公共课—专业基础课—专业课"的顺序编制课程计划。

如果所要完成的是重复性、确定性的工作任务，学生仅仅通过模仿与练习即可获得所需的技术实践能力，因而学生很难把技术理论知识与具体工作任务联系起来，深刻体验到技术理论知识对完成工作任务的重要价值。解决这一难题的途径之一就是技术实践问题的开发，工作任务的开发设计则提供了整合技术理论知识与技术实践知识的框架。但实际的工作任务并非完全符合某种必然的逻辑关系，更多表现为一种平行并进的关系，因此以工作任务为核心的职业教育更期望建立的是模块组合的课程结构而不是直线制的课程结构。不同的工作任务决定了不同的课程内容，但不同的课程在实施的进程上并没有严格的先后次序的要求，这是职业教育的职能特点所决定的。

4. 课程内容

课程内容的开发是要对每门课程应当包含的工作任务以及所需要的知识、技能和态度予以界定。这一环节是课程总体目标的具体化。开发的结果与教学模式的选择、实施环境的开发以及评价的方法等，形成课程标准。

如前所述，并非所有的技术实践都必须建立在具备技术理论知识的基础之上，不掌握技术理论知识，实践过程同样可以通过模仿得以顺利进行，即使是操作复杂的高新技术设备，也同样如此。[①] 但职业教育的目标并非只定位于训练学习者的实践技能，而应定位于培养学习者的职业素质，故职业教育课程的内容必需包含技术理论知识与技术实践知识两个方面。

联系技术理论知识与技术实践知识的逻辑纽带是实践性问题，是产生于工作实践、需要在工作实践中进行思考的问题。这类问题一是建立在对技术实践过程反思的基础上，出于对技术实践过程理解的需要提出的问题，可以用诸如"为什么这样做"、"为什么能这样做"的形式表达；二是技术实践过程中遇到的、用常规方法无法解决的困境，这类问题会激发学习者的实践性思考，从而把职业教育课程目标从技能提升到形成实践性思考的层面，但这类问题作为课程内容的设计往往难度很大。

实践性问题的设计应遵循以下原则：

（1）实践性：指实践性问题必须直接来源于工作实践，从工作实践中提取出来，其价值取向指向让学生积极寻找解决实践问题的方法，将这些方法付诸行为，就能产生某些实践后果。

（2）相关性：指实践性问题的设计必须与学生的实践活动密切相关。只有与学生未来工作实践密切相关的问题才具备激发学生学习兴趣的作用，使他们尽早接触他们未来的世界，在真实的具体工作实践中获得与以往知识学习完全不同的经验。

（3）思考性：指在设计实践性问题时，应将问题设计成不是轻而易举就能解决的，而要求学生必须通过阅读相关技术理论知识，并经过一定程度的思考才能解决，从而引起他们学习技术理论知识的兴趣。但这一原则并非要求实践性问题必须是迄今尚未解决的技术难题，而是要求针对学生已经具备的解决问题的能力来设计难度恰当的问题，以免挫伤他们的学习积极性。

---

① 徐国庆. 实践导向职业教育课程研究：技术学范式 [M]. 上海：上海教育出版社，2005

（二）实施层面的开发

课程的实施层面包括课程内容的组织、教学模式的选择、实施环境的开发以及课堂层面的课程改造等。这一阶段表现为教师与学生"教"与"学"的行为过程，也是文本层面开发成果的试行与推广阶段。

1. 试行阶段

由于职业教育的课程目标最终指向职业岗位的工作技能，对课程实施环境、教学方法与手段都有特定的要求，故教学资源的配备、教学方法的选择运用是校本课程试行阶段应解决的主要问题。

教学资源包括教学的信息资源、教学场所、设施与设备等。因课程的类型、教学目标、教学内容及选择的教学模式不同，教学实施所需的教学资源有很大差别。职业教育典型的必备教学资源是教材、教学设施与设备。但随着信息化技术的不断进步，有些教学用设施与设备可以用计算机模拟的方式实施教学则另当别论。

校本课程不应强行规定具体的教学方法，而应该提供更多可供选择的教学方式以确保教学方式的灵活性。虽然各种教学方法之间并无优劣之分，但各种教学方法的用途以及对学生学情的适应性是有所差别的，如果教师在教学中总是习惯于选择自己熟悉的教学方法而不重视、不积极地物色最有效的教学方法，则或多或少会影响校本课程实施的质量。因此在试行阶段，校本课程应根据课程的教学模式对教师选择教学方法予以必要的建议和指导，教师则就根据课程目标与内容，针对学生的个别差异，有的放矢地从众多的教学方法中选择最有效的教学方法。

2. 推广阶段

校本课程是某一学校甚至是个别教师开发的课程，但在大多数情况下，校本课程也还需从"点"到"面"传播才能取得更大、更好的效果。然而校本课程的采纳是一件十分复杂和困难的事情，要求课堂教师不仅在思想上接受校本课程，而且在行动上接受校本课程。这一阶段通常呈现两种趋势：一是精确法，即在课程实施过程中完全忠实地执行开发者的原本意图，尽管可能在某些局部予以变动，但对实施过程和实施要求规定得比较明确和具体，因而可能限制教师的教学个性，可能遭到教师个人或集体的反对；二是适应法，即允许教师根据具体情况选择最佳的或最恰当的实施过程和实施方法，课堂教师批判性地、有所选择地接受外来思想和改革思想的影响，使之适合课程实施的需要，甚至根据自己的设想修正课程。

总的来说适应法比较注重相对自由、开放的课程实施环境，更能发挥教师的主观能动性，但会使一些循规蹈矩的教师不知所措。如果不加以适当地控制，最终有可能完全偏离校本课程开发的初衷。

（三）评价层面的开发

课程的评价包括学生学业评价和课程本身的评价。不同的评价需要会影响评价的理论框架，以及评价的功能与目标，而评价的功能与目标是影响与评价活动相关的每一步决定的关键，它决定了应该收集、分析哪些资料，由哪些人参与以及做出结论、提供什么建议等。

1. 学生评价

指教师通过评价学生的学业，了解学生学业进步或退步，掌握教与学的效果。评价方法则有终结性评价与形成性评价两种。

（1）终结性评价：终结性评价是指一门校本课程结束时或一个学年结束时进行的评价。这种方法比较注重总体分析，力图表明课程目标、教学目标的实现程度，并对校本课程的实施有效性和实施效果做出判断。因评价的结果常常关系到学生名次、班级名次和教师声誉，故学生和教师对此比较关注。

终结性评价系统的开发关键在于设定评价学生学业进步的指标体系。由于学生学业的进步常以学生考试成绩为标准，而在狭隘的学业评价观指导下，考试又常以书面考试形式进行，过分强调对事实、数据、定义等知识的准确记忆而忽视对理解问题、分析问题和解决问题等技能的评价，忽视了学生综合素质的评判，不利于学生个性与创造力的培养与发展。

由于职业岗位人员对职业技能有特定的要求，职业技能是重要的培养目标之一，与知识分属于两个不同的素质层面而难以完全等同，故职业教育课程的学业评价更应在评价的标准与评价方法上予以更多地思考与探索。

（2）形成性评价：形成性评价是指贯穿于校本课程各个阶段或整个教学过程的评价。与终结性评价不同的是形成性评价注重细节的分析，旨在寻找原因，了解课程本身的缺陷、学生的学习困难以及教学中出现的各种问题，以此作为完善校本课程和提高教学质量的依据，使校本课程更加趋于合理。

2. 课程评价

指对课程本身的评价，其目的是通过对课程的评价，为制定教育政策提供决策依据，或为课程专家、学校领导、课堂教师修正和完善课程目标、课程组织、课程实施等提供依据。

在课程开发的每一个阶段，课程开发者都在做出某种选择，每一次选择的过程就是对课程本身评价的过程，因此校本课程是一个持续、动态、循环反复、逐步完善的过程，课程评价也应贯穿于校本课程开发过程的始终。影响课程评价的关键因素在于评价主体的选择与评价主体本身的素质。

（1）课程评价的主体：职业教育的课程强调多主体评价，即由学生、家长、企业代表、课程专家、学校领导、教师等多方人员共同组成评价小组，从不同的层面对课程予以评价。学生主要从课程实施对象的角度评价教学内容、教学方法等对自身特点的适应性，家长、企业从课程目标的设计评价课程对学生素质培养的实用性，课程专家从教育学的角度审核课程目标、课程内容、教学模式的科学性与合理性，学校领导从课程实施所必需的条件评价课程实施的可行性，教师是从课堂教学对学生学业的影响评价课程实施的有效性。

（2）评价主体的素质：评价主体的立场、观点、视角以及评价者对评价标准的理解程度不同，都将影响课程评价的结果。显然完全以学生的视角、以学生的满意率为课程优劣的评价标准是不妥当的，即使是同类评价主体，由于对标准的理解程度不同，可能也会产生不同的结果。这些潜在的问题提示在进行课程评价时应注意对评价结果进行必要的分析以对评价结果予以正确地取舍。

二、程序与方法

（一）需求调研

需求调研是课程开发的起点。与普通教育课程不同的是职业教育校本课程需要关注的"需求"不仅来自学生、家长及教育行政部门，职业教育的功能与任务决定了职业教育校本课程必须满足目标职业岗位工作需求的价值取向。因此，开发校本课程必需更多地关注来自目标职业岗位对从业人员的需求，这是校本课程开发的重要依据。

需求调研的方法普遍采用问卷调查法、头脑风暴法、工作分析法、观察法、访谈法等。调研的范围依工作的进程与开发的阶段性目标而定。例如用头脑风暴法或行业链分析法，有助于对整个行业的需求状况有更多地了解，调研的范围宽而浅，但有助于确定专业培养目标；运用工作分析法、观察法能较多地了解某个岗位的需求，调研的目标范围则窄而深，有助于确定某门课程的教学标准。这些方法需在实践中灵活应用。

（二）信息整理

信息整理是对上述调研的结果进行分析，将性质相同或相似的需求予以合并，从而形成课程编制的依据。

（三）编制课程

不同的课程模式将使课程编制的结果产生巨大差异。这种差异决定了课程的"校本"特征。学问导向模式与实践导向模式如图 7-2 所示。而实践导向模式是目前职业教育课程开发模式的主流。[①]

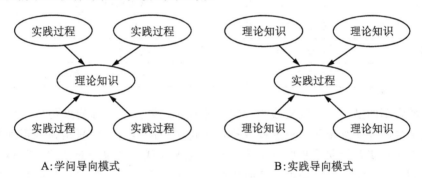

A:学问导向模式   B:实践导向模式

图 7-2 两种不同的课程模式

实践导向模式与学问导向模式的区别如表 7-1 所示。实践导向课程的目标是形成劳动者完成职业任务所需的技术实践能力，目标是"会做"，这一目标决定了：（1）以工作任务划分为课程门类分类的主要依据以便让学生在学习课程的过程中认知工作结构；（2）以实践过程和实践知识的掌握为课程展开的起点，让学习者在一定程度实践的基础上建构所需的理论知识；（3）在课程内容上强调应将多数学习时间放在实践知识的学习上，理论知识在这一模式中并不具有核心意义，并且理论知识对实践过程的作用必须通过实践知识这一中介，理论

---

① 徐国庆. 实践导向职业教育课程研究：技术学范式 [M]. 上海：上海教育出版社，2005

知识服务于、依附于实践过程；（4）以实践任务为中心，而不是以学科本身的逻辑为中心来组织课程内容，即使是理论知识也要围绕实践过程的需要来选择、组织和学习，没有必要系统学习某门学科的理论知识；（5）以实践过程而不是以理论学习为学生学习的主要形式，坚信实践能力只有在实践过程中才能获得；（6）主要通过工作任务来评价学生的学习结果。

表 7-1　学问导向课程与实践导向课程模式比较

模式类别 比较项目	学问导向课程模式	实践导向课程模式
课程目标	认识能力、理解能力	技术实践能力、会做
课程门类划分	学科分类	工作任务划分
课程结构展开的起点	理论知识和认识过程	实践知识与实践过程
课程内容	以理论知识为主体	以实践知识为主体
课程内容组织	知识本身的逻辑	工作中知识的逻辑
课程实施	记忆、理解	实践性
学习结果评价	书面形式	学习工作校本测验

要强调的是：（1）以实践为导向并非仅仅强调技能训练的重要性；（2）以实践为导向并非意味着完全忽视或排斥理论知识的学习，而只是强调正确对待理论知识在实践导向课程中的位置；（3）强调实践导向也并非意味着就是加强技能训练，事实上，对知识经济时代的劳动者而言，更重要的是掌握智慧技能而不是动作技能；（4）强调实践与强调知识的迁移并不矛盾，因而绝不能把实践导向理解为仅仅根据某个企业的需要来选择课程内容。

（四）开发教学资源

开发教学资源是课程实施条件的开发，也是课程具有"校本"特色的因素之一。教学资源包括师资队伍的结构与素质、教学场所、设施、设备、教材以及教学辅助手段等。教学资源是否满足课程实施的要求，是影响校本课程质量的重要因素。

（五）实施

指教师按照既定的教学模式和教学方法实施教学。这一阶段需要注意：对课程资源的再开发，即对现有的课程实施条件予以优化设计与组合，不断更新和完善教学资源；关注学情对课程实施的影响，即根据课程实施对象的状况设计和优化教学方法和手段。

（六）评价与改进

即对课程实施的实现课程目标的有效性与效率进行监测和评价，分析影响实现课程目标有效性与效率的因素并提出改进措施，修订课程方案，以保证课程质量的持续提高。

三、校本课程开发实例—准青年农民工培训课程（职场篇）

（一）课程简介（表7-2）

表7-2 准青年农民工培训课程简介

序号	内容	活动项目	教学程序	教学时间
1	就业途径与方法	向往未来，路在何方	学生讨论—写出自己的选择期望—典型职场信息展示—谈自己的经历与感受—教师总结	20分钟
		常见招工陷阱	"说"—自己的找工经历；演—情景剧；"听"—找工案例教师小结	20分钟
2	就业准备	进城务工的工种	填表—自己了解的工种、未来选择的工种、今后的打算	20分钟
		向往未来，选好职业	学生讨论—代表陈述—教师点评—教师总结	20分钟
3	就业证件及求职准备	我需要的证件	分组回答需要的证件、证件办理地点，并以列表形式表达	17分钟
		就业信息来源	老师逐一列举信息渠道，学生根据自身经历确认—教师统计并总结	7分钟
		求职信的书写	学生练习书写求职信—教师点评	21分钟
4	择业面试	面试	随机抽答"面试前准备什么？面试时怎样应付？"并记录—教师点评，讲解"主试官可能会问的问题"—教师总结	20分钟

续表

序号	内容	活动项目	教学程序	教学时间
5	安全生产权利和义务	分享案例	阅读案例—评论案例中主人翁的权利与义务—教师小结	15 分钟
		结对子	就教师提出的具体事例讨论相应的权利和义务并记录（有不同意见需讨论形成共识）—教师总结	25 分钟
6	职业安全健康	重视职业病	讲（或听）一个职业病相关的故事	10 分钟
		认识职业安全健康	就随机选取的四种职业岗位展开讨论，分析可能存在哪些危害及就如何预防？	20 分
		个案分享	听故事及教师介绍患上职业病应如何处理、赔偿过程和收集证据的重要性及健康检查的重要性	10 分钟
7	企业规章与劳动者权益	企业规章制度与劳动者权益	阅读案例—就案例内容进行分组辩论	20 分钟
			讨论某企业规章的合理性	20 分钟
8	创业	创业准备	听故事—讨论案例	15 分钟
			阅读教材—讨论案例	15 分钟
			反馈与反思	10 分钟
		创业实施	阅读教材—分组讨论"创业要点"—呈现讨论结果—教师点评	15 分钟
			按预先准备的测评表回答问题—教师点评	10 分钟

（二）课程点评

1. 课程设计的理念

本课程是农民工培训课程中的一个模块，其课程起点是有一定务工经历的农民，而课程的目标是提高进城务工农民的职业素质，帮助他们认知职业岗位的通用性要求，从知识、心理和行为三个方面训练其规范入职的能力和自我保护能力。体现了以"学情"为起点，以需求为目标的职业教育课程观。

2. 课程的运行模式

课程内容分模块进行组合，每一个教学模式都以具体的任务提出学习的要求，并在教学中以学生活动为主线，适时导入相关知识，使学生在完成任务的同时学习新知识，并在知识的应用中学会判断、学会按"要求去做"，在"教"、"学"、"做"的教学运行过程中实现课程目标。

3. 学生学业评价标准

学生学业评价采用了终结性评价与形成性评价相结合的方法。一方面每一个教学模块都对学生是否完成规定任务进行测评，并及时进行反馈，是每一个教学模块的终结性评价。各教学模块的终结性评价组合成了课程的形成性评价。另一方面，在终结性评价的标准指标设计上，尽管也采用书面测评的形式，但均以学生完成目标任务为标准，设计的试题有足够的开放性，没有要求学生过多地记忆相关的知识点，而是让学生在预设的活动中认知与理解相关知识，并在此基础上形成自己的观点，最终完成学习任务，并在教师的点评与反馈中得到强化或纠正。

第八章
职业教育教学过程

教学过程是教学活动开展的过程，对教学过程的本质、功能、特点的学习和研究，有助于更好地改进教学，提高教学的有效性与效率。

第一节　教学基本要素及其关系

教学是教师通过一定的教学手段，将教学内容传授给学生的过程。教师、学生、教学内容构成了教学过程不可缺少的基本要素。这些基本要素之间的相互联系和相互作用就构成了完整的教学体系。

一、教学的基本要素

教学作为一个过程，它包含有三个基本要素，即教师、学生和教学内容。这三个要素作为不可缺失的基本元素，在学校教学萌芽状态时就已存在，并内含着现代课堂教学中逐渐独立出来的其他要素。当前，一些观点强调现代教育技术手段在当代教育中的重要性，认为教育技术手段应该作为教学的基本要素，甚至认为教育技术的运用将部分或全部代替教师的作用，完全改变课堂教学形态。其实，不管教学技术多发达，教师在课堂教学中的基质性并不会变，变的可能只是其存在的形态，教师可以把自己对教学的理解和设计，用自制课件的方式先制作好，或者采用他人制作的课件，但这些课件扮演的角色依然是教师；何况就是有课件，依然不能代替教师在课堂教学过程中的作用。下面具体分析三个基本要素的内涵。

(一) 教师

教师是教育者，是教学活动的组织者，是学生的引路人；他们根据教学目的的要求，按照教学内容和学生特点，采取一定的方法和手段，对学生进行职业知识、职业技能和职业素质教育，在教学过程中起主导作用。教师是认识主体，教师首先对客观世界有一个认识过程，才能使他求得的知识成为自己的知识，然后传给学生。在教学中教师通过研究教材、教学目的和学生的实际情况这三者内在联系，找到使教学内容适应学生接受能力、促进学生的智力发展、实现教学目的途径，并转化为教师的教学方法。由此，在教学过程中教师依然是认识主体。

学生在学校接受的知识主要是前人积累下来的间接经验，而这种知识的传播者主要是教师，因此在教学过程中教师始终处于主导地位。教师知之在先，知之较多，学生则知之在后，知之较少。教师的知识、教材、教学方法和教学手段，对学生来说都是外在的东西，是学生认识的对象。所以，一方面，教师是知识的载体，他拥有学生所需要的丰富知识，是学生的学习对象。另一方面，教师还是学生的榜样，他的人格、品德也是学生认识的对象，只有教师被学生所认识，才能取得较好的教育效果。

（二）学生

"学生的学习过程虽然是一个特殊的认识过程，但无论这个过程如何特殊，学生总是认识的主体，他的认识活动只能通过他自己的实践和感知，在他自己的头脑里进行，旁人是谁也代替不了的。"实践证明，组织教学过程必须以学生为主体，必须确认在教学过程中学生是认识的主体。

在教学过程中，学生是教学信息、知识能力的转换者和接收者，是教学效果、教学质量的体现者，只有充分调动学生的学习积极性，使之主动地介入教学全过程并发挥其作用，才能实现教学质量的飞跃。学生的主体作用，主要是指学生学习的主观作用，即指在教学过程中激发、活跃思维，主动参与、勤于动手动脑的能力。此外，学生的主体性的作用体现在学生是学习的主体，教师的教要通过学生的学来完成，没有学生在学习上的积极性和主动性（内因），教师的信息传播（外因）是很难产生好的效果的。

（三）教学内容

教学内容或课程是完成教学目的的载体，也是教学活动中最实质性的要素，它主要是指知识、能力、思想与情感等方面的内容组成的结构和体系，是国家规定的教学计划、教学大纲和教科书的总称。具体来说就是课程教学大纲、课程标准、教材选择及教案等。它规定学生在教学中所应掌握的知识、技能的体系及其思想政治方向。就其具体内容从宏观上而言，一般包括理论和实践两部分。

职业教育的职业属性要求教学内容必须做到实用性、针对性，必须根据职业资格要求去有的放矢地选择教学内容，恰当处理好就业上岗需要及职业生涯发展需要的关系。具体说来要考虑以下几点：一是必须针对培养高技能人才的教学目标设计教学内容；二是针对性地教习职业岗位需要的技能；三是教学内容选择要注重培养学生的转岗就业能力、继续学习能力和职业生涯持续发展的能力。

教学内容的主要呈现方式是教材，它是教师对学生施加影响的主要信息，也是学生认识客观世界的媒介，是实现教学目的的重要保证。教材在教学中的作用有三点：首先，教材作为知识的载体，规定信息的意义；其次教材影响教师、学生对信息的编码与教学程序；再次，教材程序影响教学过程。正由于教学内容对教学的诸方面都给予制约，因此，承载教学内容的教材与教师、学生一起看做是课堂教学系统中的三个主要因素，处于同一层次。

二、教学基本要素之间的关系

教师、学生、教学内容这三个教学基本要素在教学过程中相互依赖、相互制约，客观地存在着十分密切的关系。

（一）教师与教学内容的关系

教师与教学内容之间的关系，集中表现在教师"教什么"和"如何教"的问题上。教师对教学内容所规定的知识的掌握，是在教师"职前教育"中完成的。但是，教学不是对知识的简单罗列和叙述，而是要把书本知识转化为学生自己的知识。教学任务和学生的对知识的认知特点，要求教师对教材内容做进一步的加工，使之成为便于学生学习的东西。所以，教师和教学内容存在着天然的矛盾。这一矛盾的解决，主要是通过教师的备课来解决。因此，备课是教学过程的必要和重要环节，教师要不断的学习，进修和提高，从而把新的知识不断地纳入自己的知识体系之中。

（二）学生与教学内容的关系

学生与教学内容之间的关系，集中表现在教学内容如何安排，以及学生"如何学"的问题上。这一矛盾是教学要解决的主要矛盾之一。

学生与教学内容之间的矛盾的解决。一方面，取决于教学内容所规定的知识是否是学生可以接受的，教学内容是否体现了科学知识的逻辑结构和内在的联系；另一方面，也取决于教师的教法和学生的学法如何，以及学生学习兴趣和主动程度。只有当教学内容规定的知识符合学生的接受能力，并体现了科学知识的逻辑结构和内在联系。教师的教法得当，学生的学法得当，学生学习的主动性、积极性被充分调动时，学生与教学内容之间的矛盾才会不断得到解决，学生才能在教学过程中使自己的知识不断增长，智力水平得到不断提高。

（三）教师与学生的关系

教学过程中各个基本要素之间的关系。都会集中在教师与学生的关系上。在教学过程中，教师以教学手段作为教学的中介，将教学内容传递给学生，从而形成教师与学生的互动关系。教师在运用教学手段向学生传授知识和技能的同时，教师的形象、思想、观点、信念、行为举止，以及教学时表现出来的个人爱好和兴趣等，都在不时地影响着学生。而学生对教师的教学也产生着某种程度的影响。教师在教育学生的同时，自己也正在受教育。"教学的教育性"、"教学相长"等正是反映了教学过程中教师与学生的这种关系。

教师、学生、教学内容（主要是教材）三者互相矛盾，互相统一，以矛盾求统一，形成教学过程的动态平衡，这是保证课堂教学质量的关键。教师是教学过程的主导因素，处于引导者的地位。教师要在了解学生的基础上，对教材进行组织、加工，选择恰当的教学方法和手段，向学生传授知识和技能，促使学生全面发展。学生是教学过程的主体因素，处于主体地位，是学习的主人。教学活动的出发点和归宿点就是为了解决学生与所学知识之间的矛盾。只有在学生积极主动地参与教学活动的情况下，才能实现知识与能力、品德与个性的转化。因此教学过程中要充分发挥学生的主动性、积极性，认真解决学生学习的动力问题，使学生真正成为学习过程的主人。但学生作为教学过程的主体是教师主导下的主体，具有发展性和可塑性；其能动性也主要是在教师的主导下发展起来的。教学内容是教学过程的客体因素，是师生共同的认识对象。教学内容反映了社会的要求和学生的年龄特点，是教和学的依据，也是检查教学质量的客观标准。教学就是以教学内容为依据有计划进行的。教学方法手段也是教学过程中不容忽视的客体因素。它是教师、学生与教学内容产生密切联系的纽带，其完善与否、运用得当与否，对教师和学生准确、快速传授与掌握知识，提高教学的效果与效率起着重要作用。

教学过程中的各基本教学要素之间的关系，集中反映了教学过程的特殊矛盾，以及教学过程的本质和规律，它们在教学过程中相互联系、相互作用，构成了一个动态系统，其最佳结合，是取得教学整体优化的重要保证，更是制订教学原则和确定教学方法的重要依据。因此，正确理解和处理教学过程中各基本教学要素的关系，是提高教学效果和教学质量的关键所在。

第二节　教学过程的基本阶段

教学活动总是以过程的形式展开，通常把教学过程分为教学的准备阶段、教学的实施阶段和教学的检查评定阶段。在这三个阶段中，教学系统各要素是紧密联系在一起并相互作用的，它们共同的活动才构成了教学过程的动态运动。

一、教学准备阶段

教学准备阶段主要进行的工作是教学设计。在进行教学设计时，首先要确定教学目标，即我们期望学生通过学习应达到什么样的结果；其次要分析学习者特征，用来确定教学起点和进行因材施教；接下来要进行教学策略和教学方法的设计，包括媒体的选择等。另外教学设计工作还会延续到教学过程的结束，因为它是一个动态的设计过程，需要利用教学实施阶段的反馈信息来调整和优化教学设计，以达教学过程的最优化。

职业教育的教学设计应注意以下几点：一是设计适合学生发展需要的教学目标。过高或过低的教学目标都不能满足学生的发展需要，只有处于"最近发展区"的教学目标才能发挥教学的最大效益，促进学生的最大发展。二是设计"问题性"与"应用性"相结合的教学内容。"问题性"是指教学内容应以问题为中心来组织，引发学生探究的兴趣，"应用性"是指教学内容应与实践应用相结合。使学生感受到学习对其就业和职业生涯发展有用。三是设计"自主操作性"的教学方法。自主操作能引发学生的自主活动，充分发挥他们主体性，通过自主操作，应用能力得到训练与加强。

二、教学实施阶段

教学实施阶段是准备阶段的继续，也是对准备阶段各项活动的验证。在实施阶段，主要是组织一系列教学策略，使准备阶段的设计工作得以贯彻，其中重要的一个环节是唤起学生学习的积极性，保证学习主体作用得到充分发挥。

职业教育教学实施阶段的主要任务有以下方面：

（一）理解知识

遵循学生认识发展的规律，让学生在感知教学内容的基础上，通过教师的讲解、论证来理解、掌握新知识。要注意引导学生通过领会、分析、综合、评价，形成科学概念，达到对工作过程知识的认知。因此，教师要提供必要的学习材料包括与职业相关的背景材料，设置疑难问题，启发学生积极思维。一是善于引导学生的注意，使学生对教学过程感兴趣，对教学内容产生深刻的印象；二是注意与工作过程逻辑性的吻合，使学生建立工作系统知识。

职业教育课程教学不是教"系统的理论知识"，而是教"系统的应用知识"。要求教师当从实用出发，对原有的知识体系从应用的角度进行新的、系统化的改造。工作过程知识的教学不能从概念出发，要打破过去"先学后做"的习惯，采取"边做边学"或"先做后学"的方式。给学生基于职业活动的学习任务，让学生在完成任务的过程中锻炼能力、探索知识、总结经验，从而形成抽象概念。教师要学会使用行动引导教学法，设计教学内容的引入、驱动、示范、归纳、展开、讨论、解决、提高、实训等过程，引导学生兴趣，提高学习能力。

（二）运用知识

引导学生对已经理解的知识加以巩固和运用，使其真正掌握，这既是教师教学工作的一个重要步骤，同时也是学生学习过程中的一个基本阶段。运用知识是指在某些特定的或具体的情境中使用学得的理论、概念解决实际问题。学生掌握知识的目的不仅是为了认识世界，也是为了运用知识改造世界。指导学生运用知识，首先，可以检查学生对知识的理解情况，巩固、加深对所学知识的理解，使理解的知识不断完善；其次，能够促使学生把理论与实际结合起来，培养学生综合运用知识的能力，形成技能技巧；再次，能够促进知识向智能的转化，促进学习智能发展。教学过程中促进学生运用知识的方式有两类：一是课堂教学中各种形式的作业、练习；二是课后的各种书面作业和实习作业。在指导学生运用知识时应注意：明确运用知识的目的和要求；教给学生运用知识的正确方法。

（三）职业能力训练

职业院校毕业生在职业活动和社会行为方面所表现出的实际能力，已经成为职业教育评估的一个重要标准。在这一教学阶段，教师要对"能力的实训过程"进行科学设计，确定演示、实训、实习、实验的内容，做好实践教学的各项准备工作。在能力训练过程中严格按照标准，由浅到深，由简单到复杂，由单一到综合，循序渐进。教师要认真进行训练指导，严格考核，要使学生通过学习来掌握技能，特别是通过"创造我的产品"，使学生更有成就感。在考核中以学生能力的最终物化成果作为课程考核依据，让学生创造自己的产品。通常，职业院校学生职业能力训练有：

1. 通用基本技能实训

包括计算机应用能力、外语应用能力、普通话水平等。

2. 专业基本技能

专业基本技能指专业领域内的基础性技能。实训中要求指导老师注意技能训练的规范化及技能考核的科学化，培养学生勤于思考、独立工作、独立分析问题的能力。

3. 专业技能训练

这种实训通常是根据教学进度及教学要求，安排学生到校外实习基地进行实训或在学校模拟实践。专业技能训练应有明确的考核标准，可聘请企业现场人员担任指导教师。

4. 综合职业能力训练

可采用组织学生参加职业技能大赛、参加相关专业技能等级或职业资格证书的考核等，促进学生综合职业能力的提高。

三、教学检查评定阶段

这一阶段要对前面两个阶段的展开情况以及整个课程教学过程的效果进行必要的检查总结，并作出公正、客观的评价，为下一个教学过程的设计提供科学的依据。这一阶段在具体实施中要注意处理好三个问题：一要确立好检查评定的标准，其标准既要全面反映知识掌握、能力培养和职业道德与职业素质等内容，又要具体规定知识掌握、能力培养和素质养成的层次要求；二要重视师生的自我总结与评价；三要突出学生学习过程的评价。通过检查反馈，教师可以了解学生对所学知识的掌握情况，及时采取措施，改进教学工作，提高教学的效果；学生可以对自己的学习效果有明确的认识，使自己获得学习上的满足。

教学过程的三个阶段包含着学生在教学过程中认识活动的特点，体现了教学过程的客观规律。各阶段在学生认知发展上虽然各有其主要任务，但又是相互联系、相互渗透的，不应把他们截然分开，孤立地进行，也不能机械地搬用；应从教学过程中学生认识的实际出发，灵活掌握。

第三节　优化教学的基本策略

教学过程是一个师生互动的过程。教师如何按照职业教育的特性来组织教学，让学生在自己"动手"的实践中，掌握职业技能、习得专业知识，从而构建属于自己的经验和知识体系，这需要采取相应的教学策略。

一、教学策略概述

(一) 教学策略的含义

教学策略，是指以一定的教学观念和教学理论为指导，为实现一定的教学目的，完成特定的教学任务，获得预期教学效果，实现教学目标而制定，并在实施过程中不断调适、优化的教学总体方案，它包括科学组织各种材料、媒体，合理运用各种手段方法，确定师生行为程序和组织结构等内容。

教学策略的定义充分说明了以下几点：

(1) 教学策略的选择和设计必定是在一定的教育观念和理论的指导下进行的，任何一种教学策略的背后都有一定的教学观念和理论作支撑。

(2) 教学策略具有明确的指向性，它是由特定的教学目标所决定，直接为实现教学目标、完成教学任务、解决教学问题服务的。

(3) 教学策略不仅重视"教"，而且重视"学"，教和学是辩证的对立统一的关系，要强调教和学的相互作用，注意学生的意义建构。

(4) 教学策略应体现全面性，应该充分考虑影响教学的各个要素。这里所说的全面性不仅包括认知领域的各个方面，还包括情感和动作技能领域的内容；不仅包括智力因素，也包括非智力因素。

(5) 教学策略不是抽象的教学原则，它具有具体、明确的内容，它可供师生在教学中参照执行或操作，因此它具有可操作性。

（6）教学策略具有前置性和过程性相结合的特点。所谓前置性是指教师需要在进入课堂实施教学之前，进行教学策略的选择和确定。所谓过程性是指在教学实施过程中，同样存在教学策略的问题。教学策略是对教学设计、实施和评价等三个阶段展开工作的，教学策略方案在实施的过程中，如果出现了意料之外的情况，教师就需要在现场做出"怎么教"的策略选择。

（二）教学策略与教学模式的区别

教学模式是相对稳定的、可供参照的一系列教学行为的组合；教学策略本身是灵活多变的，不具有相对固定的属性。

教学模式有一定的逻辑线索可以依据，它指向于整个教学过程；教学策略的结构性却显得不足，而且它往往比较明显地指向于单个的教学行为。

（三）教学策略与教学方法的区别

教学策略不是教学方法，而是方法的方法。教学策略的外延比教学方法宽泛，层次比教学方法高，教学策略是教学实施的总体方案。一种教学方法是在教学原则的指导下，在总结教学实践经验的基础上形成的；而在具体的教学情境下该使用何种教学方法，该如何来组合教学方法服务于教学目标，就涉及了教学策略的层面。

教学策略主要关于内容的顺序和组织，特别是学习活动，决定如何传递内容，如何组织活动。教学方法是最为具体的、最具有操作性的，在某种程度上也可以看做是教学策略的具体化。

二、教学策略的优化

运用教学策略来优化教学过程，这并不意味着对教学过程作局部改进和完善，而是科学地直接地实施一套措施体系。它不是某一种新的教学形式或方法，而是指导教师合理地组织教学过程的重要方法论。具体来说，所谓教学策略优化就是指：

（一）分析教学内容，确定教与学目标

1. 教学内容分析

教学内容的分析是进行课堂教学策略设计的一个重要环节。它将影响教师

对教材的把握，直接影响对学习水平的确定和教学目标、学习目标的陈述，以及教学媒体的选择等后面的各个工作环节。我们对教学内容的分析可以从三个方面进行：一是建构教材内容的知识体系；二是确定知识点；三是确定教学内容的重点和难点。如果完成此三项工作，就为目标的确定打下了坚实的基础。

2. 教与学目标的确定

教和学的目标是教师和学生从事教学活动的指南和出发点，同时也是评价教与学活动的依据。可以说，教与学的目标是影响教学策略的制定和选择的重要因素之一。教学策略是否有效，一般是以能否实现教学目标和学习目标为标准的。

首先，我们应该注意的是在教学中目标不同，目标的层次水平不同，所应采取的教学策略也不同。其次，从学生的主体性出发，不但教师应该有教学目标，而且学生也应该具有学习目标。教学目标和学习目标是作用于两个完全不同的过程，服务于两个不同的主体。再次，在制定目标时，应该全面考虑认知、情感和动作技能领域的目标。这样则可以充分体现素质教育的全面发展观。

(二) 了解条件，知己知彼

为了使策略方案更加具有针对性，策略的制定应以一定的因素为基本依据。优化教学策略应深入全面地把握以下三个因素。

1. 学生的特征

教学策略方案的制定必须以学生的基本特征为前提。如果忽视学生的特征分析，那么所制定的教学策略就会失效，因为学生的特征决定着教学的起点，而教学策略的设计必须从学生的这个起点出发，才能做到对症下药。

根据教学设计理论，分析学生特征一般可从三个方面入手，一是了解学生的一般特征，主要是指学生的心理、生理和社会的特点。二是了解学生的起始能力，主要是分析学生对从事特定的学科内容的学习已经具备的有关知识与技能的基础，以及对学习内容的态度。三是了解学生的学习风格，学习风格是指对学生感知不同刺激、并对不同刺激做出反应这两方面产生影响的所有心理特征。

2. 教师本身的特征

教师自身的特征是制约教学策略设计的主观条件。教师在教学中表现出来的不同特征，从另外一个侧面影响着教学策略的设计。教师是教学策略的主要策划者，而教师的个性是各不相同的，这些不同点主要包括教育教学观念、教育与学习理论知识的储备、语言表达能力、教学研究能力、媒体应用能力、教学经验与教学风格等等。很显然，教师在考虑教学策略的设计时必须充分研究这些因素，使所制定的教学策略能够符合以上这些条件。

可以说，教学策略只有符合教师自身的条件，能为教师所掌握，才能发挥作用。有的策略或方法虽好，但教师缺乏必要的条件，无法驾驭，那么再好的策略也是无济于事的。

3. 教学条件

教师进行教学策略设计，应该考虑当地或本学校教学条件的可能性。目前我国各地的社会发展很不平衡，各地的教学环境和教学资源差别很大，要在约束条件许可的范围内工作，教学策略的制定要符合实际条件。

(三) 重视学生需要，研究学生学习动机

学生到学校来学习和生活，主要的需要就是自尊感和归属感。不爱学习的学生，绝大多数不是"脑子笨"，而是他"不愿学习"。只有创造条件，满足学生对归属感和自尊感的需要，他们才会愿意学习，才有可能取得学业成功。许多学生正是由于在课堂上得不到认可、接纳和表现出对别人的影响力，才转向课外活动、校外小团体等寻求满足自己需要的机会。可以说，"只有愿意学，才能学得好"。

(四) 营造民主、平等的师生关系

教学过程首先是师生间的交往、对话，是心灵的撞击，必须营造民主、平等的师生关系。教师应尊重学生的主体地位，相信学生具有巨大的学习潜能。教学过程的优化只能在民主平等的过程中开拓学生的人格，也只能在民主、平等的环境里得到良好的发展，学生的思维火花只能在师生交流互动中迅速地点燃。教师应由居高临下转向"平等中的首席"；由权威者变成学生的朋友，从知识的传递者变为学生的引导者，从课堂的统治者变为学习过程的组织者。教师要爱学生，学生也应亲其师，这样才可能在师生间的对话、沟通中，学生的知识、能力、身心都得到发展，使教学过程在相互倾听、接受和共享中成为精神互通、共同创造的和谐学习共同体。

（五）充分挖掘课堂教学的教学资源

师生在教学过程中的交往和对话的主要材料是教材，但教师在教学中应忘记学生是教学过程的主体，教师应为学生的发展而设计教学，教师有课程资源开发的义务和责任，教师不应只是教教材，把教材当作不能走样的教案剧的脚本，而应该是用教材教，应以学生的学为重心，充分凸显学生学习过程中的丰富性、多变性与复杂性，由学定教。把教师的刻板行为转化为师生民主平等的交流互动中的具有艺术特色的即兴创造，并机智地运用学生提供的活的教学资源，科学地调整教学流程，把教学信息反馈贯彻在教学过程始终，只有通过师生之间的信息联系与信息反馈，使学生的学影响教师的教，教师的教才能更好地指导学生的学，达到优化教学过程的目的。

（六）重视教学内容设计

教学过程是一种特殊的认识现象，学生的学是一连串的问题——思考——解答的反复循环过程。没有问题，没有思考，就没有学生学习的矛盾运动，就没有真正的学习，就不会产生教学过程中师生之间的实质性的交往与对话，因此，在教学内容的设计上必须以问题为主轴，以思维为主线。而设计的问题必须具备形式上的新颖性，使学习获得新的感受，也要有内容上的生动性，使问题情境能促进学生的观察与思考，同时还应有方法上的启发性，在体验问题的情境时，从中受到启发，发展智力，提高能力。教师不要把问题的解答直接向学生注入，而要善于捕捉与学生对话的契机，培养学生的问题意识，引导学生深入钻研，积极思考，提出新的、有价值的问题。教师还应主动参与学生的学习活动，鼓励学生的探索精神，尊重学生的感受、体验与理解，在师生交往、对话的思维撞击中，激发学生的学习兴趣，陶冶学生的情操。教师要成为学生学习过程促进者，适时地按照教学目标和教学过程对教学效果做出价值判断，把握教学过程的方向。教师应对学生做出鼓励性和发展性的评价，引导学生自主评价、自我超越，营造一种积极向上的学习氛围。

（七）因材施教

我国教育史上，一直把因材施教作为一条重要的教学原则。我们应把因材施教全面地理解为不仅是依照学生身心发展的规律和个性特长组织教学，而且还要依照教学内容正确地选择教学方法（即因课施教）。当多数学生的学习风格属于同一类型，制定教学策略可以"一种为主，其他为辅"，在采取统一的教学策略进行集体授课的同时或之后，再针对其他不同类型的学生进行个别教学和指导。如果学生之间的学习风格种类较多、差别较大，应尽可能采取小组化、个别化的教学形式，以适应不同学生的需要。例如，对于喜欢通过触觉和直接的动手操作进行学习的学生，可以采用学习手册、程序教学、演示和有指导的实验教学，对他们来说，学习效果会最佳；相反，对于喜欢静态视觉刺激的学生，可以提供丰富的书面印刷学习材料，采用阅读和听课的教学方法。又比如，对于低焦虑水平的学生，为了引起其适度的紧张，激发他们的学习欲望和潜能，可以采用有较大压力的教学和测验，如加大学习的量，缩短学习的时间，提出较高的目标要求，增大测验的难度等；而对于高焦虑水平的学生，就应采取相反的教学策略，缓解其压力，才能取得较好的学习效果。

第九章
职业教育实践教学

实践教学是职业教育教学过程中的主要环节和特色部分。在一定意义上可以说，职业教育实践教学体系决定了职业教育的特征，决定了职业教育培养目标的实现。

第一节　实践教学概述

实践教学是职业教育中相对于理论教学而言，除了理论教学内容之外的各种教学活动的总称。与理论教学相同地有教学计划、教学大纲、教材、教师、教学场地、教学评价体系和教学质量保障体系之外，还有理论教学所不具备的设施设备及材料。实践教学对老师的素质更侧重于其实践动手能力和生产现场的经验。实践教学作为职业教育教学活动中的一个重要组成部分，是按专业的培养目标、实训大纲对学生实施专业技能训练，并在各个实践教学环节中注重学生综合职业素质的养成，从而把学生培养成为高素质、高技能的劳动者。

一、实践教学的特点

实践教学是教师根据专业培养目标的需要，指导学生进行实践活动的过程，是指学校中相对于理论教学的各种教学活动的总称。狭义的实践教学则指教学过程中实践教学环节，主要包括实验、实训、实习等。广义的实践教学还包括学生在校期间参加的军训、公益性劳动及各种社会实践活动。

实践教学是在企业、实验室、社会等场所完成的，它通过学生亲身实践，将感性认识上升为理性认识，使学生将知识、技能与技巧融为一体，将已有知识转化为认知世界、改造世界的能力。通过大量的实践性知识的学习，建立理论知识与实践行动之间的桥梁，巩固学习知识、开发智力、提高分析问题和解决问题的能力是实践教学的基本任务。

实践教学是教学过程的重要组成部分，具有以下几个方面的特点：

（一）需有一个相对稳定、协调的教学环境

实践教学环境包括教学设施、设备与教学秩序。实践教学是通过学生亲身参与具体的操作或设计活动来完成的，因此必要的教学设施与设备则实施实践教学的必要载体。教学秩序则是实施有效教学的基础，通过根据人才培养规格与人才培养方向而制订的教学计划体现。在整个实践教学活动中，要严格执行教学计划，科学组织实践教学内容，利用校内外教学资源，使学生经过一定的严格训练，运用所学知识分析问题、解决问题提高实践动手能力。为保证教学实践的有序进行，一方面，要以正确的教育观和价值观为导向，把培养计划落实到教学计划中，这是优化教学秩序的内部因素；另一方面，要切实做好实践教学的组织工作，协调教学的各个环节，理顺关系，统筹安排，这是优化教学秩序的外部因素。

（二）实践教学过程质量的好坏很大程度上取决于教师的素质

在实践教学活动中，教师既是知识的传授者，也是实践教学的组织者。因此要注意发挥教师的主导作用，调动教师的积极性与创造性。要特别注重实验指导教师素质的提高。对实践教学的教师来说，不仅要有扎实的专业知识，还必须具备熟练的操作能力，科学的管理能力。同时还要熟练掌握仪器设备的技能，具备较强的开展实验工作的能力，如实验教学指导，实验方案设计等，特别是实验过程中处理各种问题的能力。实验老师还要有创新素质，增开综合性、设计性实验，加大实验室开放力度，为学生开创一个提高实践能力的平台。

（三）需充分发挥学生的主观能动性

实践教学的目的在于提高学生的工作技能，而工作技能的形成与提高必须依赖具体的"动手"实践过程。因此，学生既是教学管理的对象，又是教学管理的参与者，重视和提高学生自我教育的主体意识是至关重要的因素。实践教学要考虑学生的培养目标，建立符合学生培养的实践教学内容，充分发挥学生的主观能动性，实现学生全面、和谐发展。

二、实践教学的分类

(一)实验教学

实验教学属实操教学的一种。根据不同的标准有不同的分类。

如：根据实验操作者的不同可分为教师演示、学生动手、师生协作三类；根据设置形式可分为独立设置的实验课程和非独立设置的实验课程两类，独立设置的实验课程是指实验内容相对独立、自成体系、在专业人才培养方案中独立设置、以单独的课程名出现的课程。非独立设置的实验课程是指在专业人才培养方案中与理论教学配合设置、以理论讲授为主的课程，其中的实验部分亦称为"课内实验教学环节"；根据实验项目的性质不同，可细分为演示性实验、验证性实验、综合性实验和设计性实验。下面着重介绍不同性质的实验教学分类：

1. 演示性实验

指由教师或实验技术人员操作，学生观摩并记录实验现象和结果的实验。一般地讲，下述两种情况可开设演示实验：第一，学生经过本课程或一个阶段的学习，为加深学生对实验现象的认识和对理论的理解，需进行一些内容重要、但实验方法和操作简单的实验；第二，为使学生对实验内容、先进的实验方法和现代实验仪器有所认识和了解，进行一些实验内容新颖、实验方法先进但操作复杂、实验设备昂贵、实验材料耗费多的实验。

2. 验证性实验

验证性实验是指条件、结果均已知的实验。通过验证性实验教学，培养学生观察与分析能力，训练学生基本的操作技能，一般为基础训练。其特点是教师按照教材的内容讲授自然科学知识，然后围绕证明这些知识的正确性开展实验活动，再用直观的实验现象和实验结果来验证所讲授的知识的正确与否。

3. 综合性实验

综合性实验教学是在学生掌握一定的基础理论知识和基本操作技能的基础上，运用本课程的综合知识或与本课程相关的课程知识，对学生的实验技能与实验方法进行综合训练的一种教学。综合性实验教学的内容至少应涵盖本课程三个知识点或两个以上相关课程的知识，能使学生掌握相关知识的联系以及实际应用，构建专业知识体系。这种实践教学有助于培养学生的综合分析能力，实验动手能力和实验数据的处理以及查阅资料的能力；有利于学生运用已掌握的实验原理和技术方法，去解决实际问题，提高解决实际问题的能力，启发他们从自身专业的角度联系现实生活找出自己的研究探索的途径。

4. 设计性实验

指学生根据实验项目要求，运用所学知识，自行确定实验方案（包括选择实验方法和步骤、选用仪器设备等），独立操作完成实验过程，写出实验报告，并进行综合分析的实验。设计性实验是只给出实验题目、实验条件、实验目的与要求，不提供实验指导书，要求学生自行查阅和收集资料，自行设计实验方案并加以实施的工作过程。在这一过程中，老师主要是在查阅资料、设计方案和实施方案等环节给予学生方法的指导，从而完成教学过程。

（二）实训教学

实训教学是指以典型岗位的典型工作任务为引领，以训练学生对工作规范的执行能力、提高操作的熟练程度、积累工作经验并逐渐形成工作技巧为目的的训练活动。

1. 实训教学的分类

从时空上分，有校内实训和校外实训，包括教学见习、教学实训和生产实训；从形式上分，有技能鉴定达标实训和岗位素质达标实训，包括通用技能实训和专项技能实训；从内容上分，有动手操作技能实训和心智技能实训，包括综合素质要求实训；从程度上分，有单项实训和综合实训；从结构上分，有岗位训练、过程训练、项目/任务训练、仿真训练等模式。

2. 实训教学的过程

可以是阶段性的，也可以是综合性的。例如根据产生的生产流程，分别训练某个环节的操作为阶段性实训；而把学生安排在整个生产流程中的各个岗位进行训练，并按一定的规则使学生轮岗，从而实现多个岗位的技能训练，即为综合性实训。

3．实训教学的实施

除特殊情况外，校内的实训教学主要为虚拟实训和模拟实训两类。虚拟实训是指运用计算机网络，在虚拟环境下完成具体的工作任务的过程。这类实践教学通常在需要大量耗材或昂贵的训练器材才能完成的技能训练，而实际的教学资源又难以满足教学要求时运用，如飞机驾驶等有重要意义。模拟实训是在模拟的工作环境中完成具体的工作任务的过程，角色扮演也是一种典型的模拟实训方法。

与虚拟实训相比，模拟实训的意义在于能使学生在更加真实的环境中进行实训的动手操作，而不是操纵计算机来实现操作。在这类实践教学中，教学的目的不一定是合格的"产品"，而在于这一"产品"的形成过程，旨在使学生体验工作的过程，训练操作的技能与技巧，从而形成特定任务下的心智与行为习惯。如果校内实训基地承接实际的工作业务，则模拟实训可转化为实操教学。

（三）实习教学

实习属实操教学，是根据教学计划中对实习环节的要求，由学校指派指导教师带领学生到企业完成，旨在提高学生认知与实践动手能力的教学活动。

实习教学的意义在于将学生置于真实的环境，使学生获得真实的感知与体验，或作为进入社会前的过渡阶段，培养和训练学生融入社会、进入职业岗位所必需的职业能力。

实习教学与实训教学的区别，一是教师的职责不同，实训教学中教师不仅承担实训所必需的理论知识的教学任务，还要承担操作技能的示范、指导、纠正等训练职责，负责整个教学活动的组织与实施；而实习教学中，教师更多地承担管理的职责，而接收实习的单位和企业的实习指导教师则分担了老师的施教职责。二是实施的环境与方法不同，实训通常在模拟的环境下实施，并以操作技能的熟练程度为主要目标；实习则在真实的环境下完成，并以通过规范的操作过程与方法，获得真实的、合格的或优质的"产品"为目标。

根据实习教学的实施方式不同，实习教学分为以下三类：

1．见习

指通过组织学生实地参观、考察，以获得感性认识，为学校相关课程打下良好基础的教学活动。

2. 专业实习

专业实习实际上是实验教学的拓展和延伸。与实验教学的区别在于专业实习通常在社会大环境下实施与完成而不是在实验室中进行。其意义在于使学生有机会直接接触现实社会，把专业知识与技能应用于真实的岗位，获得直接的社会经验和工作经验，从而逐渐融入社会。专业实习通常不以单一的职业岗位为目标，在教学实施的环境与实施的方法上具有一定的综合性与灵活性。

3. 顶岗实习

指学生根据培养目标的要求，以"准员工"的身份进入某个真实的职业岗位，承担该岗位的职责并完成岗位任务，从而形成该职业能力的教学活动。

三、实践教学的功能

实践教学不是单纯的肢体动作的训练过程。在实践教学中，知识的传递、运用，肢体动作的学习与协调，心智模式的形成与固化，个性的展现与发展等融为一体，渗透在实践中和每一个环节。但实践教学的实施类型不同，则其教学功能也有所差异。

（一）实验教学的功能

实验教学的目标更多地定位于知识的验证、运用以及基础操作能力的训练。教学中，或通过实验方案的执行训练实验的基本操作方法；或通过实验结果的观察与解析，学会运用知识分析问题和解决问题，建立科学的思维模式；还可以通过实验方案的设计或综合性实验，在更广泛的知识领域中运用知识。因此，实验教学的功能更多地体现在知识的传递与运用能力训练，特别是逻辑思维的训练与固化。

（二）实训教学的功能

实训教学的目标更多地定位于规程、标准的执行及肢体动作的规范、熟练和协调。教学中，通过操作规范的执行性训练，使学生在多次重复的"执行"中形成符合规范的操作习惯；通过典型产品或典型任务的计划、准备、实施直至完成，使学生学习和体验任务完成的程序、标准及行为方式的要求；或通过同一任务的反复练习实现肢体动作的熟练、协调，工作经验的积累甚至形成工作技巧。

（三）实习教学的功能

实习教学既是实验教学、实训教学中获得的知识与技能的运用过程，也是继续丰富经验、技巧，接触社会、融入社会的必要阶段。在实习教学中，学生在真实的社会环境和职业岗位环境下，实现从学生向职业人才转变。因此，实践教学的目标指向更多地定位于社会职业人的培养。实习教学的效果，往往是学生个性、专业素养、交际与沟通能力、学习能力等多种能力的综合体现。

第二节　实践教学的运行程序

实施实践教学必须按照专业培养目标和能力要求来设计好实践教学环节的内容、形式与方法。在实践教学内容的组织上，一方面，要反映现代企业的高新技术、管理和经济活动实际；另一方面，也融入现代企业员工综合素质要求；在实践教学形式设计上，应根据职业岗位特点和职业教育规律，采用虚拟案例、模拟情景、针对设备或产品实际操作以及技术分析（或模拟项目）等形式；在实践教学方法的改革上，则强调专业技术应用能力和综合实践能力的训练的结合，以真正体现以学生为主体的教学理念，给学生创造一个团队协作、发挥潜能、实践创新的空间。

一、实验教学

实验教学过程包括选题与准备、讲授与示范、操作与指导、评议与总结四个阶段：

（一）选题与准备

实验的准备是上好实验课的重要前提。实验的选题需根据教学大纲的要求，依据学校的设备条件，选择难易适中、具有验证性、综合性或设计性的课题，循序渐进地进行，教学辅助人员应做好设备、器材及实验耗材的准备工作。教师则应做好预试，并进行试讲。力求讲清实验的目的、要求，需要的器材，实验原理、方法和步骤，预测学生实验中可能出现的问题并制订相应的应对措施。学生则要求做好相关理论知识的预习，了解实验的目的及所需的器材。

（二）讲授与示范

讲授与示范是实验课的重要环节，实验前教师必须进行必要的讲解。讲解内容包括实验原理、操作方法、步骤、规程、注意事项等。讲解要精练、准确、清楚，时间最好控制在 15 分钟以内，以便保证学生动手操作的时间。讲解的目的是帮助学生对实验设计、器材选择的依据有清晰的认识，对实验器材规格及其性能有所了解，从整体上把握实验。讲解中，教师适宜选择示范教学法，充分利用实验器材，边讲解、边示范，充分发挥示范教学法的优势。但示范中，老师必需严格规范，便于学生观察，同时提示注意事项及观察的重点，以便把操作的技能、技巧传授给学生。

（三）操作与指导

实验过程是学生探索或运用知识的过程，它既是旧知识及已有技能的深化和扩展过程，又是新知识的内化、新技能的形成过程，因而是实验教学的核心环节。在此过程中，老师应边巡视、边指导，发现不正确的操作及时予以纠正，发现实验结果不理想的现象应引导学生积极思考，分析问题和解决问题。教师还要指导学生正确记录实验数据，处理实验数据，并规范地完成实验报告。

（四）评议与总结

评议实验教学的重要依据是实验数据与实验报告。实验数据是实验的结果，实验报告则反映了学生对实验结果的理解程度及运用知识分析问题的能力。实验教学中教师应对这些教学成果及时予以评价和反馈，从而进一步巩固实验教学的效果，进一步激发学生参与实验教学的兴趣，提高学生的学习自主性。

值得注意的是，影响实验结果的因素很多，当出现非预期的实验结果时，老师应鼓励学生思考、分析和探索、验证，杜绝简单、粗暴的评议压抑学生的探究与创新精神。

二、实训教学

目前职业学校所倡导的任务引领教学模式，其操作程序分为任务布置、任务实施、成果评价三个环节。

（一）任务布置

任务布置是实训课程的开端，目的是让学生了解实训的目标，明确学习的意义，从而形成学习动机。任务布置以教师为主。主要讲清以下几个方面的内容：

1. 实训的目标与任务

必需讲清要"做"什么，通过哪些具体的工作，最终形成的怎样的成果形式。成果形式由具体的课程专业特点所决定，可以是一个产品、一份报告、一项经营活动等。教师要根据实际可能的条件，对学生提出明确、具体、统一的要求，并确保任务是可操作的。

2. 关于实训的背景知识

主要阐释完成"任务"所必要的知识框架，包括相关的理论观点、技术标准、操作规范、工作流程、关键问题等。讲好这部分内容，一方面，可进一步明确实训的任务；另一方面，提供给学生完成任务所需的知识准备和"武器"。因此，讲解时力求具有丰富性、多样性和前瞻性，要提供给学生多种工具，同时还要指出现有工具的局限性，留给学生足够的创造性发挥的空间和余地。

（二）任务实施

是实训教学的核心阶段，是学生在教师指导下、帮助下具体制订和实施任务计划直至形成实训成果的过程。

任务实施过程主要由学生自主完成，教师在这一过程中的主要任务是指导学生制定工作方案，并规范地执行工作方案。特别要教会学生按照技术标准的要求对工作成果进行阶段性的检测，以及时调整工作方案，保证实训成果的质量。

（三）成果评价

实训教学的评价应包括三个方面：一是学生任务实施成果的评价，其标准为产品的技术标准；二是学生任务实施过程中的操作程序与操作方法的评价，包括熟练程度的评价，其标准为岗位标准操作规程；三是学生在任务实施过程中行为、态度以及与他人合作的情况。任何一个方面的评价都是不可或缺的。而且评价的结果应以恰当的途径与方式向学生反馈。

三、实习教学

实习教学分选点与计划、岗前培训、计划实施、检查评价四个基本环节。

（一）选点与计划

指根据专业培养目标的要求，选择适宜的企业（单位）的某个或某些岗位作为实习点，并按教学大纲的要求编制实习计划。选择的实习点原则上必须是专业培养目标指向的职业岗位群。这是保证实习教学质量的基础。

（二）岗前培训

主要目的是对学生进行职业心理、职业规范的指导，必要时可以通过综合实训，对目标岗位的工作任务进行强化练习，以缩短学生对目标岗位的适应期。这一阶段还应组织学生学习实习管理的各项要求，实习过程中需注意问题以及问题发生时的处理办法等，力求使学生经过培训，能明确实习的目的、意义、任务和目标，自觉地执行实习管理的各项要求。学校教师应当采取适当的激励措施保证按时、按质、按量完成实习计划所规定的任务。

（三）计划实施

因实习教学的实施通常由实习点指定的实习教师承担，故所有的实习目的、内容与要求，包括对实习学生的评价标准等，均需与实习点的负责人进行沟通，以便校企双方对学生共同履行教学管理的责任，保证实习的顺利进行。

（四）检查与评价

学生实习期间，学校教师应有计划地检查学生的实习情况，包括生活、学习、纪律等诸多方面，发现问题及时通报，及时解决。最终由实习指导教师对学生的实习工作进行综合性评价，形成该生学业成绩，录入学生学籍档案。

实习教学是由学校教师与带教教师共同完成的。实习期间学生的生活与在学校时有所不同，这种变异常常给实习生的心理带来较多的困扰，且由于各种原因，企业可能在某些方面也不能满足实习生的所有要求。因此，学校教师应更多地承担疏导职业心理、检查实习纪律、处理学生实习工作与生活中各问题及协调实习生与企业之间的关系等责任，与实习生、企业多联系和沟通，及时了解学生的心理动态，以便及时发现、及时处理各种问题。

第三节　实践教学的影响因素

任何一种课程，都需要建设相应的资源条件和质量控制系统，以保障课程的顺利实施和课程质量的不断提高。实践教学作为职业教育的一种重要类型，是通过以实践活动为主的方式使学生获得知识、技能，形成相应的态度的教学活动。研究影响实践教学质量的因素，将有助于我们优化实践教学过程，提高实践教学的质量。

一、教学理念的影响

（一）实践教学的特殊性

实践教学过程是一个特殊的认识过程，也是课程内容持续生成与转化、课程意义不断建构与提升的过程。实践教学的特殊性在于：

1. 实践教学过程是特殊的体验过程

"体验"在词典中被解释为"体察、考察，在实践中认识事物"。心理学领域中的体验则通常表示人们在经验获得及行动变化过程中的心理感受、情感体验、认知感悟、反省内化等心理活动。因此，体验是以亲身经历的实践活动为基础，又是对经历、感受、认知和经验的升华。

实践教学是在更宽广的空间里让学生经历知识的形成过程，把握实践性、默会性的技能技巧，体验的方式更加灵活多样，体验的时间更长、更富有弹性，并不满足于理论讲解在先，实践验证在后的固定程序。

实践教学在某种意义上是还原知识和技能的形成过程，以帮助学生更好地理解和把握，但这种还原不会与人类发现知识和技能的过程完全相同。实践教学的体验过程，仍然是在既定课程目标引领、教师指导下发生的实践活动，作为课程目标的理论和实践知识，是经过教育学"过滤"、"整合"的，是人类长期探索积累的"结果"和"精华"，况且教师的指导作用，避免了体验的放任自流。

2. 实践教学是经验转化、意义建构的过程

实践教学根据职业能力培养的需要，从相关企业生产经营活动和社会生活等领域选择实践活动内容，并围绕着这些内容开展一系列实践探究，激发学生进行新的观察、判断，扩大经验范围。这些经验多以直接经验的方式呈现出来。实践教学致力于将这些直接经验与学生已有的认知结构融合，使原有的知识更加充实、丰富，更加有组织，进而把学生引向具有科学逻辑体系的经验，使学

生的知识能力结构更加接近现实的生产经营活动所要求的能力体系。

实践教学还是直接经验间接经验相互转化、相互融合的过程，是科学发展规律在教学中的运用。人类的知识有直接知识和间接知识之分，但在获得这两种知识的过程中，两者会自然而然地产生相互作用，即个体的直接经验和间接经验始终处于互动状态，个体的认识过程是连续的意义构建过程，这种对知识的认识称为动态的知识观。

3. 实践教学是多元主体互动的过程

交往是实践教学最基本的形式，它动态地表现为学生、教师、社会等多元主体之间的相互关系，表现为这些主体之间相互作用、相互交流、相互理解。因此，实践教学是多元主体之间的互动过程，没有这种互动，则实践教学的经验转化与意义建构都无法实现。

（二）教学理念对实践教学的影响

1. 对教学设计的影响

教学设计的关键性要素是课程目标分解、教学策略的优化。因此实践教学理念对教学设计的影响也着重体现在这两个方面：

一是课程目标的分解：实践教学的目标如果定位于已有知识的验证过程，在教学实践上必然导向追求实践结果的正确性，教学效果的评价将以是否实现预期结果为指征。但如果将教学目标定位于评价直接知识与间接知识的互动和体验过程，则教学效果将以活动是否完成且在活动中的感受如何作为评价标准。显然，教学设计的所有内容都是围绕着课程目标进行的。因此课程目标的分解对实践教学的效果有直接而重要的影响。

二是教学策略的选择：实践教学强调教师与学生的平等、双向的交往与互动，也重视师生与社会企业人士之间的相互沟通。因此实践教学策略的选择，其价值取向必须定位于如何促进多元主体的互动和知与行、直接经验与间接经验、新知与旧知等关系转化。偏离这一目标，教学策略的选择、设计将是低效甚至无效的。

2. 对教学实施过程的影响

实践教学过程的互动关系还广泛存在于学生个体之间、小组之间、个体与小组之间、小组与班级之间以及班级与班级之间，存在于实践活动方案的设计、实施、表达、交流、评价的全过程，对学生作为学习同伴的合作与竞争，起到催化与激励的作用。在教学实施过程中，对这些因素的关注与重视程度，影响着教学活动的组织、实施方法及运行过程，最终影响实践教学目标的实现。

二、实践教学基地的影响

实践教学基地是为学生提供直接进行技能训练，并以技能训练为基础，融理论教授与技能训练于一体的教学场所。承担基地建设的主体不同，实践教学基地有不同的特点，对实践教学有不同的影响。[①]

（一）校内实践基地

校内实践教学基地是由各职业院校自己建立、拥有产权并且为自己服务的，其经费来源可能是政府财政、学校办学经费，也可以是企业或其他社会团体捐赠或赞助。

1．建设依据

与社会及企业的工作现场相比，校内基地的工作情境大多属于模拟性，但依然有重要的教育价值：它提供了学习技术理论知识的机会，弥补了工作现场只关注"如何做"而相对忽视"为什么这样做"的现场学习的不足；校内基地没有工作压力，能够形成宽松的学习环境，对比较复杂的操作过程，可以放慢过程、反复进行示范和讲解等，使学生有充分的学习机会；校内实践教学采取更为正式的教学方法，为技术理论知识和技术实践知识的整合提供了机会，而有工作现场，这两类知识的整合更多地要依靠学生自己；工作现场的学习效果未必理想，如在生产车间，学生很难获得车间整体及内部布局的图式，而在校内基地，通过微缩模型即可以很轻松地获取这种知识；如果学生对工作过程缺乏必要的了解，缺乏职业岗位必需的基本技能，企业很难接受学生进行实训，因此，校内基地可能为学生进行初步的技能训练。

2．运作模式

一是产学合作，即通过向企业宣传并提供相应的服务，使企业看到投资职

① 孙群英. 地方高校实践教学管理的研究与实践 [M]. 黑龙江：哈尔滨地图出版社，2007

业教育可以产生的收益，从而争取企业向职业教育投资。二是向企业出租，即把校内基地的设备出租给企业，以租金缓解校内基地运行经费的压力；三是与生产结合，即以校内基地承接企业的生产任务，使学生、教师直接参与企业的生产经营活动，产出真正的产品或服务直接进入市场。

3. 对教学的影响

校内实践基地可以为学生提供初步的技能训练，整合技术理论与技术实践知识各进行特殊的训练。其主要优势在于实践内容与课程具有对应性。校内实践基地提供的实践项目，通常能从专业培养目标出发，紧扣课程教学大纲，与专业课程的实践能力培养目标相衔接，与基本技能与综合技能训练要求相匹配。实践安排具有便利性，在时间和空间上都可以是开放的，经学校统筹安排，学生随时可以进行实验或实训。在教学过程中，学生还可以自主待定课题、制定实施损伤步骤，处理和分析结果、数据。在校内实践基地开展实践教学，有利于学生独立安排学习时间，提高学习效率。

(二) 校外实践基地

一方面，校外实践基地主要指企业建立的用于职业院校实习教学的基地。这种实践教学基地通常没有专门的实训场地和设备，它是与企业的生产场地和设备整合在一起，为了满足职业院校学生实习的需要，由职业院校与企业在协商的基础上共同建立的实践教学场所。

1. 建设依据

校内外两种实践基地是互补的。一些涉及基本技能的实践教学主要通过校内实践来完成，但受经费所限，校内实践基地的教学资源在数量和质量上都难以完全满足实践教学的需要。再好的校内实践基地与实际的社会与企业现场，总存在一定距离，不可以让学生感受职场文化氛围与人际情境。

校外基地的实践教学是基于工作本位的学习过程，是在真实的情境中的实施的以完成真实任务为内容的教学，而工作任务具备整合理论与实践的功能，对于克服学校本位学习的僵化、无趣、与现实相脱离等弊端，对提高学生的学习兴趣，整合知识与实践知识，促进工作诀窍、默会知识的学习以及技术实践能力的发展是非常有效的。

2. 运作机制及其制约因素

一方面，校外实践教学基地还处于民间的、自愿合作的层面，缺乏政府法律、相关政策与财政的支持。而企业要提供足够的培训岗位确实存在较大困难，特别是失业率较高的时期。企业更多的是为职业学校提供就业的机会而不是学习的机会。完全依靠校外的基地支撑职业院校的实践教学是不够的。

另一方面，学校或企业对实践教学的过程都缺乏足够的控制，对于具体的教学内容，每项内容何时进行，由谁负责指导，如何考核学习效果等，学校和企业都缺乏明确的计划，使校外实践教学过程的随意性太大，结构化程度很低，因而影响实践教学的效果。

3. 对教学的影响

校外实践基地为学生提供了真实的工作环境，为学生掌握岗位技能、提高实践能力、了解岗位的社会属性、全面提高学生综合素质提供了学习与训练的平台。校外实践教学基地在一定程度上弥补了校内实践基地的不足，对校内实践基础的设备、场所和功能上的缺陷予以有效补充，有利于解决学校因设备经费和办学空间不足的矛盾。稳定的校外实践基地不仅是课程、师资实践资源开发的源泉，也是学生进行实践操作、锻炼实际工作能力的最理想场所。通过校外实践基地，学生可以接受现代企业氛围的熏陶，熟悉相关行业先进的设备、技术路线和生产工艺，尽快获得岗位所需的基本技能与专业技术，获得实际工作经验，巩固、综合、强化实践能力，培养团队协作精神、群体沟通技巧和组织协调能力等综合素质。同时，校外实践基地所在单位的一系列规章制度及员工日常行为规范，也为学生形成通用能力、职业素质、职业道德、职业意识提供了实践氛围。真正高质量的实践教学，往往是来自企业，能够应用于企业生产经营活动的实践。因此，综合性实践教学则应力求到校外实践基地寻求选题，带领学生社会资源完成。

通过校外实践基地的建设和运行，教师还可以及时了解社会对人才培养的要求，发现学校专业设置、教学计划、课程体系和课程内容等方面的不足，从而有针对性地开展教育教学改革，提高人才培养质量和整体办学实力。

由于企业往往因需要消耗更多的耗材、加快设备的折旧速度而不愿意承担初步的技术训练，因而校外实践基地的教学与课程的对应性较差，实践活动安排缺乏便利性。有时校外实践基地难以呈现生产现场内部结构框架布局图式，过程运行速度过快而影响教学的效果。有些企业偏好于将学生当作劳动力，让学生服从于工作使学生在企业的实习锻炼受到岗位和时间的局限，有些岗位技能涉及企业商业秘密学生很难接触到，得不到全面轮岗从而影响课程目标的落实，常出现教学计划变动频繁、教师指导不足以及安全、经费等一系列问题。

破解校内外实践教学基地的开发与运作存在的各种难题，是保障实践教学质量的重要方面。

（三）公共实训基地

公共实践教学基地是指经费来源主要是政府公共财政，并且为社区内所有职业院校服务的，要求向社区所有职业院校开放的实践教学基地，称为公共实训基地。

1. 建设依据

公共实践教学基地的经费来源主要是政府公共财政，而职业教育属于社会公共事业，理应获得政府的投入；尽管校内外实践教学基地在功能上有一定的互补作用，但实际运作中面临的问题与困难并未彻底解决；某些设备非常昂贵，但无论企业还是教学，利用率都不太高，公共实践教学基地可以提供设备的共享，从而提高设备的利用率，提高投资效益；政府投入实践教学基地建设，把用于失业培训及其他失业有关的资金用于建立公共实践教学基地，有缓解青年缺乏工作经验而失业率高的问题，是积极防御青年失业的有效办法。

2. 运作模式

公共实践教学基地有两种运作模式，一种模式是由某个企业或职业院校来建立，采取政府和企业或职业院校联合出资的形式，建成后低价有偿向社会开放。这种模式可以减轻政府的财政压力，但因产权关系难以明晰，公共资金可能被个别企业或职业院校无偿占有。另一种模式是由政府单方出资独立建立，不附属于任务机构。虽然产权明晰，但需要政府有足够的资金支持。

公共实践教学基地建成后还面临运作资金和管理制度两个方面的问题。运作资金的来源通常通过政府继续滚动投资、提供有偿服务或向企业出租等途径获得。因公共实践教学基地投资巨大，需要建立完善的管理制度，才能确保公共财政真正为公众服务，真正推动职业教育的发展，同时还要有相关法律、法规的支持。

3. 对教学的影响

公共实践教学基地的基本功能是为职业院校、职业培训中心提供实践教学的场所和设备，为相关机构提供操作技能与智慧技能的训练，并提高职业教育经费的利用率。由于公共实践教学基地要面向社会开放，容易形成使用紧张的状况。且基地相对比较集中，在地理上与职业院校有一定距离，从而给教学带来很大不便，在时间的安排上要受到公共实践教学整体时间安排的制约，可能影响实践教学计划的实施。

第四节　实践教学的指导与管理

实践教学过程既是学生体验职业实践的过程，也是对职业实践再认知的过程。在实践教学过程中，直接经验与间接经验二者间相互转化、相互融合，是科学认知规律在实践教学中的体现。实践教学还是一个多元主体互动的过程。在实践教学中，教师的工作任务不仅限于传播知识，更要为学生创设必要的实践条件并引导学生实践。这些特点对教师的教学策略与教学管理提出了新的要求。

一、实践教学指导策略

（一）目标的确定

实践教学中，教师的指导应注意以下几点：一是引导学生分析相关资源的可能性，提示学生尽可能选择自己相对熟悉，与生活经验联系紧密，资源利用成本相对低廉的实践活动；二是明确成果形式的规范性格式，指导学生将知识、技能目标细化为可操作的具体目标；三是给学生指出任务的难点和重点所在，说明任务大体上分为哪几个阶段来完成，并说明每个阶段的具体目标和值得关注的问题。

（二）实施方案的制订

综合性的实践教学项目通常需要要求学生自行制订实践工作方案，落实具体的教学目标，确定实践教学的基本操作步骤。故教师在指导时要重点关注五个落实：

（1）落实人员分工，每个成员都有工作任务，且任务分配大体均等；

（2）落实实践活动的具体工作；

（3）落实实践活动的单位、地点、时间，确定开展实践活动的内容；

（4）落实分阶段的工作步骤，确定每个阶段活动的时间节点；

（5）落实实践团队的交流形式，定期召开团队讨论会等。教师在指导时应避免过于细致、具体而影响学生自我学习、自我管理能力的培养。

（三）资料的收集

实践教学通常需要大量收集资料，而资料收集、分类、整理是技术性很强的工作。

文献资料的收集指导，教师首先应提供相关专业的权威报纸、杂志和网站"菜单"，帮助学生在众多的信息渠道中找到最重要的渠道，其次是要指导学生了解文献的基本分类方法，掌握文摘、索引以及工具书的使用方法，懂得文献追踪、文献调查等网络资源查阅的基本方法。

实践调查和实践活动中第一手资料的收集和积累，教师应介绍一些过程记录的工具，一类是现场记录形式，如拍照、录像、录音、复印等，可以将第一手资料直接形式记录下来；另一类是追记形式，如写实习日记、座谈纪要、访谈录等。为方便记录，可指导学生制定一次记录表格，为学生提供格式文本，帮助学生掌握资料收集的基本方法。

团队实践中，教师还要注意指导学生开展资料收集中的分工与合作，通过组织阶段性的资料交流，对资料收集工作进行点评，及时解决发生的问题，对工作出色的个人和小组予以鼓励。

（四）社会资源的开发利用

实践教学活动，需要一定社会资源的支撑。教师和学生一起开发新的社会资源是非常有必要的。指导学生开发利用社会资源，一是启发从已有的人际网络中寻找资源，如家长、亲戚、同学等。这种方法优点在于相互比较熟悉，容易得到支持，但在既定的人际网络中不一定能找到针对性强的资源。二是要求学生主动走向社会，学会和不熟悉的企业的人群交流。这种方法可能不像前一种方法容易成功，但可以在更广泛的领域内寻求和积累社会资源，对培养学生的社会交往能力、缩短与社会的距离，甚至对将来就业和事业发展，都具有重要意义。

（五）交往与合作

实践活动常常要求团队完成，因此教师要注意引导学生学会与各种人打交道，学会交往和合作。指导的方法可以采用组织团队活动的形式有针对性的进行训练，并教会学生一些交往合作的技术。如引导学生利用适当的渠道进行信息发布、求助、分享；引导学生注意社交礼仪，学会积极地倾听和有效表达等。还应教会学生坚持人际交往中的重要原则，如诚信、求同存异、自我的合理定位、理解与宽容等。

（六）克服困难解决问题

实践活动的困难是难免的。要指导学生克服困难，首先要与学生保持沟通，随时掌握学生的实践活动信息，了解学生学习过程中的难点和问题所在，从而提供直接、有效的帮助；其次要培养学生的耐挫能力，特别是在实践的成果与标准要求差距过大，学生产生畏难情绪，希望教师降低标准要求时，教师一方面要坚持原则；另一方面则要鼓励学生，帮助学生认识已有成果的价值。教师的坚持与鼓励，往往是学生不放弃、不抛弃的动力。

（七）总结成果

成果总结的指导主要包括两个方面：

1. 思考总结

即指导学生系统思考实践过程，使实践任务的解决方案更加清晰，个体经验得到调整，认知结构得到完善。指导内容一是系统梳理实践活动中获得的资料；二是系统回顾实践活动中"做事"的规则、程序、方法、技巧，并进行归纳，形成条理性、职业化、规范化的工作经验积累；三是进行理论联系实际的思考，寻求可能的创新点，找到自己实践研究活动的特色与突破口。教师应重点鼓励学生独立思考而不是交给学生现成的结论，提供学生表达的空间，多给予正面的鼓励，而不必追求"标准答案"。

2. 表达总结

即指导学生学会用恰当的形式表达实践教学的成果，使成果形式接近职业工作岗位的标准格式。具体要点是表达结构的完整性、表达内容的准确性、表达语言的规范性及表达突出特色。

成果表达能力也是在不断反复的训练中逐渐形成、逐渐提高的，因此教师指导要用以细心、耐心。

二、实践教学的管理

实践教学管理是根据人才培养目标的要求，遵循实践教学的特点和规律，对实践教学活动进行周密的计划、组织、管理和监控。

实践教学活动是有序进行的，这种有序性体现在管理活动由计划、组织、指挥、协调和控制五种职能活动构成，并遵循计划、执行、检查、处理的程序形成一个连续循环的整体。

（一）实践教学的管理程序

1. 计划

计划是预先设定目标与实现目标的行动方案的活动。它包括确定今后一个时期内的工作目标、任务、工作步骤、工作措施与时间进程等。实践教学管理过程的计划指未来一定时期内，对教育工作者的指标、任务、措施等方面的设计过程。

实践教学计划是实践教学执行的依据，必须明确计划的执行人、教学实施的对象，教学实施的日程、时间、地点，实践教学的项目、内容等。

实践教学计划可分为教学方案和授课计划两个部分。

一是教学方案。教学指导方案是根据教学大纲细化分解的课程教学实施性方案，是实施教学的依据。教学指导方案除必需说明课程在本专业培养目标中的地位与作用、教学的主要内容、可用教材及教辅材料及教学标准外，还需明确考核的标准、方法和内容。

实践教学方案是直接针对实践教学，在教学方案的基础上，进一步细化为实训（实验）的项目、内容、实训场所、设备、耗材、时间等内容而形成的实践教学实施方案，分校内实践与校外实习两个部分。校内实践教学方案通常在专业培养目标的引领下，针对校内的实验、实训要求，结合校内实践教学的实际条件，由教学管理部门、任课教师、实训（实验）指导教师共同编写制定。由于企业的实习指导教师是实习方案的实际执行者，而企业的现实状况可能不完全符合实习基地的标准要求，故实习方案最好由学校实习管理部门与企业协商制定，并通过签约方式予以规范。

二是授课计划。授课计划是按时间进程对课程实施的具体安排，通常由任课老师根据教学方案制订。授课计划要求明确具体的任课老师、教学内容、具体授课的时间、地点和课时数等。授课计划是检查教学实施进程的依据。校内实践的授课计划可与学期课程授课计划整合为课程授课计划，或将实践教学计划单列，制订实践教学计划；实习计划则通常单列。

2. 组织与执行

组织教学是实践教学的首要环节，目的是让学生在思想上、物质上都集中于本次实践的项目内容，能够按照计划完成规定的实践活动。

入门指导是实践教学的关键和起始环节。在入门指导中，教师要回顾或检查学生已经掌握的知识与技能，并向学生介绍本次实践教学的目的、任务、工作规范、产品标准及相关的管理制度，根据学情状况予以必要的讲解、示范、练习、纠正，实习教学前还可以针对学情状况和实习岗位的实际需求进行必要的岗前培训，以确保实践教学计划的顺利实施。

3. 检测与考核

实践教学管理的检测与考核与课程实施过程的检测考核略有不同。实践教学管理的检测主要是通过巡查的方式检查实践教学进度、教学内容是否按计划进行，考核的对象主要是教师。在实习教学中的检测与考核包括两个方面，一方面是学校通过对各实习点的巡查，了解实习学生的心理状况，以便及时处理实习生的问题；另一方面是对实习基地的教学的进度、教学内容与实习计划的相符程度以及基地对实习生的管理质量，从而对实习基地予以恰当的评价。

4. 总结与改进

总结是将实际工作的效果与计划对比，以评价预期目标是否实现，并分析得失，以利改进提高的过程。总结的目的都在于积累工作经验，以保证工作绩效持续不断地提高。因此，总结内容应与计划内容衔接，上一阶段存在的问题应在下一阶段的工作计划中提出纠正或预防问题重现的措施。

实践教学管理的总结需更多地从教学项目的安排、教学资源的配备、人员配备等方面进行总结和评价。应针对实践教学的项目、进程、时间的分配、教学目标达成状况、影响实践教学的因素、设施设备的使用状况、耗材消耗情况等问题进行，目的是为调整、安排下一阶段的实践教学提供依据。

对学生的实践教学进行总结，除学生的实习成绩与实习纪律外，还应针对实习教学的项目、内容与教学大纲的要求、行业及企业岗位需求的符合程度进行评价，为调整实践教学授课计划提供依据。

（二）实践教学管理的内容

1. 文件的管理

教学文件是开展教学活动的一系列管理制度、业务规范、技术标准及教学档案的总称。文件管理的目标定位于文件建立程序的规范性、文件内容的可执行性、执行过程记录的真实性和问题的可追溯性。

教学方案、教学大纲是开展实践教学的技术标准；实施性教学计划、对教师教学程序和教学行为的管理规定是教学业务规范；对教学过程和每一个环节提出的具体要求则构成了教学管理制度；教学实施过程中形成的各类记录是教学凭证性材料。这些文件都是教学档案的重要组成部分。

2. 资源的管理

包括教材、设施与设备、耗材等。

教材是实施实践教学必要的工具之一。可独立编写，也可以与理论教学用教材合并编写。实践教学用的教材专业性、针对性较强，常常难以统一规定，故使用校本教材较多。因此实践教学用教材的管理除强调教学内容与教学大纲要求的适配性外，还要求学校内部建立教材管理制度，以规范管理教材的编写、修改、审批与定价等工作。

设施与设备的管理是实践教学管理的重要内容。管理目标应在定位功能上满足实践教学的要求，选型上具有先进性与前瞻性，配套设施完备，运行状态良好。设备的管理包括设备的验收、调试，建立台账，制定操作规程、养护与维修管理制度，记录使用、养护、维修情况，监督各项操作规程的执行，评价设施与设备满足实践教学要求的程度和与实际生产应用之间的差距等，这些评价是实践教学设施与设备更新的主要依据。

耗材是实践教学中必须的消耗性材料的总称。耗材管理的目标应定位于在保证实践教学的需要的基础上，减少损耗，降低成本。耗材的管理强调其采购程序的规范性，出入库手续的可操作性和方便性，保管数量的准确性和在库养护的低损耗。

3. 师资的管理

师资的管理包括教师的配备、培训、考核与激励。师资管理强调以人为本，适才适用。实践教学的教师根据其业务素质的不同可分为一体化教师、实验（实训）指导教师、实习指导教师、教学辅助人员、实习管理人员等。

（1）一体化教师：指既能承担理论教学，同时又能承担实践教学任务的教师。这类教师有足够的理论水平，同时又有实际操作的经验，且在教学技能上能够胜任实施教学的要求。

（2）实验（实训）指导教师：指专门从事实践教学，但不承担或不能承担理论课教学的教师。这类教师通常有比较丰富的实践经验，操作技能水平较高，能对学生有良好的示范、指导作用。

（3）实习指导教师：指实习基地指派的负责实施实习教学的教师，通常为企业员工，只在学生实习期间承担实习教学任务。

（4）教辅人员：指负责管理实践教学所涉及的材料、工具、设备，协助教师实施实践教学的人员。

（5）实习管理人员：指专职或兼职从事教学管理工作的人员。由于实习阶段是相对独立的实践教学环节，故部分学校将实习管理与日常教学管理分离，形成独立的、专职从事实习管理的机构并配置相应的工作人员，亦为实习管理人员。

师资管理的重要内容是根据老师的业务素质，把不同类型的教师安置在不同的教学岗位，承担不同的教学业务，并对各类教师制订有针对性的培训计划，使教师逐渐适应岗位业务的需要，不断发挥教师潜能，提高教学水平。为调动教师的积极性与主观能动性，对教师的教学质量与教学水平予以适当的考核评价，建立各种有效的激励制度是必要的管理手段。

4. 过程的管理

过程管理包括对实践教学的备课、教学、总结反思等教学的各个环节所进行的检查、考核、评价，记录实践教学活动，将各类教学文件收集归档，并按既定周期对教学档案进行清理等一系列工作。

备课是实践教学过程的重要环节。这一环节的主要任务是掌握教学目的和教学内容，了解、分析学生状况，并选择优化教学策略以提高教学的有效性与效率。实践教学的备课，还需掌握教学必要的场所、设施、设备、材料等。教案是教师实施教学的工作方案，备课过程所形成的教学成果。教案应呈现教学的目标、要求、教学内容的组织、教学程序的安排以及教学所需的条件等内容。检查教案，评价教案的可操作性，预测教学过程的可控性和教学效果，是管理备课过程的重要手段。教案书写是合格教师必备的基本功，在一定程度上反映了教师的教学能力水平，故教案的质量常常作为考核评价教师教学能力的依据之一。

教学过程是教师备课时所设计的教学工作方案付诸实践的过程。听课、观课、议课、评课是教学过程管理的重要方法。通过对教学过程的管理，可以了解教师对课堂教学的控制能力，进一步考察教学策略的有效性与效率，从而为教学质量评价提供依据。教学日志、设备使用记录、耗材出入库单据等材料教学过程形成的实践教学记录性凭证，应按文件管理的相关规定予以存档。

实践教学过程的反思分以下三种：

（1）课后总结：指每一次实践教学课完成后都对照本次教学的目标，对教学效果进行评价。通过课后总结，或从中发现教学存在的问题，以作为下次课设计的依据之一予以补救、纠正；或总结教学经验，以便在不同课程或不同教学阶段予以推广、应用。课后总结由任课老师自行完成，通常还需向学生进行反馈。

（2）阶段性总结：阶段性总结通常是一个学期或一个学年或一门课程结束后，对本学期、本学年或本课程的实践教学情况所进行的评价。与课后总结相比，阶段性总结具有综合性的特点。阶段性总结可以由任课老师完成，也可以由教学管理部门完成。

（3）实习总结：实习总结也是一种阶段性总结，与校内实践教学的阶段性总结的不同点在于实习教学通常在校外实习基地完成，其教学形式、组织方式、人员职责、目标任务等均与校内情况不同。因此，实习总结不仅应包含阶段性总结的内容外，还应包括对实习基地的工作情况进行评价。

5. 质量管理

教学质量是通过教学过程的规范性、教学组织的有序性、教学方法策略的有效性与效率体现的。

教学过程的规范不仅体现了课堂教学过程必须按照学生认知与技能形成的规律设计、选择、优化教学策略，还体现在制度、规范制定，专业设置与调整，课程开发与实施性教学方案的审核等与实践教学相关的各个环节都按照教学规律对各环节的工作程序予以规范，形成必要的管理制度并按规定的制度执行。

教学组织的有序性是指教学的组织按照计划、实施、评价、改进的过程运行规律，根据教学大纲与专业培养目标的要求，有条不紊地组织开展各项实践教学活动。

有效性与效率是评价课堂教学质量的重要指标，其基础是教学的目标要求与专业培养目标的要求相一致。教学方法策略的有效性是指教学的方法策略有助于达成既定的教学目标，效率则是指达成教学目标所需要的时间短、耗费的资源少。

（三）实践教学管理的方法

1. 建章立制

制度规范是实践教学管理过程中借以约束全体组织成员行为，确定办事方法，规定工作程序的各种章程、条例、规程、程序、标准、办法等的总称，是组织管理过程中，合理组织集体协作行为，规范个人活动，实施科学管理，维系组织正常运转的手段。

实践教学的各项管理制度的制定和形成，要满足下列基本要求：

（1）从实际出发：即根据本校业务特点、技术类型、管理协调的需要，充分反映企业组织活动中的规律性，体现学校的特点，保证制度规范具有可行性、实用性。

（2）根据需要制定：需要是制度规范制定与否的唯一标准。制定不必要的制度规范，反而会扰乱学校正常的实践教学活动。有些行为规范或习惯能很好地发挥作用的前提下，就没有必要制定类似内容的行为规范，以免伤害师生的自尊心与工作热情。

（3）建立在法律和社会道德规范基础上：法律和社会一般道德规范是全社会范围内约束个人行为的基本规范，也是学校正常生存发展的基本条件和保证。制定实践教学管理制度规范，不能违背和一般道德规范的规定。

（4）系统和配套：实践教学管理制度要全面、系统和配套，基本章程、各种条例、规程、办法要构成一个内在一致，相互配套的体系。同时要保证制度的一贯性，不能有前后矛盾相互重复、交叉、要求不一的现象。

（5）合情合理：制度规范要体现合理化原则，一方面，要讲究科学、理性、规律；另一方面，要考虑人性的特点，避免不近情理、不合理的情况，应充分发挥自我约束、激励机制的作用，避免过分使用强制手段。

（6）先进性：制度规范的制定要从调查研究入手，总结学校过往实践教学的经验，同时吸收其他学校的先进经验，引进现代管理技术和方法，保证制度规范的先进性。

2. 人员配备

人员配备是指对实践教学的人员进行恰当而有效的选择、使用、考证和培养，以合适的人员去充实实践教学所需要的各项职务，从而保证实践教学的正常运转并实现预定教学目标的职能活动。人员配置包括拟定工作计划、储备、任用、调动、考核、评价、培养训练等相互关联的一系列环节和工作。

实践教学人员作为职业教育中的特殊群体，还必须具备教学与专业实践的双重技能与技巧，不仅有较强的教学组织、协调能力和灵活多样的教学方法、手段，能够组织和带领学生开展各种实践教学活动，还能使用专业设备进行操作示范，指导学生进行技能训练，纠正不规范的操作行为，解决实践活动中出现的各种问题。

3. 巡查检测

实践教学管理的巡查与检测是双向的，既有对学生学习绩效的检测，也有对教师施教过程的检测。对学生学习绩效的检测通常采用考试的方式，由任课老师进行考核，也可以采用考教分离的方式进行。但与理论教学不同的是检测的内容应以学生实践学习的技能为主，通过对实践操作过程与实践成果的测评，检查和判断学生实践学习的成绩。对教师施教行为的检测包括对教师教学纪律、工作量与教学质量的检测。

4. 材料收集与归档

实践教学的文件材料包括教学文件、管理制度、业务规范、教学档案等，需在日常工作中及时收集、整理、归类、存档备查。尤其是作为开展各种实践教学活动凭证的记录性文件，更应该注意收集、存档。包括教学日志，实践教学的教案，设施与设备使用、维护、维修记录，学生实践学习的成果，耗材的领、退货单据等。

第十章
职业教育教学设计

　　教学设计理论是 20 世纪 60 年代在西方发展起来的一门新兴的科学。教学设计理论以其科学性和系统性的特点，在教育领域广泛应用，已被越来越多的教育工作者所关注。

第一节　教学设计概述

　　设计是把一种计划、规划、设想通过视觉的形式传达出来的活动过程。教学设计是以传播论、学习理论和教学理论为基础，运用系统论的观点和方法，分析教学中的问题和需求，从而找出最佳解决方案，将学和教的原理转化成教学材料和教学活动的方案的系统化过程。

一、教学设计的内涵

　　关于教学设计的定义，众说纷纭。人们主要从以下三个方面来界定教学设计：一是从教学设计的形态描述来界定，如"计划"与"方案"说，把教学设计界定为是用系统的方法分析教学问题，研究解决问题途径，评价教学结果的计划过程或系统规划。二是从教学设计的功能来界定，如"方法"与"操作程序"说，把教学设计看做是一种"研究教学系统、教学过程和制定教学计划的系统方法。三是从揭示教学设计本质来界定，如"技术"说，认为教学设计是研究教学目标、制定决策计划的教学技术学科。①

　　通常认为：教学设计是运用系统方法分析教学问题和确定教学目标，建立解决教学问题的策略方案、试行解决方案、评价试行结果和对方案进行修改的过程。教学设计理论的研究对象不是教学系统的性质，而是教学系统的设计方

---

　　① 林宪生. 教学设计的概念、对象和理论基础 [J]. 电化教育研究，2000，（4）

法；教学设计理论的研究对象也不是教学规律，而是如何使实际教学更符合教学规律的方法。那么如何使实际教学更符合教学规律呢？这归根结底是个教学问题的解决过程。所以说，教学设计理论的研究对象是教学问题的解决方法和寻找解决方法的方法。因此教学设计是一门方法论性质的学科，其主要任务是提供方法，规定性较强。

由于教学设计理论主要任务是提供教学问题的解决方法和寻找解决方法的方法，因此它必然是个应用性的交叉学科，也注定不应该成为从某单一基础理论直接推演出来的产物。教学设计的实践离不开系统方法。同时，教学设计也是一门设计科学，设计的本质在于决策、问题求解和创造，因此它的发展植根于教学的设计实践领域。

教学设计以传播理论、学习理论和教学理论为基础，应用系统科学理论的观点和方法，调查、分析教学中的问题和需求，确定目标，建立解决问题的步骤，选择相应的教学活动和教学资源，评价其结果，从而使教学效果达到最优化。

按照系统论的观点，教育系统是整个社会的一个子系统，而教学系统又是教育系统中的子系统，它本身由许多更小的子系统所组成。根据各个子系统的大小和任务的不同，教学设计可分为三个层次：

（一）教学系统设计

教学系统设计属于宏观设计层次，它所涉及的教学系统比较大，如一所学校、一个新的专业、一个培训系统或一个学习系统的建立等等。教学系统设计首先要根据社会对人才的需求，制定培养目标；第二步根据培养目标决定课程体系及教学安排，作出课程规划（即通常所说的教学计划）；第三步根据各门课程的知识结构及其在整个课程体系中的作用和地位，确定每门课程的课程标准（即通常所说的教学大纲）。

（二）教学过程设计

教学过程设计是对于一门课程或一个单元，甚至一节课或一个知识点的教学过程进行的教学设计。我们把对一门课程或单元的教学设计称为课程教学设计，对一节课或一个知识点的教学设计称为课堂教学设计。

课程教学设计根据课程标准规定的总教学目标，对教学内容和教学对象进行认真分析，在此基础上得出每个章节、单元的教学目标和各知识点的学习目标，以及知识能力结构，形成完整的目标体系。

课堂教学设计根据上述目标体系，选择教学策略和教学媒体，制定教学过程结构方案，进行教学实践检验，然后作出评价和修改。

(三) 教学产品设计

教学产品包括简单的和复杂的两种类型。简单的教学产品通常指一般教学媒体、小型课件等；复杂的教学产品如大型计算机软件、教学设备设施等。教学产品设计与开发可根据教学需求来确定产品目标，然后经过分析、设计、开发、生产、集成和试用六个步骤而完成，最后进行评价和修改。

教学设计是一个完整的过程。上一个设计层次的输出，正是下一个设计层次的输入，环环紧扣，步步衔接。整个系统的输入为社会需求，而系统最后的输出则为优化教学效果的设计方案。每一个设计层次都组成一个完整的子系统，形成自己的网络；评价随时在进行，以确保设计目标的实现。教学过程是整个教育活动的关键环节，教学过程设计在教学设计的三个层次中处于中心地位。因此，本文主要讨论教学过程设计模式，以及给出实现教学过程设计的实践操作体系。

二、教学设计的基本要素

(一) 教学对象

教学系统的服务对象是学习者。为了作好教学工作，必须认真分析、了解学习者的情况，掌握他们的一般特征和初始能力，这是做好教学设计的基础。

在教学活动中，学生是学习的主体，无论何种教学形式，学习最终是通过学生自己完成的，学习的结果将最终体现在学生身上。因此，教学设计必须防止以假设的学生作为教学对象，重教轻学，而应真正地以学生的具体情况为出发点，重视对学生公共特征和个性的分析，重视激发、促进、辅助学生内部学习过程的发生和进行，从而使有效的学习发生在每个学生身上。

(二) 教学目标

目的性越强的活动对设计的需求就越强烈。教学是一项具有极强目的性的工作，其目的是促进学生的良好发展，为此需要进行教学设计。对于教师而言，整个教学过程是教学设计的对象，即运用教学设计的理论与方法是为了更好地进行课前准备工作和更好地解决教学过程中遇到的问题。教学设计的最终目的就是为了提高教学效率和教学质量，使学生获得良好的发展。对教学目标的设计，就是要确定通过教学活动以后，学习者应该掌握哪些知识和技能，培养何种态度和情感，并用可观察、可测定的行为术语精确表达出来。同时，也要尽可能地表明学习者内部心理的变化。因此，教学设计是以帮助学生的学习为目的，它常以学生学习所面临的问题为出发点，首先要寻找问题，确定问题的性质，再研究解决问题的办法，从而达到解决教学问题的目的。因此，教学设计是以问题找方法，而不是以方法找问题，使教学工作更具有目的性。

（三）教学策略

教学设计是把教学的各个环节看做一个相互联系相互作用的系统，因此需要用系统方法和观点对教学中的各个要素及其相互关系进行分析和操作。这些要素包括教师、学生、教学内容、教学条件以及教学目标、教学方法、教学媒体、教学组织形式、教学活动等。教学设计作为一个系统计划的过程，通过一套具体的操作程序来协调、配置，使各要素有机结合，完成教学系统的功能。

教学设计的系统方法就是指教学设计要从"为什么教"入手，确定学生的学习需要和教学的目的；根据教学目的，进一步确定通过哪些具体的教学内容和教学目标才能达到教学目的，从而满足学生的学习需要，即确定"教什么"；要实现具体的教学目标，使学生掌握需要的教学内容，应采用什么策略，即"如何教"；最后，要对教学的效果进行全面的评价，根据评价的结果对以上各环节进行修改，以确保促进学生的学习，获得成功的教学。

为了完成特定的教学目标，所采用的教学模式、程序、方法、组织形式和对教学媒体的选择与使用的总体考虑。

（四）教学评价

教学评价包括诊断性评价、形成性评价、总结性评价三部分，它的目的是了解教学目标是否达到，以便为修正设计提供依据。因此，在设计过程中的各个环节上，也应不断收集反馈信息，及时提出修改方案，这样，对教学设计过程和结果进行科学的评价，得出科学的结论，有利于不断提高教学设计的水平，更有利于改进教学、提高教学效果。

对象、目标、策略和评价四个基本要素相互联系、相互制约，构成了教学设计的总体框架。

三、当前职业教育教学设计存在的问题

(一) 忽略教学理论

教学理论可以使教师明确教学什么、怎样教学以及为什么这样教学，能帮助教师理解教学各要素之间的关系，理解教学行为的合理之处，指导教师教学行为的理性以及对教学各环节的把握。但由于教学理论的缺乏，导致职业院校教师长期习惯于在经验的基础上解决问题。在教学设计中未能自觉运用科学理论对教育实践进行诊断从而发现问题，也未能熟练地以一定的科学理论为基础制定解决问题的方案并加以实施。

(二) 教学目标模糊

教学目标是教学的最终结果，它对教学具有具体的指导作用。但在现实的教学中，教师常常忽视教学目标的存在，而一味的注重教学的细节如内容、方法、学生的行为等。教学目标模糊的结果是导致教学缺乏方向；教学内容选择失当；学生不知自己的学习方向；缺乏评判学生行为的标准。比如有些教师常常将自己的兴趣与研究领域作为教学的内容，忽略了自己的研究领域与本专业学生的发展之间的关系以及学生究竟应当获得的发展；有的教师常常只注重教学内容的处理，忽略内容对目标的支撑作用；有的教师缺乏对本专业培养目标的认识，导致教学与培养目标相违背；有的教师缺乏对课程意义的认识，导致课程与学生发展的不一致。

(三) 教学内容处理及教学评价的随意性

职业院校专业多、课程体系庞大，不少课程往往只有一两个教师担任，加上没有升学压力，极易导致教师对教学内容处理的随意性。表现为教师按自己的兴趣增加或减少教学内容；或者不顾课程体系与结构、不管课程标准或教学大纲，随意增加或减少教学内容。这种随意性还反映到教学评价上，多数教师并未在教学开始前就将标准确定下来，导致考试常常是以教师的偏好来确定，教学评价要么严格，要么松散，缺乏一个对评价学生学习的较为客观的标准。

(四) 教学方法单一

职业教育教学方法多种多样，尤其强调实践性教学方法。但是多数教师习惯于以讲授法作为唯一的方法，有些教师甚至只是"照本宣科"。

第二节　教学设计的内容

一般说来，职业教育教学设计的内容主要包括以下几个方面：教学目标设计，教学内容设计，教学模式设计以及教学时间设计。

一、教学目标设计

教学目标是教学活动的出发点和归宿，教学系统的设计离不开设计者对教学目标的理解。具体说，教学目标是教师选择教学内容、运用教学方法、教学策略、教学媒体以及调控教学环境的基本依据；教学目标具体规定教学活动的预期结果和质量要求，因而在检验、评价教学效果时必须以教学目标为基本的评价尺度，从而使教学目标具有评价教学效果的功能；教学目标能提供给学生一个明确的方向，使学生明确了通过学习要达到的具体目标，因而在学习过程中它可以有效激发学生学习的内部动力，增强学习的兴趣，是学生自我激励、自我评估、自我调控的重要手段。因此，确定教学目标是教学设计中最先要考虑的问题。

(一) 教学目标确立的依据

教学目标就是路标，是指导学生学习的准则，在每一次教学活动中，教学目标是不可或缺的，一旦确立了合理的教学目标，就会给教学活动以积极的影响，而不合理的教学目标也会使教学活动遭受挫折。教学目标的确立依据主要有：

1. 课程标准

根据课程标准涵盖的教育元素、每一学段学生学习应达到的要求及教学价值取向，确立教学目标。

2. 学生分析

学生分析的目的是发现学生的兴趣所在，了解学生已有的知识和情感价值取向，从而找到教学目标与学生兴趣、情感态度价值取向的结合点，以便更好地实现教学目标。

3. 教学内容分析

通过挖掘单元主题所承载的职业知识目标、职业技能目标、职业道德目标，来确立单元教学目标以及细化课时教学目标。

（二）教学目标确立的步骤

1. 树立正确的教学目标观

它是职业教育课程目标的三个维度，而不是三种目标。"三维目标"是内在的统一，是有机整体，是交融互进的。

2. 研究课标与教材，把握课时教学目标导向

确定课时教学目标必须以课程标准为依据。因此，教师应认真领会和准确理解课程标准对"教学目标"的规定，把握各层次目标的内在联系，结合教材将单元教学目标合理地分解为课时教学目标并保证其实现。

3. 分析学生实际

教学设计的目的是使学生顺利地实现教学目标，而教学活动必须建立在学生的认知发展水平和已有的知识经验基础之上。为此，必须了解、研究学生的学习准备情况，包括了解学生已经具备了哪些有关的知识与技能；了解学生在学习新知识时，在学习动机、思维方式等方面可能产生的困难；了解学生认知特点的个别差异和他们的认知风格，这样才可确定教学的出发点，从而制定出具体、明确、切实可行的学习目标。

4. 确定教学目标分类

从不同角度和标准出发可以对教学目标进行不同的归类。实施目标分类的主要目的是提高目标在教学中的清晰度和可操作性，便于教师更好地依据目标指导教学，评价教学。美国学者布鲁姆（B. S. Bloom）及其同事们对教学目标的分类作了系统研究，他们将教学目标分为认知、情感和动作技能三个领域，而每一个领域的目标又由低级到高级分成若干层次（见表10-1）。这一分类方法在目前的目标分类研究领域影响较大，具有一定的合理性，也可供职业教育教学设计人员借鉴、参考。[①]

---

① 田慧生，李如密. 教学论 [M]. 石家庄：河北教育出版社，1996.

表 10-1　布鲁姆教学目标分类及其应用的说明表

a. 认知的目标		
层次	一般目标范围	行为动词
1. 知识（knowledge） 个别事物和共同事物的记忆、方法和过程的记忆，或对形式、结构或背景的记忆	知道普通名词； 知道具体事实； 知道方法与过程； 知道基本概念； 知道原则	界定、描述、指出、标明、说明、列举选择、说明、配合、背诵
2. 理解（comprehension） 指一种了解与领悟，个人因此而知道沟通的内容和能够利用所沟通的材料或观念，而不需要其他材料或实际见到材料如何应用才能理解	了解事实与原理； 解释文字资料； 解释图或表； 转译文字资料为另一资料形式； 估计资料中可能获取的结果； 验证方法与过程	转换、辩护、区别估计、解释、引申归纳、举例说明、猜测、摘要、预估重写
3. 应用（application） 应用抽象思维于特殊和具体的情境中，抽象思维的形式可能是一般的观念、程序的法则或综合的方法等，也可能是必须加以记忆和应用的专门原理、观念和理论等	应用概念及原理于新情况； 应用定律及学说于实际情况； 解答数学应用问题； 制作图或表； 表现方法与过程的正确使用	改变、计算、示范表现、发现、操纵、修饰、操作、预估、准备、产生、关联、解答、运用
4. 分析（analysis） 剖析一项信息，找出其构成的要素或部分，使得观念中相关的层次更为清楚，并且使观念与观念的关系更为明白	认出未说明的假说； 认出在推理上的逻辑谬误区别真正事实与推理意见； 评鉴资料的相关性； 分析一项作品（艺术、音乐、文艺）的组成结构	细列、图示细述理由、分辨好坏区别、指明举例说明、预测关联、选择、分开、再分
5. 综合（synthesis） 将许多元素或部分加以组合以形成一整体。包括安排和结合各个片段、部分或元素以构成一种更清楚的形式或结构	写出一组织完善的论文纲要； 作一次组织严密的讲演； 写出一部富有创作意义的作品； 提出一个实验计划； 统整来自各方面的资料至使成一完整计划以解决问题； 从分类事物中形成一新方案	联合、编纂、组成、创造、计划、归纳、修饰、重新安排、重建、重组、重写、总结

续表

a. 认知的目标		
层次	一般目标范围	行为动词
6. 评价（evaluation） 对于用来达到特定目的的材料和方法，能给予价值的判断或对于材料和方法满足的程度，能给予质和量的判断	判定所写材料逻辑的一贯性； 判断资料支持结论的正确性； 运用内在标准评判一作品的价值（艺术、音乐、文学）	鉴别、比较、结论、对比、检讨、分辨好坏、解释指明、阐释、关联、总结、证明

b. 情意的目标		
层次	一般目标范围	行为动词
1. 接受或注意（receiving or attending） 学习者对于某种现象和刺激的感知情形，亦即他们愿意接受或注意的状态	注意听讲； 显示已了解学习的重要； 显示对人类需要及社会问题的敏感性； 参与班级活动	发问、选择、描述、追踪、给予、把握、指明、找出、命名、点出、应用
2. 反应（responding） 为一种积极的注意，学习者设法从做中学习以求专心致志，换言之，学习者除了感觉外，还设法做某些事	完成指定作业； 遵守学校规则； 参与教室中讨论； 完成实验室工作； 主动参加特殊工作； 显示对功课的兴趣	遵守、支持、编纂、使一致、讨论、书写、帮助、标明、表现、实习、呈现、阅读、背诵、报告、选择
3. 价值的评定（valuing） 一种抽象的价值概念，一部分得自个人自己的评价或评估的结果，但是大部分是一种透过缓慢的内在化或接受之后的社会性产物，成为所谓态度	欣赏优美文学（艺术、音乐）； 欣赏科学（或其学科）在日常生活中所居地位； 显示对别人的关怀； 显现解决问题的态度； 显现对改进社会的承诺	完成、描述、细分、解说、追踪、形成、初创、邀请、参加、验证、提议、阅读、报告、选择、分享、研究、工作
4. 价值的组织（organization） 将许多价值组成一个体系，确定各种价值的彼此关系及建立各种价值组成一个体系。已建立的体系会因新价值的融入而改变	承认民主生活中自由与责任平衡之需； 承认解决问题系统规划的重要； 接受自身行为的责任； 了解并认知自身的能力及限度； 形成一个与自身能力与兴趣信仰相协调的生活计划	坚持、改变、安排、联合、比较、完成、申辩、说明、归纳、指明、统整、修饰、命令、组成、准备、关联、合成

续表

b. 情意的目标		
层次	一般目标范围	行为动词
5. 由一种价值或价值体系以形成品格（characterization by a value or value system）经由内在化过程，各种价值在个人价值层次体系上有所属位置，组成某种内部相互一致的体系，而支配行为表现的范式。除非个人行为受到威胁或挑衅，否则不再兴起情绪或情感。最高层是形成哲学观或世界观	表现具备良知；显示现在独立工作的自我信赖；实践在团体活动中合作态度；使用客观方法解决问题；显示勤勉、谨慎与自我训练精神；保持身体健康习惯	建立、分辨、影响、倾听、修改、表现、实践、提议、提高品质、致词、重改、服务、解决、应用、验证

c. 动作技能的目标		
层次	一般目标范围	行为动词
1. 知觉（perception）借感官注意到物体、性质或关系的历程，知觉是导致动作活动的"情境——解释——动作"连锁的基础	口述仪器各部名称及机能复诵仪器操作方法	描述、使用、抄写、理解、解释、研习
2. 准备状况（set）对某种特定行动或经验尝试去适应或准备程度，可包括心理的、身体的及情绪的准备	评量身体的起始动作；调查反应的意愿	选择、建立、安置
3. 在引导之下的反应（guided response）学习者在教师引导下或为了反映自我评量，依据一范例或标准以评判其行为表现	描述所观察之样本；表演工具正确的使用法	制作、复制、混合、依从、建立
4. （mechanism）所学的反应成为习惯。其行为表现已达到某一种自信和熟练程度，其行为是对刺激能选择可能的且合宜的反应	正确快速装置仪器；表现正确的切片标本制作；迅速正确打字	操作、装卸、练习、变换、修理、固定

c. 动作技能的目标		
层次	一般目标范围	行为动词
5. 复杂的外在反应（comlex overt re-sponse）能表现一套动作形成的行为而获得技能。以最少的时间和精力顺利而有效地完成动作	完成精确解剖动作；迅速排除仪器的故障；演示开车技能；连贯游泳姿势	组合、修缮、专精、解决、折叠
6. 适应（adaptation）在需要身体反应的问题情境中改变动作活动以应付新问题情境	迅速有效地修理仪器；根据已知的能力或技术编制一现代舞	改正、计算、示范
7. 创作（orignation）根据在技能领域所发展出来的悟性、能力和技能，创造新的动作行为或处理材料的方式	改良实验装置；发现新的表演方法；创造新的表演方法	制造、设计、发展、筹划、编辑

5. 准确表述教学目标

教学目标应该用学生通过教学后所表现出来的可见性行为来描述，即教学目标是可操作的、具体的、可检测的。一般认为目标陈述的基本要素有四个：行为的主体（谁完成教学所预期的行为，是教师还是学生，一般指学生）、行为过程（达到目标的具体教学行为，通常以行为动词叙述）、行为条件（指具体行为的有关情境，如利用什么教学媒介等）和表现程度（指行为产生的结果）。当然，有时为了陈述简便，可以省略行为主体或行为条件，前提是不会引起误解或产生多种解释。

二、教学内容设计

教学内容设计是指教师认真分析教材、合理选择和组织教学内容以及合理安排教学内容的表达或呈现的过程。它是教学设计最关键的环节，是教学设计的主体部分，其质量高低直接影响教学活动的成败。

华东师范大学课程与教学研究所研究员王荣生博士认为："教学内容"主要面对的是"实际上需要教什么"的问题。"从教的方面说，主要指教师为达到教学目标而在教学实践中呈现的种种材料。它既包括在教学中对现成教材内容的沿用，也包括教师对教材内容的'重构'——处理、加工、改编乃至增删、更换；既包括对课程内容的执行，也包括在课程实施中教师对课程内容（正的或负的）创生"。[①]

有效的教学内容设计应把握以下几点：

（一）正确认识教材与教学内容的关系

长期以来，不少教师把教材当成了教学内容的唯一，忠实传授教材内容的教学行为，把"讲完教材内容"等同于"完成教学任务"。虽然教师在教学中也讲究启发、讨论，也讲究师生活动，但对问题的表述都要以教材的表述或理解为依据，教学行为是一种"教教材"的方式。

显然，教材是教学内容的重要载体，但教学行为不是"教教材"而应该是"用教材教"，即依据课程标准，借助教材作为学习素材，通过教学行为实现学生"职业知识、职业技能与职业素质"的三维发展目标。教材并不能直接成为教学内容，只有通过教师的教学实践才能转化为现实的教学内容，两者之间虽然关系密切，但并不完全等同。教学设计若仅仅拘泥于给定的教材，只是教"教材"，课堂教学就会显得单调、空洞，也满足不了学生的学习需要。从教学过程看，它是教师、学生、教材、环境诸因素交互作用的动态的过程，是一个"生态系统"。教师不必拘泥于教材内容，而应对教材内容进行加工改造，形成教学方案并付诸实施，在教学过程中动态生成教学内容。从既定的教材内容到通过教学设计形成教学方案，再到实施过程，其间经历层层变革，最终形成了教学内容，所以，教学内容是在教学过程中创造的。[②]因此，教材应该是为实现一定课程目标而被用来教应该教的教学内容。实践中，一些职业院校为了把职业领域的新知识、新技术、新工艺、新方法引入课堂，将技术规程、操作手册甚至是产品说明书当作了教材。

（二）准确把握教学内容

好的教学内容设计能发挥教师的教学优势，激发学生的学习积极性和创造力。但在"教学内容"的选择与设计上，有些教师不知什么是该教的、什么是不该教的；不知什么是有意义、什么是有价值的，致使许多与目标关系不大的，

---

① 王荣生. 听王荣生教授评课 [M]. 上海：华东师范大学出版社，2007，8.
② 钟启泉. 现代学科教育学论析 [M]. 西安：陕西人民教育出版社，1993.

与发展学生无益的教学内容充斥课堂。

　　准确把握教学内容，一方面教师要了解学生的现实发展水平，在关注学生积极学习的态度的基础上适时进行教学内容的选择与生成；另一方面，教师要认真分析教材，对教材内容进行"重构"，以及从大量的材料中精心选择教学内容，根据学生等情况再设计和再组织，将教学内容组织化、结构化，这样设计出来的教学内容才会更合理科学、有效。

（三）以学生为本位

　　教学内容的设计要分析学生的实际学习情况，因为决定教学内容的除了课程目标之外，非常重要的就是学生的学习本身。决定教学内容的重要因素是学生的学习本身。学生怎样学决定教师怎样教，而不是教师怎样教决定学生怎样学，分析学生的实际学习情况就是要了解学生的学习兴趣、态度，智力、技能发展水平达到的程度。

（四）以教学目标为依据

　　教学内容安排，除了要考虑教材、学生实际之外，还决定于教学目标。教学内容是为教学目标服务的，课堂教学通过教学内容的实施来实现教学目标。教学目标确定之后，教师就要根据它来处理教材，选择教学内容。一堂课结束后，教师要反思所设计的教学内容是否完成了相应教学目标。偏离了教学目标，没有使学生获得相应的智力发展、情操的熏陶和能力的提高，无论那堂课的教学内容多么生动有趣，也是没有意义的。因此，要围绕教学目标，选择适宜贴切的内容，与目标无关或关系不大的内容必须删除，同时，所选内容在学生的"最近发展区"内，要有启发性，能够锻炼学生的思维、启迪其心灵，内容的组织要把职业知识系统的内在逻辑体系与学生学习活动内在的认知规律有机结合起来。

三、教学措施设计

　　教学措施是为了达成教学目的，在对教学活动清晰认识的基础上对教学活动进行调节和控制的一系列方法。教学措施设计也是教学设计的中心环节，它一般包括：教学方法的选择、教学媒体的选用、教学结构的设计、教学环境的设计等。

（一）教学方法的选择与设计

选择教学方法的依据是：具体的教学目标、教学内容；学生的实际情况；教师本身的素养条件；现有的教学条件等。在教学方法设计中应尽可能广泛地了解有关新的教学方法，以便选择；对各种可供选择的教学方法进行比较，主要比较它们之间的特点、适用范围、优缺点等，进行优化组合。尤其应注意教学方法是为教学服务的，教学方法是达到教学目的的一种手段，每一种教学方法都不是万能的，无论任何方法，只要适合就是最好的方法。

（二）教学媒体的选择与设计

教学媒体是传递教学信息的工具，它直接沟通教与学两个方面。教学设计中媒体的含义是广泛的，包括文字、语言、粉笔、黑板等传统媒体和幻灯片、录像、电视、电脑、互联网等各种现代教学媒体。选择教学媒体时，设计者需要综合考虑以下几个方面的因素：

1. 教学目标和教学内容

选择教学媒体时，应首先考虑媒体的使用是否有利于达成特定的教学目标，是否切合教学内容的性质和特点。

2. 教学对象的特点

选用教学媒体必须考虑学生的年龄特点和学习的实际需要，以最充分地利用媒体的优势激发学生的学习兴趣，发展他们的学习潜能。

3. 教学媒体的技术特性

没有一种教学媒体是万能的，要充分考虑各种媒体的技术特点和功能，并根据教学内容呈现的需要，选择恰当的技术。

4. 现有的教学条件

具体表现为两方面：一是教师对教学媒体的驾驭能力；二是教学媒体的可提供状况，包括资源状况、经济能力、使用环境、管理水平等。

（三）教学结构的设计

教学结构是为了完成一定的教学目标，在时间和空间上，各种因素的"排列"和"组合"。在确定了具体的教学目标、内容、方法和媒体后，如何将这些因素有效地组织在教学过程中，就需要从教学结构的角度加以设计。教学结构的设计一般遵循三个基本步骤。

1. 选取教学环节

根据具体的教学目标、教学对象及教学内容恰当地选取教学环节，把握好每个环节的任务和要求，相辅相成，互相协调，同时合理地分配各个环节的教学时间。一般地教学环节包括明确教学目标、感知教材、理解教材、练习巩固、系统小结等。当然，由于各学科的教学性质、教学任务不同，其教学环节也存在差异性，设计者应根据学科特点和教学需要来选择。

2. 具体设计教学各环节的组织

在选取教学环节后，要具体设计教学环节的组织，如采取何种手段引起学生注意，采取何种方法、运用何种媒体呈现有关内容等。

3. 统整各教学环节

即各部分教学内容、教学环节的组织有机协调、协同作用，做到重点突出，兼顾全面，以保证整体功能大于部分的功能之和。

(四) 教学环境的设计

从教学实施过程的物质条件看，职业教育的教学环境主要是指为教学基础设施、校内外实践教学基地等。职业教育职业定向性要求，教学环境应满足理论与实践有机结合、强调培养学生运用基本理论知识解决实际问题的能力、注重技术应用能力、实际操作能力训练等条件，因此，教学环境尤其是实践教学环境的设计，要给学生提供基于工作现场的或高度仿真的教学场所，教学设施的购置和设备摆放方式必须尽量贴近生产、建设、服务、管理一线的情境，为学生创造体验职业工作环境的氛围。

四、教学评价设计

教学评价活动是伴随着教学活动同步向前推进的。因此，教师的教学设计应该包括教学评价方案。

（一）教学评价设计的步骤

1. 确定评价目的

教学评价的具体目的是多种多样的：可能指向教师的教，也可能指向学生的学；可能是为了改进完善教学，也可能是为了评优或选拔。需要注意的是，教学评价的目的与评价方式并不是一一对应的，要想成功地实现某种评价目的，往往需要采用几种评价方式，同样，某一种评价方式也可能兼有多种评价目的。

2. 确定评价对象

评价对象包括内容对象和人员对象两个部分。内容对象指评价活动针对教学哪些方面，如学生的学习动机、思想品德，教师的教学技能、知识结构等。人员对象指评价活动针对教学中的哪些人员，如教师或学生个体、班级、年级等。

3. 分析评价目标与确定评价标准

评价目标应尽量具体化，力求形成一个科学、合理的目标结构。一般而言，教学评价目标应以教学目标为依据。

4. 选择评价方法与编制测量工具

常用的评价方法很多，如观察、调查、谈话、档案袋评价、测验、实际操作、竞赛、考证等。根据评价目的和目标的需要，以及评价对象的特点，可以酌情选用不同的评价方法。

（二）作业评价设计

1. 练习类作业

这类作业多以练习题的形式呈现，设计目的是培养学生运用所学知识解决问题的能力。

2. 写作类作业

设计目的是培养学生搜集信息、处理信息和书面表达的能力，拓展学生的知识领域，有效地提高学生的写作能力。

3．实践类作业

这类作业有实践活动、社会调查、实验操作、合作探究、专业见习、专业实习等形式，设计目的重在培养学生动手、动脑和与他人合作的能力。

（三）测验评价设计

1．测验设计的一般要求

依据课程标准，突出教学重点；注重考评能力，不重复书本；题量、难度适当，覆盖面广；职业技术类测验注意与现场情景结合、与国家职业资格标准或职业技能水平等级考试结合。

2．测验设计的依据

要依据考试目的确定测验目标。如平时测验，考试目的主要检测学生是否掌握了所要求习得的新知识、新技能，测验目标就应侧重识记、理解及应用；期末测验，主要目的是检查学生一学期总体学习情况，测验目标就应比平时更复杂一些，除了识记、理解及应用等目标外，还要注意考核学生分析、综合、评价、创造等能力目标。

3．试题的基本类型及其基本命题要求

理论测验的试卷，一般都包括客观题和主观题。客观题有填空题、选择题、判断题、匹配题、排序题、简答题等；主观题有论述题、分析题、评价题、写作题等。实践测验可以将实际操作、具体活动、竞赛形式等作为"试卷"。

（四）实践教学评价设计

1．定量与定性评价相结合

实践教学具有多元的教学目标，具有开放性、实践性、综合性的特点。这些特点决定了实践教学的成果难以通过单一的量化工具来完成。但如果只运用定性评价，则可能使评价缺乏统一的规范标准，出现主观性与随意性。为保障评价的客观性与公平性，就应定量与定性评价相结合。通常对实践教学的成果

与技术标准之间的相符性作定量评价，而对学生实践活动中的态度、行为等职业素质作定性评价。

2. 公开评价

指评价实行公开方式，具体内容包括教学目标与评价标准公开、实践成果公开和实践结果评价的反馈。教学目标与评价标准预先告知学生，使学生能够通过教学大纲与实践项目任务的布置，十分清楚地了解评价标准，并以此为行为准则。实践项目的成果采用集体公开评价的方式，通过实践成果的展示或交流的形式，让团队之间相互评价实践成果，提出评价意见，有助于培养学生自我评价的能力，促进实践技能的内部控制能力的形成。公开评价有利于发挥评价的激励功能，激发学生的学习积极性和竞争性，使学生真正成为学习的主体，以克服应试教育下的师生对立情绪。

3. 评价主体的多元选择

一是自我评价。让学生自我评价，不仅能使学生更清楚实践项目的目标要求与实践成果的技术标准和执行技术标准，还能充分激励学生自主学习的积极性。根据技术标准对实践成果进行阶段性评价，则为调整和修订实践方案提供依据。二是相互评价。评价也是学习的过程，通过实践团队成员之间或团队与团队之间的相互评价，既能充分发挥集体的智慧，也能使学生在评价的过程学会倾听、理解和宽容，从而更好发挥实践教学的效益。三是企业与行业参与评价。学生往往比较重视企业的评价，因为他们认识到无论自己的分数高低，自己的学识、能力最终都要得到社会、企业的认可。

4. 评价标准的设定

评价标准是实践教学中最核心、最关键的部分。评价体系由形成性评价与终结性评价两个部分组成，通过观察及各种记录进行实践过程的评价，通过实践的成果质量检测进行终结性评价。评价的指标应包括通用能力、基本技能和综合技能三个方面。

第三节　教学设计的方法

教学设计的方法要从目标设计、达成目标的诸要素的分析与设计、教学效果的评价等方面考虑，包括教学所要达到的预期目标是什么？为达到预期目的，应选择怎样的知识经验？如何组织有效的教学？如何获取必要的反馈信息？否则，所形成的教学设计方案将是不全面、不完整的。

下面以职业教育课堂教学常见课型为例，说明教学设计的基本方法。

所谓课型，就是教学过程的基本形态，一般指根据教学任务而划分出来的课堂教学的类型。对"课型"的最为简单的解释是：一节课中主要的教学活动方式是什么，这节课就可以称为是什么课型。如：在一节课内主要完成教学过程某一特定阶段的教学任务，称单一课；在一节课内完成两个以上或全部教学阶段任务，称综合课。职业教育课堂教学中，常见课型有讲授课、讨论课、实验课和实训课。

一、讲授课的教学设计

讲授是教师以口头语言向学生呈现、说明知识，并使学生理解知识的一种教学方式（课型）。

(一) 讲授课的教学特点

从教学设计的角度看，讲授具有如下特点：以教师为主，即主要由教师思考讲什么，怎样讲等问题；讲授可以在较短的时间内传递大量的信息；信息传递具有单向性。从表现形式看，讲授包括诠释性讲授，如介绍概念与术语的含义；描述性讲授，说明一个过程、一种结构或一系列的步骤；原因性讲授，说明为什么做某事或事情发生的原因。

(二) 讲授课的设计重点

1. 目标

根据对本课讲授形式的分析，即通过教学究竟是解释、描述还是分析原因，从而明了教学的目标。

2. 内容

内容常常与课程性质相关，也与某一教学具体的内容相关，内容常常具有理论性和实践性两种性质。

理论性内容主要在于让学生了解、理解或应用理论解决问题。讲授理论内容应注意：第一，对于"是什么"的知识，主要是帮助学生如何理解、掌握这些知识；关于"方法与应用"的知识，则主要帮助学生形成概念、规则和解决问题的能力，通过一定量的练习实现；对于"怎么办"的知识，则主要提供给学生必要的策略。第二，理论方面的内容主要是帮助学生形成必要的理论思维，因此，讲授中应注意逻辑性——一是理论本身的逻辑，二是学生思考问题的逻辑；第三，每一种理论性内容，都应注意与一定的教学方法相联系，而方法又与教学所要达到的目标相关联。如某一概念的教学，可以是让学生知道，也可以是让学生理解，还可以是要求学生应用。方法则可以是归纳的，也可以是演绎的。

实践性内容常常与学生实际的操作相关联。这一内容的设计则应注意：要教给学生为什么实践，要向学生说明实践性内容的本质，说明实践性内容的操作程序（可通过示范和教师讲解），说明实践性内容教学后的结果。

3. 呈现

教师的讲解时需要向学生呈现教学内容，而不同的内容有不同的呈现方式。设计教学呈现时应考虑：呈现主要内容，呈现时间，呈现时机。

4. 时间

如果一节课属于讲授，则应主要由教师讲授（学生听课）为主要形式，但当一节课包括多种任务时，则考虑：教师整体的讲授时间；学生参与时间；学生专注时间；防止教学时间的浪费。

5. 讲授应注意的问题

过短的时间呈现过多的内容或长时间呈现过多的新知识；讲授时内容缺乏组织性和逻辑性；讲授时不顾学生的原有基础；没有注意学生的需要，不重视与学生的互动交流。

二、讨论课的教学设计

讨论是教学中一种互动交流的方式，目的在于通过交流各自的观点形成对某一问题的理解、评价与判断。

(一) 讨论课的意义

采用讨论方式组织教学，有利于培养学生的批判性思维；帮助学生自己解决问题；培养学生解决问题的技巧。讨论的形式可以分为：讨论按照组织形式可以分为全班讨论和小组讨论；按照课型特点，可以分为：导向式、自由式、竞赛式、双向咨询式、随机式；根据讨论的内容，可以分为一般讨论与专题讨论。

（二）讨论课的设计重点

1. 讨论话题的选择

话题应有价值；话题应可以讨论；话题主要集中在教学内容的重点或难点上；根据学科的性质，话题可以得到一致的结论，也可以不用得到一致的结论。

2. 小组的确立

教学中，一般应以小组讨论为主要形式。讨论前应要求学生事先准备；限制每人的发言时间；教师巡回观察并给予指导。

3. 全班讨论

采用全班讨论方式时，教师要解释讨论的话题；对于学生之间的争执，教师要给与调解；协调每个学生的发言时间；鼓励每个学生发言；当学生讨论出现话题转移时，应及时纠正；学生出现疑问，教师可以提供更多的线索；进行总结，帮助学生形成知识的系统性。

4. 结论的处理

讨论一般应当得到一个结论；就人文社会学科而言，有时不一定追求一致的结论，而是让大家收集信息以共享；讨论的结果都应当做总结（教师或学生）；讨论的结论有时是延伸性的，即为学生以后的研究提供基础。

5. 讨论的时间和时机

根据教学的情况临时安排的讨论，就应当注意时机，时机选择恰当，有助于对某一问题获得学生的支持；讨论的时间一般根据教学的具体情况而定。

三、实验课的教学设计

实验课教学过程直观、明了、生动，易引起学生兴趣；便于加深学生对有关学习内容的理解，加强学生对相关知识的记忆；可以充分调动学生的积极性，使学生主动地参与到学习过程中去。实验课的设计重点是：

（一）遵循实验设计的原则

1. 科学性原则

科学性是设计实验的首要原则，是指所运用的实验原理，实验步骤、操作程序方法必须与理论知识方法论相一致。

2. 可行性原则

可行性是指学生在实施实验和设计时必须可行，他们所运用的实验步骤和方法必须是适宜的。

3. 简约性原则

简约性是指在不影响实验结果和培养学生实验能力的前提下，尽量选用价格适宜且易获取的实验材料作为实验的对象。

4. 实用性原则

实用性是指学生的实验要符合客观实际，以解决实际问题为实验思路。

（二）明确实验目的

实验课教学要培养学生的观察能力、实验能力、思维能力和运用已学习的知识来解决实际问题的能力，因此应特别注意让学生了解所设计的实验目的、原理、操作过程，使学生有的放矢。

（三）设计清晰、严密的实验过程

一是实验组织过程设计，要特别强调操作规范、安全；二是实验步骤设计，要根据不同的实验类型采用正确的流程；三是实验主体设计，要明确学生、教师的任务。总之，要立足于帮助学生确定实验目的，明确实验原理，与学生共同分析实验中每一步骤的作用、必要性和可行性；并在此基础上针对不同的实验环境对实验设计做相应的调整、修正，设计出一个更为适合和可行的，效果更为理想的实验流程。

（四）实验结果的评价

根据实验教学目标，对实验结果的评价可以从以下方面设计：检查学生对基础知识和实验技能的掌握程度；考察学生对实验结果的分析、归纳、整理能力；检验学生引用相关文献的使用能力；评判学生实验结论的产生，对学生的理论、实践、分析、综合等一系列方面进行考察。

四、实训课的教学设计

"实训"是职业技能实际训练的简称。是指在学校控制状态下，按照人才培养规律与目标，对学生进行职业技术应用能力训练的教学过程。实训教学要求以实际的操作训练为主，通过严格、有序、规范的强化训练和教师的认真指导，使学生熟练地掌握操作技能和技巧，形成良好的行为习惯，也就是使学生把学习的理论知识转化为实际能力，同时积累一定的工作经验。实训课的设计重点包括以下几方面。

（一）实训目标

实训课程的目标是依据实际工作岗位或相应职业资格鉴定标准制定的。目标中应规定通过实训课程学生应掌握的核心能力和关键能力及达到的程度。实训目标应适度，即有适当的复杂性和难度、有一定的挑战性，要求学生综合运用各方面的知识、能力，经过努力才能完成。太容易的实训项目达不到学习目标，也不利于调动学生的激情，不利于学生迁移能力的培养；但过于复杂的实训项目，超出了学生现有的知识技能基础，超出学生完成项目需要的时间和能力，可能导致学生放弃自我努力。

（二）实训内容

实训内容应围绕实训目标，针对专业所对应的职业岗位群、项目/任务来确定。通常，基本技能训练是个人能够单独操练、技能目标相对单一的内容，在课堂上即可完成。综合性训练是运用较全面的专业知识和基本技能，就实际问题或业务项目进行分析、提出解决方案，具有很强的实用性，对培养学生的实践能力和创新能力具有重要作用的内容。因是涵盖多个技能目标的综合性项目，故作业量较大，通常需要团队合作。

（三）组织形式

实训的组织形式应按照实训要求和培养学生专业核心能力和关键能力的需

要进行设计，可采用：按实际工作流程安排的班组形式；按照工作任务或工作项目需要组成工作小组或项目小组；按模拟的工作场景扮演不同角色的形式等。从任务完成主体看，实训教学可选择由个人完成或由团队合作完成。个人完成的内容有助于培养学生独立思考、自主学习的习惯；团队合作完成则有利于培养学生人际交往和协作精神。这两种方式可在实践教学中交替运用。

（四）实训方式

实训方式多种多样，归纳起来大体包括[①]以下几方面：

1. 岗位训练

指在营造特定的模拟真实工作环境条件下，根据本专业对应的目标岗位群，选择几个主要或典型岗位，采用分岗位的方式进行轮流训练。这一方式主要适用具有明确、典型、通用与固定工作岗位的专业，如会计、银行、饭店管理与服务专业等。教学设计时应注意：必须明确各个岗位的工作职能与职责及所需技能，以便有针对性地设计训练标准、内容与形式；引导学生正确把握不同岗位间的关系，对整个部门工作流程有完整的认识；要提供仿真岗位环境及配套业务处理资料；并注意对关键能力与综合素质的培养。

2. 过程训练

指在营造特定的仿真（或真实）工作环境条件下，选择典型、规范、完整的生产过程或服务过程，由学生模拟或真实处理业务或技术问题，完成整个工作流程，以提高学生的生产技术或服务能力的综合性、系统性训练的模式。这一模式主要适合具有连续的生产流程或典型服务过程的专业，如食品工艺专业、化工生产专业等。教学设计时应注意：必须提供完整的生产或服务流程规范与标准，增强其仿真性；学生所处理的生产技术问题或业务一般应具有典型性，能有效培养学生的实际技能。

3. 项目/任务训练

指通过选择一件具体产品或一项实际任务，组织学生处理或完成该项目/任务的训练模式。这一模式主要适用于就业岗位的产品或工作任务比较固定、明

---

① 梁琦. 高等职业教育的综合实训课程 [J]. 中国职业技术教育. 2006，（4）.

确的专业，如服装设计与制造专业、家具设计与制造、文秘专业等。教学设计时应注意：项目或任务的选择要具有生产性、可操作性和成果可展示性。项目或任务要有符合标准和商业经营要求的、轮廓清晰的说明，并能够在一定时间范围内完成。实训中要注意培养学生收集信息、制定计划、实施计划和自我评价的能力。

4. 仿真训练

指在仿真系统提供的模型和数据情况下，组织学生运用知识、技能进行仿真操作和对系统进行调整控制的训练模式。这种模式主要适用可以远程控制的、系统复杂的专业，如证券专业、电子商务专业、电力系统自动化控制专业等。教学设计时应注意：仿真系统要具有再现企业实际的真实性、操作系统的可控制性。系统的参数设计应合理，并能够使学生通过系统的操作取得一定的成果。实训中要注意培养学生初步驾驭在系统中综合运用知识与技能的能力。

（五）实训环境

实训环境是综合实训课程效果的保证。实训场所和相应的教学资源要有真实性，便于反映接近现场的真实工作气氛，以满足做中有学、学中有做、边做边学的实训模式。同时，实训工位数量应能满足每个参加实训学生都能动手的要求；实训工位种类应能满足学生分组、分岗位轮换训练。

（六）实训指导

实训指导既要遵循生产和服务的自身规律，又要遵循教学规律。指导实训的教师应是"双师型"教师，具有相关岗位工作经历或实践经验，尤其要注意吸纳企业、行业专家担任指导教师，必要时可以组成指导教师小组，发挥团队力量指导学生实训。

（七）考核评价

实训考核内容应注重多重性，如专业能力的考核与关键能力相结合，过程考核与结果考核相结合；考核方式强调多样性，如实际操作考试、笔试、面试；考核主体突出多元性，如个人评价、教师评价、小组评价等形式。

第十一章
职业教育教学模式

教学模式是教学理论的具体化和教学经验的概括化，在教学理论与教学实践的相互转化和提升中起着中介作用，近年来越来越受到人们的重视，成为教学理论研究的热点。

第一节　教学模式概述

教学模式指在一定教学思想指导下，为实现特定教学目的，将教学的诸要素以特定的方式组合成具有相对稳定且简明的教学结构框架，并具有可操作性程序的教学范型。

一、教学模式构成要素

一个完整的教学模式应包含以下五个要素：

（一）理论基础

指某一教学模式所依赖的教学理论或思想，这是其深层内隐的灵魂精髓，反映了模式的内在特征，也决定着教学模式的方向性和独特性。理论基础在教学模式结构中既有自成独立的因素，又渗透或蕴涵在其他因素之中。其他因素都是依据理论基础而建立的。

（二）功能目标

指教学模式所能达到的教学效果，是教育者对某项教学活动可能对学习者产生的影响及其大小做出的预先估计。它是教学模式中的核心因素，对其他因素有指导和制约作用，也是教学评价的标准和尺度。如德国的范例教学模式，其功能目标是使学生掌握从基本概念和基本知识中选出来的示范性材料，能举一反三，以培养学生独立思考的能力。

（三）实现条件

指发挥教学模式的效力并达到一定功能所需要的各种条件（教师、学生、教学内容、教学手段、教学时间、教学空间等）的最佳组合和最好方案。如布鲁姆掌握学习模式将认知前提行为、情感前提特征、教学的质量这三大决定学习结果的性质作为其实现条件。认真地研究并保障教学模式的实现条件，可以更好地掌握和运用教学模式，成功地达到预期目的。

（四）活动程序

指教学活动展开的步骤以及每一个步骤的主要任务等。任何教学模式都具有一套独特的程序和步骤，由于在教学过程中，既有教材内容的展开顺序、教学方法交替运用的顺序，又有内在复杂的活动顺序，所以人们常常从不同侧面提出教学活动的基本阶段及其逻辑顺序。活动程序只能是基本且相对稳定的，而不应该是僵化和一成不变的。

（五）评价

主要指评价的方法、标准。由于各个教学模式在目标、操作程序、策略方法上的不同，因而评价的方法和标准也就不同。一种教学模式一般都有适合自己特点的评价方法和标准，不过也有很多模式至今未形成独特的评价标准和方法，这是仍需要研究解决的问题。

二、教学模式的特点

教学模式是一种设计和实施的教学理论，尽管各种教学模式所依据的教学思想或教学理论不同，但从一般意义上来讲，教学模式有以下五个特点：

（一）操作性

教学模式的操作要求和教学程序都是便于人们理解、把握和运用的，这是教学模式的本质特点。而教学模式之所以具有操作性，就在于教学模式一方面从某种特定的角度、立场和侧面来揭示教学的规律，比较接近教学的实际而易被人们所理解和操作；另一方面，教学模式的产生不是为了空洞的思辨，而是为了让人们去把握和运用。因此，教学模式是一套有系统的操作要求的基本实施程序，是可以被学习、示范和模仿、运用的技术、技能和技巧。

（二）整体性

任何教学模式都是由一定的指导思想、目标、程序、策略和评价等基本要素构成的有机整体。因此，在运用某种教学模式时，必须从整体上把握，既要透彻了解其基本原理，又要切实掌握其方式方法。无视教学模式的整体性、放弃理论学习而简单套用其程序步骤的做法，对提高教学水平是有害的。

（三）简约性

任何教学模式都是简化的教学结构及其活动方式，是以精练的语言、象征性的图式或明确的符号概括和表述教学过程。可以通过图像或象征性符号来反映其基本特征，从而形成一个比抽象理论要具体一些的框架。这种简约化的教学模式的形态主要有以下几种：一是条纹型，这类模式通过非概念化的语言跳跃式地表达，相对全面，便于操作；二是框图型，这类模式暗示大意，通常只将变量的逻辑关系勾画出来；三是公式型，这类模式主要采用教学公式或类似形式表达。教学模式既能将繁杂的过程问题简单化，又能在人们头脑中形成比抽象的理论更具体、更简明的框架，从而便于人们去理解、交流和运用。

（四）开放性

教学模式是从个别的、偶然的教学现象中产生出来的，它是大量教学实践活动的理论概括，在不同程度上提示了教学活动带有普遍性的规律。教学模式一旦形成，其基本结构保持相对稳定，但是这并不意味着教学模式内部要素和基本结构不发生变化，而是随着教学实践、观念和理论的变化而不断地被发展。教学模式作为某种教学理论或思想在教学活动中的具体表现形式，应受到课程特点、教学内容的影响和制约。人们根据其在教学实践中获得的新经验、新观念、新理论，逐渐予以弥补和充实，从而使教学模式日趋完善。

（五）针对性

指教学模式特有的性能。任何一种教学模式都有其特定的应用目标、条件和范围。如果超越了或不具备其特定的应用目标、条件和范围，就很难产生良好的教学效果。如向学生传授系统的书本知识的课一般采用五段教学模式；培养学生自学能力的课，一般采用活动教学模式。前者侧重于向没有基础知识或基础知识不扎实的学生，灌输系统的书本知识；后者则侧重于为有基础知识和自修能力的学生，创造一种宽松的自由学习，发散思维的小环境（氛围）。

三、教学模式的作用

（一）转化教学原理，指导教学实践

教学模式是教学理论的具体化，它比教学基本理论的层次低，具体、简明、易于操作。相对于教学基本理论来说，教学模式是在更具体的层次上对这些理论的模拟，即以稳定的模式把基本理论表现出来，成为受某种理论指导的某种教学模式。它包括可供达到某一教学目标的必备条件和实施程序、方法。由于使抽象的理论便于模仿和操作，对教学者设计策略和组织种种具体教学活动，具有一定的指导作用。

（二）提升教学经验，丰富教学理论

教学模式来自实践，它不仅是对教学实践中的某一类有效的具体教学活动方式的优选、概括和加工，是对被优选、概括和加工的原型（教学经验）的理论升华。个别教学经验经过概括、整理、系统化为教学模式，可能被进一步提高到教学理论的层次。随着概括层次的提高、运用范围的扩大，教学模式还可能由小型的、低层次的理论逐步发展为完整的、高层次的教学理论。从这个意义上说，教学模式可以为教学理论不断充裕发展提供各个个体素材，因此是个别教学转化为一般理论的中介环节，对教学理论的丰富和发展具有原料加工、理论构建的功能。

显然，教学模式无论在基本教育理论成果和学校实践之间，还是在教学经验和教学理论之间，都起着不可缺少的桥梁、纽带作用。

第二节　国内外教学模式及其评价

就目前的研究看，职业教育教学模式的种类大体上有 20 多种，可划分为以上五类：以学科为中心的教学模式（如理论教学）；以能力为中心的教学模式；以活动为中心的教学模式（如实验课、生产实习和教学实习等）；以问题为中心的教学模式（如课程设计、毕业设计等）；以个性为中心的教学模式。

一、学科中心教学模式

（一）"传递—接受"教学模式

1. 理论基础

辩证唯物主义的认识论和有关哲学、教育学基础理论。把教学看做是学生在教师指导下的一种对客观世界的认识活动。

2. 教学目标

主要用于系统知识、理论知识及工作经验的传授和学习。

3. 操作程序

激发学习动机→复习旧课→讲授新知识→巩固运用→检查评价。通过教师传授使学生对所学的内容由感知到理解，达到领会，然后再组织学生练习、巩固所学的内容，最后检查学生学习的效果。

4. 评价

"传递—接受"评价为我国基本教学模式。教学活动是以学生为主体、教师为主导的双边互动活动，教材编写遵循了知识结构的有序性、系统性和学科结构的逻辑性规律。能使学生在单位时间内较迅速有效地获得更多的知识信息，突出体现了教学作为一种简约的认识过程的特性，是人类传播系统知识经验最经济的模式之一，适用于学科课程和书本知识教学，适用于班级授课制的课程教学；能有效地发挥教师的主导作用，特别是借助多媒体技术能极大扩展信息容量，实现预期的教学目标。但学生处于被动地位，不利于学生学习主动性的充分发挥。解决这一问题的关键是教师传授的内容需具有潜在的多类型媒体材料，能与学生原有的知识结构建立实质性联系或能激发学生主动从自己原有的知识结构中提取有联系的旧知识来"固定"或"类属"新知识。

（二）自学—指导教学模式

1. 理论基础

"教为主导，学为主体"的辩证统一的教学观、"独立性与依赖性相统一"

的学生心理发展观、"学会学习的学习观"。

2. 教学目标

以自学能力为主要目标，实现以"讲"为主向以"导"为主的转变。

3. 实现条件

教师要有正确的教学指导思想，坚持以"学"为主体，"导"为主线，充分相信学生能自学而积极地指导学生自学；学生有一定的阅读能力，能够在教师设计的自学提纲及提供的必备参考书、学习工具及操作设施与设备的基础上完成学习任务。

4. 操作程序

提出要求→学生自学→讨论、启发→练习、运用→评价、小结。教师指导贯穿在每一个环节中。

5. 评价

能提高学生学习的主动性和主体意识，培养学生的自学能力和学习习惯，加速创造性思维能力的发展，适应学生的个性差异，更好地解决集体教学中如何因材施教的问题。

(三)"非指导性"教学模式

1. 理论基础

以人为本的学习理论，其倡导者是美国心理学家罗杰斯，他的"非指导性咨询"理论是"非指导性"教学模式的直接的理论来源。

2. 教学目标

针对传统教学只注重人的理智发展、片面地训练人的认识能力而忽视学生情感培养的缺点，提出教学目标应该以人的本性为出发点，把教学作为促进自我实现的工具，开发人的创造潜能，形成人的独立个性，最终目标是培养真正自由独立的、情知合一的"完整的"人。

3. 实现条件

要十分重视人际和情感因素在教学中的作用，消除紧张的师生关系；教师不是教学生怎样学，而是提供学习的手段（包括教师本人的学识、能力、思考方式等），由学生决定怎样学。教师不是以指导者而是以顾问的形式出现。

4. 操作程序

创设情境→开放性探索→个人或小组鉴别。

5. 评价

该模式所提出的一般教学模式中所忽视的情感作用和价值观以及建立新型师生关系等问题值得肯定。它注重充分发挥学生自身潜力，促进学习者自我完善。但如果过分强调以学习者为中心，必然会削弱教师在教学中应起的作用。完全放弃课程内容对学生的教育作用，对教学也是十分有害的。

（四）概念获得教学模式

1. 理论基础

布鲁纳认知学习理论。布鲁纳认为，人的认识过程是把新学的信息和以前学习所形成的心理框架联系起来，积极地构成他的知识的过程。布鲁纳的认知心理学思想奠定了概念形成的教学模式理论基础。

2. 教学目标

主要是让学习者通过体验所学概念原理的形成过程来发展学生的归纳、推理等思维能力，掌握探究思维的方法。

3. 实现条件

原则上是要掌握学科的基本结构，因而要精选教材，从中提炼出最基本的结构，难度要适中。并围绕着学习课题准备好假设、验证用的资料、实验等。教师要简明扼要讲清楚基本原理，引导学生去探索，使学生了解各种可供选择的方法和不同观点。教师和学生在教学中处于协作关系，使学生能开展积极能动的活动，对所引用的材料才敢于发表自己的见解。教师要根据具体的课题和学生的情况来决定学习者的主动程度，使他们由半独立发现发展为独立发现。

4. 操作程序

识别概念→形成概念→验证概念→分析思维。

5. 评价

可以通过学生的主动探究，使他们产生内在的学习动机，从而发挥学习者的潜能。但该模式所追求的"发现"较为费时，难以全面推广，一般比较适合于逻辑系统严密、理论性较强的课程，并需要学生有一定的知识和先行经验储备，有相当的思考能力，本身学习能力较弱或学习动力不足的学生不适合选择这种模式。

二、能力本位教学模式

(一)"掌握学习"教学模式

1. 理论基础

布鲁姆所创立的"掌握学习理论"，认为任何学生，只要给予足够的时间和充足的指导，都可以掌握所学的内容，达到事先规定的教学目标。学生之间存在着差异，这些差异对人力资源的开发和社会经济的发展关系重大，因此要求职业技术教育应最大限度地照顾到个人间的差异，因材施教。当代的教育教学思想越来越重视学而非重视教，主张以学生的活动为中心，强调个别化学习。

2. 教学目标

解决学生学习效率问题，以求整体提高教学质量。

3. 实现条件

师生双方对"掌握学习"都有信心；有确定所教课程的内容、目标和测量手段；编制教学目标"双向项目表"（横栏表示行为，纵栏表示内容）；为掌握制订计划，准备终结性测验，主题要覆盖所有目标。

4. 操作程序

诊断性评价→团体教学→单元形成性测验→已掌握者进行巩固性、扩展性学习或帮助未掌握者（或未掌握者接受矫正→再次测验，予以认可）→进入下一单元的循环。在一学期结束或几章节、全部教材学完后进行总结性测验和评价。

5．评价

强调因材施教，使教学适应学生的心理特点和个别差异，从而使大多数学生达到课程目标所规定的掌握标准，达到整体提高教学质量的教学目标。这种教学模式不改变学校和班级的组织，且成绩较差和一般的学生比较适应，因此获得了相当广泛的反响，得到了相当程度的普及。但教师上课前的大量准备工作，以及要使用多种教学手段和方法，势必增加教师负担，教学内容怎样划分单元才更科学、更合理需要深入研究。

（二）行动导向教学模式

1．理论基础

梅腾斯的能力理论；雷茨（Reetz）和劳尔—恩斯特（Laur-Emst）的关键能力理论；巴德的能力概念。

梅腾斯认为关键能力是那些与一定的专业实际技能不直接相关的知识、能力和技能，它更是在各种不同场合和职责情况下做出判断选择的能力；胜任人生生涯中不可预见的各种变化的能力。

雷茨（Reetz）和劳尔—恩斯特（Laur-Emst）在梅腾斯之后发展了关键能力理论，使关键能力的概念逐渐进入了具体的职业教育实践。[①] 雷茨认为，关键能力理论的中心是人的行动能力，人的行动能力由三方面内容组成，并对应了三个能力范围：①事物意义上的行动能力，即做事能力和智力成熟度。它对应面对任务能力，例如解决问题、做出决定、开发方案等，可归纳为针对事物的方法能力。②社会意义上的行动能力，即社会能力和社会成熟度。它对应面对社会的能力，例如合作能力、解决冲突、协商能力等，可归纳为社会能力。③价值意义上的行动能力，即个性能力和道德成熟度。它对应个人特征基本能力，例如道德观和价值取向、积极进取精神、创新精神、学习自觉性等，可归

① 徐朔．论关键能力和行动导向教学［J/OL］．2008-1113．http://www.studa.net/Education/081113/09190460.html．

纳为个性能力。雷茨认为关键能力应该是"行动导向"的获得，也就是说在学习过程中，个性能力培养和认知能力培养应该在与外部环境相互作用的过程中进行，也就是说在"做"中习得。作为一般学习目标，能力本身是和具体内容的学习目标相联系而获得的。

劳尔—恩斯特则重视将职业行动能力作为教育目标。职业行动能力指的是解决典型职业问题和应对典型职业情境，并综合应用有关知识技能的能力。为此，需要通过职业教育获取跨专业的能力。劳尔—恩斯特区分了三种跨专业能力标准：一是跨学科和专业的知识，例如对金属技术专业增加销售和企业管理方面的知识；二是方法和技术的能力，例如工作方法、计算机应用等；三是与个性相关的能力，例如批评能力和创新能力。

巴德（Bader）教授认为，这里的能力概念要比知识和技能的内涵大得多，它包括对获得的知识和技能的主观加工。个体通过处理事件、反思和评价来认识现实世界。在这个过程中，个性化的动机和问题情境一直伴随其间。因此，能力是和行动主体的条件及已有经验联系在一起的，行动主体有基于自己经验而决定行动方式和以自己目标进行自主行动的主观倾向，因此巴德将"行动"和"能力"两个词结合起来。行动能力表示人在职业的、私人的和社会的情境中对事物的合理思考和对社会负责的行动的能力和意愿，行动能力的发展是一个终身的过程，而职业教育则要在其发展的一个阶段上给予构建和帮助。为使职业行动能力更具体化并在职业教育教学方案中得以体现，一般将其分为4个部分，即①专业能力指的是个体独立地、专业化地、方法性地完成任务并评价其结果的能力和意愿。这也包括逻辑的、分析的、抽象的、归纳的思考，以及对事物系统和过程的关系的认识。②个性能力指的是个体在职业生涯、家庭和社会生活中判断和认清目标并发展自己聪明才智的能力和意愿。特别包括在构建人生发展中起重要作用的、对自己行为负责的态度、价值取向和行为准则。③社会能力指的是把握和理解社会关系并合理、负责地处理人际关系的能力和意愿。包括承担社会责任和团结他人。④方法能力主要指独立学习和工作并在其中发展自己的能力，将习得的知识技能在各种学习和工作实际场合迁移和应用的能力。

2. 教学目标

消除专业界限和专业分离，提倡完整的与客观职业活动相近的学习过程，将传统劳动组织中相分离的计划、实施和检查工作内容结合起来，以学生的经验和兴趣为导向，通过设计有意义的学习任务和制作有使用价值的行动成果来激发学生的学习动机，创造尽可能大的决策和行动空间使他们全身心地投入，促进交流与合作。

3. 实施条件

将形式逻辑严密的静态知识组织解构，再按照工作过程重新建构，成为动态的过程逻辑体系。以工作过程系统化为学习情境建设的主线，指导实验室、实训基地建设，以营造职业环境及职业氛围。学习任务应尽可能完整并具有适当的问题成分，所反映的职业工作过程应该清晰透明；学习任务的解决应富有变化，以提高学生解决问题的灵活性。行动能力各个要素的培养不能割裂，而是综合地进行，特别是要和专业能力的培养结合起来进行。教师具备一定的职业能力和专业实践经验，才能有效地保证选定的载体（任务、项目等）能够最大限度承担能力单元的教学目标，从培养人的角度出发，指导学生通过对选定的典型的任务、项目等载体的实现过程，通过感性体验获得经验性知识，并通过教师引导，自主实现能力目标的内化。

4. 操作程序

基于行动导向的课程有两种操作程序：一是根据能力单元的目标要求，结合现有的专业实训条件，选取典型的任务、项目、案例等作为载体，基于工作过程导向进行课程实施方案设计，将能力单元的目标要求（知识、技能、素质），通过采取工学交替、任务驱动、项目导向、课堂与实习地点一体化等行动导向的教学模式，有目标地分解或穿插于各行动过程序列中。二是在教学实施中指导学生遵循"资讯、决策、计划、实施、检查、评估"这一完整的"行动"过程序列，引导学生通过获取信息、制定计划、实施计划、检查与评估工作完成情况，有效地培养学生专业能力，方法能力和社会能力。

5. 评价

职业行动能力指向胜任现实中的要求，它通过学习者的合作和自觉行动使其个性发展成为可能。教学既注重教学结果，又注重教学过程。为此，"计划"、"实施"、"检查"这3个行动步骤在行动导向的教学过程和目标中具有核心意义，因为这3个步骤符合现实世界中处理事物或解决问题的完整的行动模型。行动导向学习要求将行动和认识结合在一起，并将学习者作为具有自己需求和兴趣的、积极的行动者来看待。因此学习者的主观态度和经验形成具有重要的意义。

三、以活动为中心的教学模式

(一) 任务驱动教学模式[①]

1. 理论基础

建构主义学习理论。该理论提倡的学习方法是以学生为中心，在整个教学过程中由教师起组织者、指导者、帮助者和促进者的作用，利用情境、协作、会话等学习环境要素，充分发挥学生的主动性、积极性和首创精神，最终达到使学生有效地实现对当前所学知识的意义建构的目的。

2. 实施条件

必需对"任务"的目标性和教学情境进行创建，使学生带着真实的任务在探索中学习，使学生不断地获得成就感，从而更大地激发他们的求知欲望，逐步形成一个感知心智活动的良性循环，培养出独立探索、勇于开拓进取的自学能力。"任务"要符合学生的特点，"任务"的大小要适当。设计"任务"要从学生实际出发，充分考虑学生现有的认知能力、兴趣等特点，遵循由浅入深、由表及里，循序渐进的原则。坚持让学生独立完成"任务"，通过完成"任务"培养他们的动手能力和合作精神，提高他们解决实际困难的能力和素质。

3. 教学目标

任务型课堂模式把学生的注意力聚焦在怎样利用工具来完成任务，而不只是关心自己"做的"是否正确，任务完成的结果为学习者提供自我评价的标准，并使其产生成就感。这些目标是为课堂教学服务的，学生是直接的受益者。它体现了"以学生为主体，以任务为中心和以活动为方式"的思想，有助于学生自主学习，提高学生运用语言进行交际的能力，增强学生学习的兴趣和信心。

---

① 刘作. 任务驱动教学模式探究 [EB/OL]. (2004-8-30) http://www.pep.com.cn/xxjs/jszj/jylw/200408/t20040830_120041.htm.

4. 操作程序

（1）创设情境：需要创设与当前学习主题相关的，尽可能真实的学习情境，引导学习者带着真实的"任务"进入学习情境，使学习直观性和形象化。例如在学习 word 中的插入图片艺术字一节，正赶上学校举办班报大赛，我们就可以在引入新课任务时，根据这一具体情况来创设情境，引入课程布置任务，学生们的热情很高，积极地去完成老师的任务。

（2）设计任务：教师根据课程的教学目标，把教学内容精心设计为一个个的实际任务，让学生在完成这些任务的过程中掌握知识、方法与技能。

（3）自主探索，协作学习：在任务驱动教学法中不是由教师直接告诉学生应当如何去解决面临的问题，而是由教师向学生提供解决该问题的有关线索，如需要搜集哪一类资料，从何处获取相关信息资料等，强调发展学生的"自主学习"的能力。同时倡导学生之间的讨论和交流，通过不同观点的交锋、补充，修正和加深每个学生对当前问题的解决方案。

（4）效果评价：主要包括两部分内容，一方面是对学生是否完成当前问题的解决方案的过程和结果的评价，即所学知识意义建构的评价，而更重要的一方面是对学生自主学习以及协作学习能力的评价。

5. 评价

"任务驱动"的教学模式改变了传统的教与学的结构，使学生真正成为学习的主体，教师除了具有辅导者、引导者的身份外，不具备其他任何权威。这一模式的远景将是非常美好的：即将来的教师可能完成其历史的使命、退出历史舞台，学生将可能通过计算机网络随时获取帮助、并随时成为"教师"，这种电子学习的方式已经为思科等国际性大公司所采用。这种学习方式应用到学生、应用到教室相信只是一个时间性的问题，它将完全改变传统的学习方式，使因材施教真正落到实处，让每个学习者将学习当作一种终身享受。

（二）示范—模仿教学模式

1. 理论基础

示范模仿是人类经验得以产生和传递的基本模式之一，也是创造活动的基础。一个复杂的行为技能获得需要经历三个阶段：认知阶段，即学会行为技能的要求；联系阶段，通过学习使部分技能由不够精确到逐步精确，单个的技能逐步结合成总结技能；自主阶段，即行为技能程序步骤已不再需要通过思考完成。

2. 教学目标

使学生掌握一些基本行为技能，如工作程序、操作规范、操作方法等。

3. 操作程序

定向→参与性练习→自主练习→迁移。前三个阶段是示范模式本身涉及的，而迁移是对模仿的更高要求，是模仿的进一步深化。

4. 评价

这种模式通过语言描述，采用归纳法和演绎法，分析并揭示构成技能的理论基础，提出目标和技能标准，突出技能要点，紧扣能力目标，启发学生思考，配合多种教学媒体，调动思维的积极性和主动性，发展综合性的知识。示范能形象地展示技能动作的全部或局部，使学生熟悉事物的形态、结构和变化过程，为掌握这些技能奠定基础，同时还可以扩展示范范围，开阔学生思路，更利于搞清技能关键，激发创造意识。模拟是按照头脑中形成的"方案"进行实践，操作者亲身体会技能操作的要领评价是对照目标进行的反馈活动，它避免了随意性和一般化的说教，调动了学生的自主的参与，使质量的评价更具有针对性、确定性和广泛性。既突出了专业技能课的基本环节，又以环节为基本框架，随时充实其内涵，因而运用范围广泛。

这一模式可通过与现代化手段相结合而提高学习效率。但在这一模式中，技能的形成是从简单模仿到初步练习到熟练的过程，主要是学生自己练习的结果，因此教师只起组织者的作用。就职业教育的功能定位而言，只训练学生完成各项特定任务所需要的肢体动作的协调性是不够的，如果教师在实施教学过程中，有意识地引导学生发现问题和解决问题，则能产生更好的教学效益。

四、以问题为中心的教学模式

(一) 程序教学模式

1. 理论基础

新行为主义的学习理论。斯金纳是当代新行为主义心理学派的著名代表。

他通过实验，发现动物的行为可以运用逐步强化的方法，形成操作性条件反射。他把这种操作性条件反射的理论引入人的学习行为，用于学生的学习过程，认为学习过程是作用于学习者的刺激和学习者对它做出的反应之间的联结的形成过程。其基本图式是：刺激——反应——强化。一种复杂的行为，可用逐步接近、积累的办法，用简单的行为联结而成。

2. 教学目标

教给学生某种具体的技能、观念或其他内部外部的行为方式，如掌握某些智力技能或行为技能等。

3. 实现条件

需要根据学习过程把教学内容分解成许多小步子，并按照一定的次序排好。每一个问题都要先作出解释，然后提出要求学生回答的问题，每一个问题都要有正确的答案。当学生回答问题后，通过出示正确答案，让学生确认自己回答的正误，正确后，再进行下一项目的学习。

4. 操作程序

如图 11-1 所示。

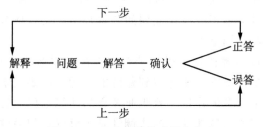

图 11-1　程序教学模式操作程序

5. 评价

可以使学习内容化难为易，易于学生掌握，易于巩固；反馈、强化及时，有利于调动学生学习的积极性，及时调整学生的学习；可以根据各人的情况，自定步调，确定学习进度，有利于因材施教。但这一模式只能显示教学结果，不能体现教学过程，对教学活动中最复杂的因素——学习者的心理活动无法控制；削弱了教师对学生的指导和教师本人人格的影响，也割断了学习者之间的相互影响；知识被分成一个个小项目来学习，影响了学习者对知识整体的把握。

（二）引导－发现教学模式[①]

1．理论依据

①美国认知心理学家布鲁纳所倡导的发现法，又称探索法、问题教学法。指教师在引导学生学习概念和原理时，只是给他们一些事实（例）和问题，让学生积极思考、独立探究，自行发现并掌握相应的原理和结论的一种方法。它的指导思想是以学生为主体，独立实现认识过程。②建构主义学习理论：建构主义认为，知识不是通过教师传授得到，而是学习者在一定的情境即社会文化背景下，借助其他人（包括教师和学习伙伴）的帮助，利用必要的学习资料，通过意义建构的方式而获得。由于学习是在一定的情境即社会文化背景下，借助其他人的帮助即通过人际间的协作活动而实现的意义建构过程，因此建构主义学习理论认为"情境"、"协作"、"会话"和"意义建构"是学习环境中的四大要素或四大属性。

在以上教育思想、教学理论和学习理论的指导下，根据生物科学以实验为基础的实际情况，在教学的实践中，应用引导——发现教学模式能适应新课程理念，关注学生知识获得的过程，形成积极主动的学习态度。

2．教学目标

引导学生手脑并用，运用创造思维去获得实证知识；养成学生探究问题的能力习惯，逐步形成探索的技巧；培养学生关于发现问题、分析问题和解决问题的能力。

3．实现条件

情境的设计应源于实际的职场环境与事件，提出的问题具有典型性、实践性与开放性；教师要根据教学需要为学生提供探究所需的材料（如文献资料、仪器等）和场所（如资料室、实验室等）；师生处于协作关系，教师的任务是帮助和引导学生准确地认知问题和发现问题，并调动学习者的积极性与创造性解决问题。

---

① 陈亚羡. 引导发现教学模式与教学案例［EBOL］. （2001-12-19）. http://www.tajyw.com/mingshi/user_article.asp? ID＝249.

4. 操作程序

提出问题→建立假设→撰写计划→验证假设→总结提高。

5. 评价

优点在于教会学生如何学习，如何发现问题，怎样加工信息，如何推理、论证等，因而有利于培养学生科学的学习态度和探索能力。但如果都是缺乏对学生学情的准确认知，提出的问题定位不当，则会导致任务缺乏挑战性而丧失吸引力，或因任务过难，超越了学生现有的知识水平，学生要么只是机械地执行教师制定的计划，要么因无法完成任务而选择放弃。

五、以个性为中心的教学模式

（一）分层次互动式教学模式

分层互动式教学模式是针对当前中职学校生源特点造成文化基础课教学难的问题提出的一种教学对策，它是保持了班级授课制的基本内核，继承了班级授课制集体教学的优点，努力克服班级授课制针对学生学习差异造成教学效果不理想的弱点的班级教学组织形式。它实质上是通过组织管理手段改变班级学生的组成，形成学习水平相近的教学班，即"同质班"，为教师针对性的施教和学生选择适合自己的学习环境创造条件，使教学班级成为既便于教师教学、又利于学生学习的班级。[①]

1. 理论基础

（1）教学论基础：主要包括教学过程的基本要素理论、最近发展区理论等。

（2）教育心理学基础：主要包括加涅的学习积累理论（有关学习的条件、学习的过程等方面的论述）、布鲁姆学校学习理论，以及教育心理学关于能力与能力的个别差异的内容。

（3）个体素质结构论：主要包括个体素质结构（知识结构、能力结构、非认知因素）、学习过程与素质结构、教育过程与素质结构等。

---

① 姜杰等. 分层互动式教学模式的课堂教学实施方案——课堂教学及评价策略的研究 [J]. 中国职业技术教育，2003，（16）

2．教学目标

通过改变班级授课制重要要素的变化属性，灵活组班，保持班级学生学习水平的相对同质性，发扬班级授课制优点，降低其弱点对教学的影响，提高课堂教学的效率和效果。

3．实施条件

分层互动教学管理模式共分三个阶段进行。概括起来就是"实现：三级目标；互动：三个原则；分层：三层五级；实施：三个阶段"。遵循的"因材施教、因需设教、以学定层、学教互动"的教学原则。

（1）实现三级目标：第一级为准备性教学目标；第二级为达标性教学目标；第三级为定向性和提高性教学目标。

（2）分层三层五级：第一层为领先层，包括第一领先级、第二领先级；第二层为达标层，包括达标级；第三层为希望层，包括有希望级、寄希望级。

（3）互动三个原则：横向、纵向互动相结合；考核互动与个人要求互动相结合；阶段互动与平时互动相结合。

（4）实施三个阶段：第一阶段（第一学期）：准备阶段；第二阶段（第二—第三学期）：调整阶段；第三阶段（第四—第六学期）：稳定阶段。

4．操作程序

分层次互动式教学模式的操作方法有以下步骤：调研——制定标准——分层组班——分层教学——评价——互动调整——评价——互动调整——评价。

5．评价

教学的基本问题是让学生学会学习，保持和提高教学互适程度层次水平是保持和提高教学效果的必要条件。教学的阶段性与学生学习的阶段性相适应，降低班级学生的学生学习水平落差，便于教师组织教学，提高课堂教学效率。辨明差异的性质，有助于有针对性的教学实施和对教学效果的认定，关注差异有助于为学生创造和提供适合其学习和发展的机会和条件。

（二）"合作教育"教学模式

1. 理论基础

社会主义的人道主义和个性民主化。

2. 教学目标

形成学习者良好的个性，使他们的精神力量得到充分发挥。

3. 实现条件

在一切可行场合下，教师应给学生提供自由选择的机会，使他们时刻体验到一种受到尊重、受信任的情感，成为学习的主人；教学内容需要精心编制，使学生通过视、听、动作等多种活动来牢固地掌握知识；在教学过程中需穿插渗透教师"教"、学生"学"以及老师与学生、学生与学生之间的"自教"、"互教"、"互学"，用实质性评价代替传统的形式评价，使评价起到鼓励、促进学生的学习积极性的作用。

4. 评价

由于"合作教育"教学模式强调促进教与学两个方面的积极性，主张师生合作和发展学生个性、创造能力，因而具有极强的生命力，正成为一种有影响的教学模式。

（三）情境－陶冶教学模式

1. 理论基础

情知教学论、现代心理学理论和以此为基础的"暗示教学理论"。

2. 教学目标

通过情感和认知多次交互作用，使学生的情感不断得到提高、升华，个性得到健康发展，同时又学到科学的知识。

3. 操作程序

创设情境→情境体验→总结转化。

4. 实现条件

教师是学生情感的"激发者"和"维持者"，因此要求教师具有多种能力，如表达、评议能力等。教师还要根据教学要求，提供器材、教具或教学场所，并把它们组织好。融洽的师生关系，能使情境更加入情入理，从而有效地诱导学生的情感和促进学生认知。

5. 评价

该模式的主要作用在于对学生个性的陶冶和人格的培养，通过创设某种与现实生活同类的意境，让学生从中领悟到怎样对待生活、认识自己和对待他人，提高学生的自主精神和合作精神。与引导—发现教学模式的根本区别在于这种教学模式更注重学习者心智、情感与价值观的影响，故较适用于思想品德课、职业道德等课程的教学。

第三节　教学模式的选择与运用

教学模式并不是每个人都能自行设计的，对于更多的教师来说，主要还是对已有模式进行借鉴、参考、创造性运用。

一、教学模式的选择原则

(一) 从整体上把握

尽管教学模式很多，但从其指导思想、教学程序及教学实施策略分析，大体分为"指导—接受式"、"自学—辅导式"、"引导—发现式"、"情趣—陶冶式"和"示范—模仿式"。选用教学模式时，如果从整体上把握自己所要进行的教学大体适合哪一类，再选择具体的教学模式，则起到事半功倍的效果。如果离开了整体性，只着眼于某些个别的教学模式，就有可能选用不准，或者由于教学模式杂乱纷呈，自己却无所适从。

（二）坚持共性与个性的统一

把教学模式分为五个大类，是从各教学模式之间的共性出发的，但每一种模式还有其自身的特点，选用时应把握各教学模式之间的共性，又了解它们的个性，才能选择得当。

（三）坚持统一性与多样性相结合

任何一种教学模式都不可能"包治百病"，它们各有长处也各有不足。选择教学模式时要从实际出发，坚持一法为主，多法相辅。只有这样才能不断丰富教学模式的结构、程序与实施策略，使教学模式各展其长。

（四）坚持借鉴与改良相结合

教学模式的使用过程，一般都要经历"广泛模仿—择优选择—灵活运用—发展创新"四个阶段，在模仿阶段要广泛汲取别人成功的教学模式，了解各教学模式的特点，然后通过比较，选择一个或数个模式作为自己常用的基本模式，并在此基础上，博采众长，融入自己的个性，逐步创造出自己独有的教学模式。在教学模式运用过程中，学习、模仿很重要，优化、完善、发展、创新更重要。

二、"教、学、做、考合一"模式的运用分析[①]

（一）内涵与依据

职业教育"教、学、做、考合一"教学模式是在能力本位教育思想理论指导下建立起来的，与人才培养目标和规格相关的，并与一定的职业教育教学任务相联系的教学程序及其方法的策略体系。它即以职业能力为依据，整体设计教学方案、立体组合教学策略与资源，将教学目标、教学活动、教学方法与手段、教学评价集合在一起，通过教师与学生在做中教，在做中学的教学组织形式，以及基于国家职业资格或职业技能的考试考核，来组织教学过程。

"教、学、做、考合一"模式提出的依据主要有：

---

① 黄艳芳. 高等职业教育"教、学、做、考合一"教学模式探讨［C］//袁旭等. 高等职业教育：专业立体结构调整的研究与实践. 高等教育出版社，2004.

1. 陶行知先生"教学做合一"的教学论

陶行知先生提出：教学内容及方式要实现"学以致用"；"教的法子要根据学的法子；学的法子要根据做的法子。教法，学法，做法是应当合一的。"陶行知先生以"事怎样做，就须怎样学"为学习原则，将学习过程的认知、明理、践行融为一体，强化了教与学的实效性，为职业教育"教、学、做、考合一"教学模式的建立提供了依据。

2. 职业教育教学的现实要求

我国职业教育培养目标的正确定位，使课程教学观从知识本位转向能力本位，但在培养学生职业能力的教学实施中还缺乏有效的模式。"知识"与"能力"之间缺乏有机结合的教学模式在一定程度制约了教学的实效性。应该看到，在从知识到能力的转化过程中，能力是职业教育教学的终极目的。当学生将所学知识应用于解决职业领域技术问题的对策行动，并表现出一种稳定的倾向性，养成良好的职业行为习惯时，职业教育教学才能算是真正取得了成功。可见，"教、学、做、考合一"模式的探索正是职业教育教学的现实需要。

3. 行业、企业对高职人才的要求

目前我国社会主义现代化建设尤其急需数以千万计的技术应用型人才。行业、企业要求高职培养的人才具有基础理论和专业知识以及掌握相关领域的新知识；具有解决实际问题的综合技术应用能力；具有创新与开拓精神。"教、学、做、考合一"正是一种通过教与学结合、实训与养成结合、考试与考证结合，培养学生综合职业能力的教学模式。

4. 国家职业教育发展趋势

随着我国劳动就业制度的完善和终身教育体系的构建，职业教育越来越趋向于职业资格的融合。职业教育作为就业教育，必须与国家职业资格制度接轨。"教、学、做、考合一"模式适应职业教育发展趋势的要求，比如把其中的"考"，界定在三个层次，一是组织高职学生考取国家职业资格或技能等级证书；二是专业技术课程的标准与国家职业资格标准结合；三是教学内容和教学评价与产业现场需求（企业认可、企业标准）结合。

(二) 要素与模型

"教、学、做、考合一"模式的构成主要有以下要素：

1. 能力本位的教学思想

按照培养技术应用型人才的要求，运用职业能力分析方法，确定教学内容、教学策略和教学评价，彰显职业教育教学模式的方向性和独特性。

2. 培养综合素质和职业能力的教学目标

即教学模式运行程序、教师与学生在教学活动中的地位以及教学评价的标准和尺度，都要指向培养学生的综合素质和职业能力。

3. 行为导向的运行程序

职业教育教学以学生形成职业能力为目的，"教、学、做、考合一"模式的活动程序是：认知→实际操作或实践→技能形成及行为养成→职业能力考核（包括考证）→职业素质强化。

4. 互动式运行系统

一是师生互动：教师创设教学资源，在教学过程中提供学生行为的参照系，引导学生职业能力的形成；学生利用教学资源，在教学中通过实训、实习，养成职业能力，师生交往通过职业活动的"做"进行互动。二是专业与职业的互动："双证制"的推行把专业教学与职业资格联系在一起，并在毕业生就业上相互影响。

5. 基于职业环境的支持条件

包括"双师型"师资队伍、仿真或真实的实训实习场所、体现职业领域新知识、新技术、新工艺、新方法的教材、与国家职业资格标准接轨职业能力考评系统等。

以上各个要素相互依存，相互制约，构成一个完整的"教、学、做、考合一"模式。图 11-2 是该模式的结构框图。

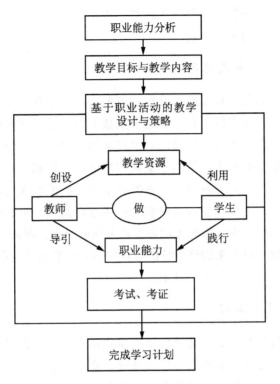

图 11-2 "教、学、做、考合一"模式

（三）策略与方法

教学模式是一种结构性的策略，这种策略可以在不同课程的具体操作中有所差别。

1. 理论知识类课程

职业教育培养技术应用型人才，应具有合理的知识结构。理论知识课程的内容应包括文化基础、专业理论和专业技术知识等。这类课程实施"教、学、做、考合一"模式，应立足于知识的学习和运用，采用有利于学生掌握知识、运用知识解决问题的方法，激发、鼓励和扩展学生的思维能力。如研究性学习，以学科或职业领域的问题呈现学习内容，学生通过实验、操作、调查、信息收集与处理、表达与交流等探索活动，获得知识、技能，体现理智和情感，发展学习能力。理论知识课程对习效果的评价，主要采用校内考核方式。重点是建立与教学模式相适应的考评机制。

2. 职业技能技术类课程

根据教育部的意见，高等职业院校必须把培养学生动手能力、实践能力和可持续发展能力放在突出的地位，促进学生技能的培养。在职业技能技术课程类实施"教、学、做、考合一"模式，可以采用实训——反馈——强化的循环往复，逐步塑造学生的行为，使其形成动作技能，掌握职业技术。相宜的教学方法有：行为导向法、现场教学法、案例教学法、模拟教学法等。值得注意的是，技能技术水平的考核，应与国家职业资格考证衔接，将职业资格证书课程纳入教学和考核内容之中。暂时无职业资格考证的专业、课程，可以引入行业、企业的职业技能技术标准来构建学校的考评体系，使教与学与职业活动相融通，实现毕业生与企业的"零距离"就业。

3. 职业素质类课程

职业素质课程的教学目标是帮助学生建立正确的职业态度，养成良好的职业礼仪习惯，培养遵守职业道德和行为准则的意识，掌握与人有效沟通和合作的技巧。这类课程仅仅靠知识的单向传递难有成效。职业素质的培养，应有三个阶段：一是通过教师的引导，学生认知职业素质、形成观念；二是学生在认知理论的基础上产生情感体验，从而确信理论；三是学生以理论指导行动，养成职业素质。职业素质课程运用"教、学、做、考合一"模式，可采用启发式讲授、小组讨论、社会调查、课外活动、职业性向测试等方法。对职业素质形成的考核以校内考评为主，应建立与职业道德、职业行为准则相连接的职业素质测评体系，对学生在校期间的表现进行全程考评。

4. 综合职业能力类课程

这类课程最适宜采用"教、学、做、考合一"模式，关键是设置综合化课程。按照现代课程观，高职课程的综合化，不是将两门或多门学科课程内容简单的拼凑、合并，而是将相关相类的职业知识、职业技能和态度等内容进行整合，包括在综合化课程中融入、强化其学习方法、创新意识等内容，还可以进行网络技术与课程的整合。综合职业能力类课程的"教、学、做、考合一"模

式，可采用任务驱动法、项目教学法。这种综合性很强且以职业活动过程来设
计的教学，需要运用多种知识和技能，学生能够得到充分发展。对综合职业能
力的考评，重点应放在学生"做"的结果上。

显然，"教、学、做、考合一"模式是一个多因素、多交叉的系统，其有效
运行需要因地制宜、因时制宜、因人制宜。同时，模式本身也有一个不断改进
和完善的过程。

第十二章
职业教育教学方法与手段

　　教学方法与手段是构成教学活动的基本要素。教学方法是师生为完成教学目的开展教学活动途径与形式，而教学手段则是师生在教学活动中相互传递信息的工具、媒体或设备。显然不同的教学方法可能选择运用不同的教学手段，而不同的教学手段对教学方法的有效性与效率有直接而重要的影响。

第一节　教学方法

　　"教"与"学"构成了教育教学活动的过程。这个过程不仅关系到教学目标的达成度，还关系到教育价值是否增值和增值的大小。因为在教学任务和内容确定的情况下，职业教育"教"与"学"的过程，是师生发挥主动性和创造性的过程，是学生在掌握知识、技能技术的同时领悟它们所蕴涵的思维方法、创新精神的过程，还是引导学生养成职业品行与行为习惯的过程。

　　为叙述上的方便，这里把"教"与"学"的方法统称为"教学方法"。

一、教学方法概述

（一）关于教学方法的解释

　　关于教学方法，有多种多样的解释，比较有代表性的观点是：

　　第一，教学方法是"为达到教学目的，实现教学内容，运用教学手段进行的、由教学原则指导的、师生相互作用的活动"；

　　第二，教学方法是"为了完成一定的教学任务，师生在共同活动中采用的手段，包括教师教的方法、学生学的方法"；

　　第三，教学方法是"教学过程中，教师和学生为实现教学目的，完成教学任务而采取的教与学相互作用的活动方式和总称"；

第四，教学方法是"教师为完成教学任务所采用的方法，它包括教师教的方法和学生学的方法，是教师引导学生掌握知识技能、获得身心发展而共同活动的方法"。

这些观点的共同特征是：强调教学方法不仅指教师的教法，还包括学生的学法；强调教学是教师与学生为实现教学目标，完成教学任务而共同完成的活动过程；强调教学过程中对程序、方式、手段的选择。由此可以概括为：教学方法是为了一定的教学目标，教师组织和引导学生进行专门内容的学习活动所采取的方式、手段和程序的总和，它包括教师的教法、学生的学法和教与学的方法。

（二）教学方法的特点

教学方法具有多样性、发展性、综合性和可补性的特点。

教学方法是随着社会有中国特色的发展而变化发展的，并随着一定社会的文化科学和社会生活而变化，也受教育目的、教学内容、学生认识规律以及教学理论等多种因素的制约。影响教学方法发展的因素的多样性决定了教学方法的多样性。教学理论著作的教学方法，往往是将多种多样的教学方法概括为若干类，阐述若干个代表性的教学方法。

教学方法的发展性不仅表现为教学方法随着社会历史的发展而变化，更表现为必须随着教学目标、教学手段、教师、学生等因素的发展变化而变换教学方法。

不同的教学方法对于同样的教学内容和教学目标，可以取得同样的教学效果，这便是教学方法的可补性特点。这一特点决定了教师对教学方法的使用不能绝对化。

（三）教学方法的作用

教学方法是完成教学任务、实现教学目标和提高教学质量的关键所在。

完成教学任务需要一定的教学方法。在目标、任务、内容确定以后，教师能否恰当地选用教学方法，就成为其能否完成任务、实现预期目标的决定性因素。同样的教学内容由不同的教师教授的效果差异很大，除了教师的知识水平和教学态度外，关键就是教学方法问题。许多教师在教学工作中取得突出成就，大都受益于他们对教学方法的创造性运用和刻意探求。

用什么样的教学方法，不仅影响着学生对知识、技能的掌握情况，而且对学生智能和个性的发展也有重大的影响。教师的教学方法不科学，就很难使学生掌握科学的思维方式和学习方法。

二、教学方法的分类与应用

（一）一般教学法

1. 以语言传递为主的教学方法

这是最常用的教学方法之一，主要包括以下三种：

（1）讲授法：指教师通过语言系统连贯地向学生传授知识的方法，分为讲述、讲解和讲演三种，要求讲授的内容要有科学性、系统性和连贯性，注重启发学生，讲究语言艺术。

讲授法的优点是能使学生在短时间内获得大量系统的科学知识。教师合乎逻辑的论证，善于设疑以及教师生动形象的语言等，有助于发展学生的智力，也有助于对学生进行思想教育。但这种方法的教学内容往往是由教师以系统的方式传授给学生，学生没有充分的机会对学习内容及时做出反馈，因而学生学习的主动性、积极性不易发挥。

（2）谈话法：又称问答法，是教师按照一定的教学要求向学生提出问题，要求学生回答，并通过问答的形式来引导学生获取或巩固知识的方法，包括复习谈话和启发谈话两种。实施时要求教师要准备好问题的谈话计划，要善于提问、启发和诱导学生，并做好总结归纳。

应用谈话法进行教学，师生间的信息交流是双向的，学生获得的知识不是由教师直接提供的，而是把学生发现的信息经过自己的思考加以重新组织，使它和原有的认识结构融合，实现由未知到已知的转变，获得新知识。因此有利于学生保持高度的注意力，有利于充分激发学生的积极思维活动，培养学生分析问题、解决问题的能力，有利于培养学生的口头表达能力。在谈话过程中，教师也可以及时检查教学效果并弥补学生学习上的缺陷。

运用谈话法必须要求学生具有一定的知识基础和经验，但谈话的效果主要取决于教师的教学艺术水平，取决于教师所提出的问题的内容和方式。因此教师要事先对提问做好充分准备；所提问题要明确、具体、难易适度，有一定的逻辑顺序；问题要有启发性，形式要多样；提问要面对全体学生，使每一个学生都有对话交谈的机会；提出问题后，要给学生一定的思考时间，然后指定某个学生具体回答，并对学生的回答及时给予鼓励和评价；谈话结束时就进行小结，学生获得系统、概括的理论知识。

（3）读书指导法：指教师指导学生通过阅读教科书、参考书以获取知识或巩固知识的方法，包括指导学生预习、复习、阅读参考书、自学教材等。使用时要得出明确的目标、要求和思考题，学生读书的方法，加强辅导，适当组织学生交流心得。

读书指导法有利于调动学生学习的主动性和培养学生认真读书、独立思考的习惯与能力，可以弥补教师讲授的不足，也有利于扩大学生的知识面，丰富学生的精神生活，从而提高学生自学和自我教育的能力。

运用读书指导法要注意：①提出明确的目的、要求和思考题，让学生带着任务、问题去阅读；②教给学生读书的方法，引导他们掌握朗读、默读、背诵、浏览、通读与精读的方法，学会利用读物本身的目录、序言、注释、图表，或查找工具来帮助理解，学会做记号、提问题、作眉批、摘要、摘录、写提纲和读书心得；③对学生在阅读中发现的问题加以辅导，对阅读的情况进行检查；④适当地组织学生交流读书心得。

2. 以直接感知为主的教学方法

（1）演示法：是教师通过展示实物、直观教具或演示实验，使学生获得知识或巩固知识的方法。使用时要求做好演示前的准备，要使学生明确演示的目的、要求、过程，讲究演示的方法。

运用演示法要注意：演示前要做好准备，避免出现预想不到的问题而浪费时间，影响教学效果；演示时要尽可能让学生运用多种感官去充分感知演示对象，创造手、脑、眼、耳并用的学习条件，提高教学效果；教师要引导学生观察演示对象的主要特征和重要方面，把握好教具呈现的时机，防止分散学生注意力或使他们的注意力分散到一些细枝末节上，要引导学生进行比较、分析、综合，得出科学的结论。

（2）参观法：是教师根据教学目的组织学生到校内外一定场所，直接观察事物及现象以获得知识或巩固验证已学知识的一种教学方法，包括准备性参观、并行性参观和总结性参观。使用时要求事前做好准备，明确学生参观的重点环节，参观过程中要加强指导，让学生有目的、有重点地进行选择，结束后要指导学生做好讨论总结，安排作业。

组织参观要有明确的目的，参观前要选好参观的地点、对象，制订参观计划，参观时要引导学生细心观察主要内容，引导学生搜集材料并作必要的记录，要注意学生的安全，参观后要指导学生进行讨论，做好小结，参观报告，或制作图表、模型等。

3. 以实际训练为主的教学方法

（1）实验法：是在教师的指导下，通过运用一定的仪器、设备，进行独立作业，观察事物和过程的发生和变化，探求事物的规律以获得知识和技能的方法，包括感知性实验和验证性实验两种。使用时要求做好实验准备，使学生明确实验目的、要求和做法，注意实验过程中的指导，做好实验小结。

运用实验法要注意做好必要的准备工作，实验开始时向学生说明实验目的、要求；实验时要使每个学生都有实际的操作机会，并巡视学生实际操作情况，及时纠正实验中的错误，帮助学生解决一些困难问题，发现共性问题可暂停实验，及时说明；实验结束后指定学生报告其实验进程和实验结果，教师要做好讲评；课后要指导学生整理实验器具，写出实验报告。

（2）实习作业法：是学生在教师的指导下进行一定的实际活动以培养学生实际操作能力的方法。使用时要求作好实习的准备作业，作好实习作业的动员，作好实习作业过程中的指导及实习作业的总结。

运用实习作业法要根据教学大纲的规定和要求组织实习作业，使学生以学习的相应理论为指导来进行实习作业；加强对学生实习作业的组织、指导和管理，并及时评阅学生的实习作业。

（3）练习法：指学生在教师指导下运用知识去反复完成一定的操作以形成技能技巧的方法。分口头练习、书面练习、实际操作练习、模仿练习、独立性练习、创造性练习等。使用时要求提高练习的自觉性，循序渐进，逐步提高。

运用练习法要注意使学生明确练习的目的、要求，并在有关理论的指导下进行练习；指导学生掌握正确的练习方法；练习的时间分配要合理，方式要多样；注意练习的经常性和循序渐进；及时检查和评定学生练习的质量，使学生及时知道练习的结果，纠正学习中的错误。

4. 以引导探索为主的教学方法

（1）讨论法：是学生在教师指导下为解决某个问题而进行探讨、辨明是非真伪以获取知识的方法。使用时要求讨论的问题要有吸引力，要善于在讨论中启发引导学生，作好讨论小结。

在讨论过程中，学生处于主动地位，能较好地发挥学生的主动性和积极性，学生的发言可不受教材的限制，有利于发挥学生的独立思考和创造精神。讨论中集体成员之间进行多向的信息交流，学生可在听取不同的发言时进行比较，相互取长补短，共同提高，还能锻炼学生的表达能力，促进学生灵活地运用知识和提高分析问题、解决问题的能力。

运用讨论法要求学生有一定的知识基础和一定的理解、思考能力。学生在讨论中获得的知识是零碎的，不精确的，甚至是错误的。因此常需与讲授法、谈话法等方法结合运用，以加强教师的指导作用。

（2）研究法：是学生在教师的指导下通过独立地探索、创造性地解决问题以获取知识和发展能力的方法。使用时要求正确选择研究课题，提供必要条件，让学生独立思考与探索，循序渐进，因材施教。

（二）几种职业教育教学法

与普通学校学生相比，职业院校学生有着不同的学习风格，在进行教学以前，教师首先要确定学生的学习风格。且随着技术形态的不断发展，职业教育教学模式也在不断演进。此外，尽管普通教育的许多教学方法，如讲授法、问答法等在职业教育领域也有一定的应用空间，但职业教育教学具有自己的特殊性。

1. 学徒训练法

学徒训练法是一种古老的职业教育教学法。学徒训练主要由三个步骤构成：一是示范，即师傅给学徒示范，告诉他们如何完成任务，同时解释做了什么以及为什么要这么做，通过观察师傅的示范，学徒学会正确的行动和过程，并努力把它们应用于相似的任务；二是训练，即师傅在工作任务中通过给学徒提供线索，并在必要时提供反馈，对学徒进行训练；三是隐退，即当学徒的技能越来越熟练时，师傅便给予学徒越来越大的对任务的控制权，而自己则逐渐隐退。

从操作的程序看，学徒制训练法是综合了示范、实验、练习、实习作业等教学方法的一种综合性教学法。以往学徒训练法主要用于操作技能的训练。当代有学者努力把这一方法用于智慧技能的学习，提出了教学的认知学徒模式。

认知学徒制是传统学徒制与现代认知理论的结合，它采用了大量传统学徒制中的教学策略，但强调所学习的是认知技能，而不是动作技能。

认知学徒制的学习内容包括概念、事实、程序性知识、策略性知识以及各种职业所特有的诀窍、认知管理策略和学习策略；认知学徒制的教学方法有建模、训练、搭"脚手架"、清晰化、反思和探究等；学习活动的结构指按照复杂性和广泛性将任务序列化，并建立对任务完成全部过程的心理印象，以便把局部认知与全局理解联系起来；学习情境的社会方面指工作情境的文化方面，也就是说，学习是情境化的，学习者参与实践共同体，在合作中完成真实性活动。

2. 任务教学法

任务教学法是以工作任务为核心来训练操作技能并建构理论知识的教学法，与实习作业法类似。目前不仅在职业教育教学，而且在其他实践性比较强的课程的教学中也获得了广泛应用，如外语教学。

"基于工作任务"是这种教学方法的核心思想。这种教学法它对于克服枯燥的纯粹符号形式的教学的弊端，培养学生的职业能力具有重要意义。

职业教育要培养学生的职业能力，包括课程内容必须是与工作任务密切联系的，从课程中应能找到这些知识与工作任务的清晰联系；必须形成学生的任务意识，在学生头脑中建立以工作任务为核心的知识结构，把知识与工作任务整合起来。

任务教学法包括五个步骤：（1）提示工作任务。即教师首先给学生讲述清楚要完成的工作任务的内容、条件和目标，并通过对工作任务的提示，激发学生的学习动机。（2）尝试完成工作任务。教师在简单演示后，即让学生尝试完成任务。在完成任务的过程中，教师应当适当地进行指导。如果学生由于缺乏必要的知识准备而难以完成任务，那么就应当尽快转入第三个阶段。（3）提出问题。根据学生完成任务的情况提出问题，亦即，如要完成这一任务，需要先完成哪些任务，获得哪些知识。如果学生通过模仿教师能够基本完成任务，那么所提出的问题就应当是针对如何理解操作过程的；如果学生无法完成任务，那么所提出的问题就应当是针对问题解决的。（4）查阅并理解和记住理论知识。引导学生通过阅读教材或查阅其他资料，获得回答这些问题所需要的理论知识，或通过教师讲解来让学生获得这些理论知识，并理解和记住。（5）回归工作任务。最后还要把所获得的知识与任务联系起来，看看在掌握了这些理论知识后，能否把工作任务完成得更好。这一步既有利于加深学生对理论知识的理解和记忆，又有利于促进知识与工作任务的整合。

任务教学法有两个关键点：一是确定工作任务。任务教学法的基本思想是将知识附着于任务，在完成任务的过程中让学生获得知识。因此要采用任务教学法，首先必须确定任务。应当通过工作任务分析技术来确定任务，而不能凭主观设想。二是提出问题，连接任务与知识的重要纽带是实践性问题。因此，要有效地运用任务教学法，就需要编制实践性问题。

3. 项目教学法

项目教学法是指为让学生在教师指导下通过完成一个完整的"工作项目"而进行学习的教学方法。其核心思想是让学生通过完成一个完整的项目来实现知识之间的联结，发展完整的职业能力。

项目教学法与任务教学法非常相似。任务教学是围绕一个个孤立的工作任务展开的，通过任务教学，学生获得的知识、技能之间仍然是相互割裂的。因而要使学生对整个工作过程有一个完整的把握，并能把通过任务教学获得的知识、技能整合成一个整体，还需要围绕一个相对大型的、完整的工作任务来展开教学，这就是项目教学。

在教学程序上，项目教学法与任务教学法类似，其差别在于项目的编制。课程中的"项目"划分成五种类型：有结构的项目、与主题有关的项目、与体裁有关的项目、模板项目和开放性项目。按照这一划分，职业教育课程中的"项目"指的应当是有结构的项目，是相对独立的、客观存在的、相对完整的工作任务，这一工作任务要求制作出符合特定标准的产品，即制作的产品要有一定的尺寸，包含特定的材料，能发挥特定的功能，满足规定好的质量标准等。

相对大型、完整的工作任务，一般以产品为单位来编制项目，如销售某种产品、制作某个物品等，都可以作为一个项目。为使项目教学法更加有效，所编制的项目应当具有典型意义。

4. 问题解决教学法

发展问题解决能力是技术理论化背景下职业教育的重要目标。

问题教学法按以下六个步骤实施：

（1）仔细、彻底地明确问题。许多问题的解决仅仅是因为成功地明确了问题，在这一步上多花些时间，能够节约以后几步所花的时间。

（2）建立问题解决的标准，明确要实现的目标、可能的限制以及预期的后果。要问的问题有"我们必须完成什么？"、"达到什么精确度？"、"有经费方面的限制吗？"、"对环境有负面影响吗？"、"解决方法是否包括机器设备？"、"这些机器容易制造吗？容易维修吗？有潜在的安全问题吗？"、"外观有多重要？"等。

（3）研究可能的解决方案。要问的问题有"这一问题以前遇到过吗?"、"可以借鉴哪些经验?"、"在哪里能找到相似主题的信息?"等。回答这些问题，应充分利用图书馆、资料室。

（4）使用头脑风暴法，寻找尽可能多的解决方案。在这一阶段，不必太拘泥于前面的标准，数量比质量更重要，不要对任何一种设想进行评价。根据第二步列出的标准，筛选出可接受的或有前途的解决方案，并加以完善。

（5）建立一个或多个工作模式，并加以实施。

（6）评价最终结果：与第二步建立的标准进行比较，对问题解决的结果进行评价。如果不符合要求，那么或者是所选择的解决方案存在问题，或者是第二步所建立的标准存在问题，要重新进行问题解决的循环过程。

在问题解决能力的培养中，创造性问题解决能力的培养是最令人关注的。专家设计的各种各样在学习情境中加强（创造性）问题解决能力的方法的一个共同特征是，把学生置于一个现实的、不明确的、复杂的，富有意义且没有明显"正确"答案的问题中。学生在小组中像专业人员那样行动并遭遇问题，他们之间没有绝对的界限，信息不足，并被要求在给定的日期内找到最好的可能的解决办法。在这一过程中，学生的学习是真实的，它包含了真实世界的问题解决情境，并且是自我指导的和反思性的。通过解决问题的过程使学生明确他们需要学习什么，并能识别他们所需要的资源，这种问题中心方法能促进学生对自己的学习负责。

5. 案例教学法

案例教学是教育者本着理论与实际有机结合的宗旨，根据教学目的和要求，以案例为基本素材，将学生引入特定的真实情境中，通过师生、生生间的多向互动，积极参与平等对话和研讨，重点培养学生的批判、反思意识及团体合作能力，并促使学生充分理解问题的复杂性、变化性和多样性等的教学模式。案例可以把抽象的原理、概念等具体化，把它们置于一定的实际情景中。

（1）案例教学的过程：①形成阶段。案例的编写或选择是实施案例教学的前提条件，也是案例教学的内在组成部分。所编或所选的案例既要符合教学目标的要求，又要兼顾目的性、真实性、仿实践性、问题性和典型性等特点。教师所选取的案例要准确、贴切，不致被学生误解或产生歧义。这是选用案例最起码的要求，且所选取的案例要少而精。②实施阶段。实施阶段又可分为阅读分析阶段和讨论阶段两个过程。案例的阅读分析是学生接触和了解案例的阶段，在每一个学生阅读、分析案例材料，形成自己有关案例所提出的或隐含的见解后，案例教学便进入了讨论阶段。讨论主要是为学生提供发表自己对案例的看法、认识及解决问题的见解的机会，发言者表明自己的观点，供大家讨论、批评、切磋、补充。③总结和反思的阶段。案例教学的最后环节是总结和反思，这一阶段要求学生写一个案例学习报告，对自己在案例阅读、分析、讨论中取得了哪些收获、解决了哪些问题、还有哪些问题尚待释疑等做一总结，并通过反思进一步加深对案例的认识。

（2）案例教学的要求：案例教学要达到预期的效果，一般要有与案例教学相适应的人数或班级规模，以保证学生充分地交换意见、对解决问题的方案进行深入地讨论。为使案例教学更有效，学习环境必须能为受训者提供案例准备及讨论案例分析结果的机会，必须安排受训者能面对面地讨论或通过电子通讯设施进行沟通。

案例教学对教师也有一定的要求。教学前，教师要花费大量的时间进行案例的选择和预先设计工作。教学中，教师不仅要掌握教学的进度和方向，引导和鼓励学生去思考、发表独到的见解，而且还要努力营造适当的课堂氛围：既要达成一定的共识，又要给不同的见解以生存的空间，让学生学会从各种不同的角度去分析问题和解决问题。在案例教学结束之际，教师还要善于总结．从案例中提炼出有关的教育理论。

6.情境教学法

"情境"可以是学生未来工作的职业情境，也可以是真实的工作现场或者是校内实习实训基地，还可以是运用现代教育技术手段创设的仿真场景，以及由普通教室改造的学习辅导室、活动课教室或多媒体教室。因"情境"的不同、师生角色与心理状态不同而使情境教学法涵盖了现场教学、角色扮演、模拟教学等多种教学方法。

有些学者将情境划分为物理情境和心理情境。物理情境是指人们能够通过感觉器官感知的情境。就职业院校的学生学习而言，可供选择的物理情境主要包括：第一，真实情境，即知识产生或实际运用的场所。在真实情境中，学生学习的方法大体上有两种：一种是学生作为工作群体的一员在真实的职业活动中顶岗工作或担任助手、学徒；另一种是学生作为旁观者在真实情境中参观、学习或进行一定的实际操作，但不在群体中担任任何角色。第二，仿真情境，即通过各种方式创设的模拟的职业情境。仿真情境还可进一步分为场所与工作方式模拟情境、角色扮演情境以及运用多媒体技术、虚拟现实技术和网络技术所创设的单向度体验性情境、交互式虚拟操作情境和网络情境等。第三，教室情境，即学校中与真实的职业活动相分离的授课场所。

心理情境是由学校文化及教学过程中师生交往、生生交往所形成的心理气氛。它包括：第一，积极期待情境或消极期待情境。在教学活动中，教师对学生未来发展和学习结果的预测和期待，会在不知不觉中传达给学生，并在一定程度上影响学生职业能力形成的质量和速度。一般而言，积极的期待会起正向作用，消极的期待会起负向作用。第二，宽松民主情境或严厉专制情境。校园文化、师生关系以及由此形成的心理气氛，也会对学生的职业能力，特别是创新精神、创新能力产生重大的影响。一般而言，宽松民主的情境会有助于职业能力形成，而严厉专制的情境则相反。第三，竞争情境或合作情境。在教学过程中，学校和教师是倡导竞争，还是倡导合作：学习和工作任务是以竞争的方式完成，还是以合作的方式完成，不但会影响学生职业能力中社会能力的发展，而且会影响其人生态度和其他方面的发展。

情境教学作为一种能力培养的教学模式，可以应用到有条件创设真实情境的各类中等职业学校的各个专业，特别是与行业结合紧密的学校和专业。一个好的情境教学模式可以从三个维度进行评价：首先是情境内容的准备情况。这一维度可以从情境与职业环境的匹配度、情境案例覆盖知识点的广度、情境中任务难度是否适中三个方面进行评价。其次是情境教学的过程维度。这一维度主要考查教学的过程是否按照预定的情境设计方案进行以及教师对教学效果的评价是否到位。再次是情境教学中学生的反馈。这一维度主要考查学生在教学过程中是否活跃，是否有较高的参与程度。

7. 引导文教学法

引导文教学法是借助一种专门的教学文件（即引导文）引导学生独立学习和工作的教学方法。教学文件由一系列难度不等的引导问题组成，学生通过阅读引导文明确学习目标，了解应该完成什么工作、学会什么知识、掌握什么技能等，是项目教学法的完善与发展。

在引导文教学法中，培养学生独立工作能力是一切教学活动的基本出发点，在所有的阶段中，学生的行为都是独立（或尽量独立）的，行为是主动的，教师的行为局限在准备和收尾阶段，而不是教学过程中。这种以自学为主的学习方式能极大地激发学生的学习欲望，充分调动学生学习积极性，促使学生独立学习能力发展；通过学生的独立提出问题，解决问题，帮助学生建立起知识与技能问题的内在的联系，实现真正意义上的理论与实践的统一；培养了学生毅力、责任心、获取书面信息的能力，独立制定计划的能力，自行组织和控制工作过程以及检验工作成果的能力。通过与他人进行专业信息交流和共同制定工作计划，培养了学生的合作能力和其他社会能力。自学后的测验与谈话，教师可以确定学生理解的程度并能进行系统性的补充；能力较强的学生主要通过自学来学习，教师可以抽出更多的时间帮助能力较差的学生，做到了真正意义上的面向全体学生。引导文法花费的时间较多，每个工作岗位的具体要求随着形势的发展而不断有新的变化，因此开发符合实际情况的引导文常常有一定的难度。只有具有最终产品或可检验工作成果的教学过程，才能采用这种教学模式，因此项目工作最适合采用引导文法。

（1）引导文的种类：引导文的种类很多，大致分为以下三类：①项目工作引导文。这种方法主要的任务是建立起项目和它所需要的知识能力间的关系，即让学生清楚完成任务应该懂得什么知识，应该具备哪些技能等。典型的项目工作引导文可以是一个独立的生产准备过程或产品加工过程，如机械加工专业中生产一套钻床夹具，信息技术专业中开发一个能独立完成特定要求的文字处理软件，木工专业中制作一窗门等，后面附有一个完成加工生产合同的引导文的例子。②知识技能传授性引导文。这种课文引导法的主要功能在于使学生不仅学习了知识，而且还真正地知道此知识在实际工作中有什么作用。最典型的例子，如计算机文字处理系统中的学习指南等。③岗位分析引导文。这种引导文可以帮助学生学习某个特定岗位所需要的知识、技能以及有关劳动、作业组织方式的知识。如与该岗位有关的工作环境状况、车间的劳动组织方式、工作任务来源、下道工序情况、安全规章、质量要求等。典型的例子如质量控制员、秘书、售货员等的岗位任务说明。由于每个工作岗位的具体要求随着形势的变化而不断发生变化，因此开发符合实际情况的引导文常常有一定的难度。

（2）引导文的内容：引导文的形成，决定着教学所需要的教学组织形式，教学媒体和教材等。不同职业领域，不同的专业所采用的引导文也不尽相同，总的说来，引导文至少应由以下几部分构成：①任务描述：即一个项目的工作任务书。②引导问题：学生通过问题的引导，"找出独立应对任务的知识和方法"。③学习目标描述。④学习质量监控单：避免了盲目性。⑤工作计划（内容和时间）。⑥工具与材料需求表。⑦专业信息。⑧辅导性说明等。

（3）教学法的实施过程：引导文教学法的教学过程一般可分为 6 个阶段。

①获取信息，解决"应该做什么"的问题；②制订计划，解决"应该怎样做"的问题；③做出决定，确定加工方法及设备；④实施计划，加工零件并装配；⑤控制，回答"是否圆满满足要求"的问题；⑥评定，回答"下一次在哪些方面应该做得更好"的问题。

8. 理实一体化教学法

一体化教学，通俗的理解是为了使理论与实践更好地衔接，将理论教学与实习教学融为一体，其内涵主要是打破传统的学科体系和教学模式，根据职业教育培养目标的要求重新整合教学资源，体现能力本位的特点，将实践技能的培养和职业素养的灌输贯穿于各个教学环节，从而逐步实现 3 个转变：从以教师为中心如何"教给"学生，向以学生为中心如何"教会"学生转变；从以教材为中心向以技能项目为中心转变；从以课堂为中心向以课堂、校内外基地结合为中心转变。

从形式上看，教学一体化主要包含教师一体化，即专业理论课教师与实践指导课教师构成了一体；教材一体化，即理论课教材与实训教材构成了一体；课堂教学一体化，即部分实践内容进入课堂；校内基地一体化，即项目实训现场融合理论指导；校外基地一体化，即工学结合，校外基地学校化。

一体化教学的实施主要有几个环节：

（1）实行任务驱动型项目课程：这一环节需修订教学计划，整合课程体系。首先要立足社会需求，确立各专业人才培养目标，确定学生需掌握的职业技能类型，细化技能项目；其次，依据培养目标，将学生所学专业的相关知识和技能分成若干个课题，每个课题依据不同的知识点又分成若干个子课题，每个课题都有具体理论和技能要求；最后，每个课题依托课程，课程分解为有明确任务的技能项目，按项目制定一体化教学计划、教学大纲及授课计划。在项目任务下达后，教师根据培养目标，重新把握理论知识与实习课的结合点，将理论课时与实习课时合并，在保证总课时的前提下，对理论与实践课时重新合理搭配，保证教学按照一体化计划有序推进。

（2）教材逐步变为培训包和教学包：编写一体化教材，教材逐步变为培训包和教学包。选择合适的教材，是实施一体化教学的基础，编写一体化教材应注重理论对操作技能的指导作用和服务作用，不必过分强调理论的深度，还应注重教材内容的实用性和先进性，及时把本专业的各种新技术、新材料、新工艺、新设备以及新的科技成果写进教材，并结合校外基地的项目，拓宽学生的视野。实验实训项目应贯穿于教材内容，与专业操作技能应知应会的标准相联系，做到边讲边练，讲练结合。培训包、教学包形式是对传统教材形式的演变，是自编教材在适合项目化课程特点基础上的进一步提升，它们以技能项目培训任务为目标，内容涵盖理论知识、技能训练指导、技能考核目标和标准，也涉及教师授课教案中对于课堂和实践的组织形式。培训包、教学包形成网络化运行，则更有利于学生的自主学习，并促进院校、专业教师之间的交流和改进。

（3）培养"双师型"师资：既能胜任理论教学又能指导实践操作的"双师型"教师队伍，是实施一体化教学的关键。学校应充分创造条件进行"双师型"教师的培养。教师通过参加技能培训取得相关职业资格和聘请企业技术人员担任兼职教师，是加强师资力量的重要形式；建立教师顶岗锻炼机制，组织理论教师进企事业单位进行顶岗锻炼，并形成考核机制，是促进教师知识更新和加强带教能力的重要保证。为了不断充实师资队伍，可以组织开设新教师培训班，全面培训新教师的教学基本技能和专业实践技能。

（4）实践内容进教室：一体化教学的开展和实施，必然涉及课堂教学，因此改良课堂教学方式势在必行。教室作为传统的教学场所固然不能舍弃，但如何让实践内容进入教室，是一体化教学的重要课题之一。多媒体技术、网络信息技术的发展为之提供了契机和条件。电子插图、仿真软件、CAI课件等为课堂教学提供了丰富的内容，往往能使学生对专业知识和实践内容形成先入为主的感觉，进一步激发学习兴趣，为后续实践打下基础。

（5）整合校内实训基地：科学合理地规划校内基地，调整内部布局，是实现一体化教学目标的基本要求。首先，学校应统筹规划校内基地的建设和发展，按专业群和技能项目模块整合原有资源，搭建公共实训平台，既要考虑基本技能、专项技能实训的需要和学科、项目的交叉使用，也要不断充实综合职业技能训练的设备和场所。其次，在基地内部布局上，要打破按课程或单个项目配置实验室或实训室的传统做法，科学合理地划分实训功能区，使技能项目模块化并形成梯队。按功能区配置实训仪器设备，同时配置便于理论讲解和演示的多媒体设备，教师和学生可以按项目进行"教、学、练"，并进行互动，也可以进行课程设计、毕业设计等实践任务。加强基地文化氛围建设是一体化教学软环境建设的需要。在仪器设备布局上要努力营造工厂化氛围，实验实训规章制度、操作流程、实物图片、警示性标语等内容上墙，以体现一体化教学实训工厂的特色。

（6）重视校外实训基地建设：为了能在校外基地更好地开展一体化教学，

在校外实训的组织形式上，可以结合专业和基地实际情况进行创新并鼓励多样化。比如汽车维修类专业，可以选择能开展多类型汽车维修项目的基地加以重点建设，制订校外基地运行的规范化管理办法，在基地内建立课堂，安排学生半年或更长时间的顶岗实习，委派有实践经验的教师或聘请基地内技术人员担任理论教学和实习带教，真正做到学结合和校外基地的学校化运行。

三、教学方法的选择

不同的教学方法有不同的特点，适用于不同的教学任务与教学内容。在教学实践中，不同的教学方法应该结合起来使用，才能达到良好的教学效果。

选择与运用教学方法应该考虑以下原则：

（一）与学生的心理特征、知识水平相适应

学生的心理特征、知识水平、学习态度、智力发展水平等也常常是制约教学效率的重要因素，这些因素可统称为"学情"。教师在选择教学方法时就要考虑学生的已有知识水平及心理特征，体现学生发展的具体性与特殊性，根据学生的个别差异选择不同的教学方法，才能满足促进学生个性发展的要求。

值得注意的是：教学方法是教师与学生实现教学目标，完成教学任务的工具，不同教师在选择教学方法时会受到教师的业务水平、教学经验和个性等因素的影响，在长期的教学实践中也会逐渐形成自己的教学"个性"，使教师在教学活动中习惯性地选择能够发挥自己特长的教学方法，这本身无可厚非，但教师的角色确定了教师作为学生学习的"指导者"的职责所在，也就确定了教师在教学方法的选择上不能只考虑自己的"个性"而忽视学生的学情，不能只展现自己的特长而不学习和尝试新的教学方法，而应以适应学生的"学情"需要为原则。

（二）坚持启发式教学，反对注入式教学

启发式教学的精神是尊重学生的主体人格，强调指导学生的学习方法，重视学生的技能形成、能力发展和个性展示。强调运用各种方式调动学生学习的积极性、独立性、主动性和能动性，引导学生通过自己积极的学习活动掌握知识、形成技能、发展能力，促进个性健康发展。

注入式教学是指教师从主观出发，把学生置于被动地位，把学生看做"知识"和"容器"，教学过程只注重知识的传授，使学生生吞活剥，不加咀嚼地死

记硬背，抑制了学生的思考能力与创新精神。这种教学方法既不利于学生真正领会掌握知识，又不利于其智慧的发展，是一种不科学不民主的教学方法。

（三）与教学目标、教学内容及教学条件相适应

教学方法本身并无优劣之分，但不同的教学方法能否达到预期的效果，却受到教学条件的影响，且教学方法对教学目标、教学内容的适应性也有所不同。例如，同时传授新知识，概念性的内容宜选择讲授法；而阐明事物的特性、提示事物发生、发展规律则可选用演示法；操作技能的训练宜用任务教学法等等。不同的教学阶段，教学内容不同，需要达成的目标也不尽相同，关键在于选择、设计适宜的教学方法，以利于课程目标的达成，提高完成教学任务的效率。

不同的教学方法能否达到良好的教学效果，还受到教学环境与教学条件的制约。例如没有必要的设施与设备，学生就无法进行操作技能的训练，示范教学、任务教学等方法的实施效果将受到严重影响。但教学条件也是一个逐渐不断、完善的过程，这就要求教师在教学活动中既充分考虑现有的教学条件对教学方法的支持力度，也要不断地自力更生，不断优化和完善教学条件，为教学方法的多样化创设条件。

四、教学方法改革发展趋势

（一）研究重心由"要素研究"向"过程研究"发展

教学过程各要素及其相互联系只有在教学活动过程中才能表现出来，忽视教学要素在教学活动中发生相互作用的具体过程，只能使教学方法研究越来越抽象，使教学方法难以进一步把握教学领域的微观问题和具体问题。"要素研究"只是流于教学要素及要素之间的关系的讨论，形成了一些看似正确但对教学实践没有什么作用或没有什么直接作用的宏观理论体系。随着系统思想的传播，"过程研究"日益受到重视，教学方法的研究重心也从"要素研究"转向"过程研究"。"过程研究"把事物作为一个整体、作为一个完整的过程进行把握，注意在活动过程中考察各阶段、各环节之间的联系，注意在研究中、系统中、活动中研究不同要素相互作用的方式和表现形式。它注重把教学各要素放在一个过程中研究，这与"要素研究"相比，更注重结构与功能、整体与部分、过程与状态以及信息与反馈的辩证关系、内在联系和过程性联系，从而避免了"中心论"对不同教学要素的顾此失彼现象以及由此造成的"中心"在不同要素

之间"摆动"的现象。

(二)教学方法向多样化和综合化发展

教学方法的多样化表现在教学方法的数量众多上。实际教学中所应用的教学方法有上百种，没有固定的数量，并且在教学实践中还不断产生新的教学方法。众多的教学方法各有其特点，单一的教学方法很难完成一项复杂的教学任务，这就要求不同的教学方法有机地结合，取长补短。由于教学方法之间存在互补性，要完成教学任务时，多种教学方法的综合运用是必须的。随着社会对人才规格要求的提高，教学任务将更加复杂，这就要求教学方法要走向综合化这种更高级的形式，这是一个不可逆转的趋势。

教学方法的结构即教学方法的类别、层次和各类别之间的关系。随着教学方法数量的增多，教学方法的各类、层次也在不断增多，教学方法的结构日趋复杂。教学方法结构的复杂性表现在划分教学方法各类、层次的标准和依据的复杂上。目前有一系列有代表性的分类，从不同标准、不同依据的角度对教学方法的分类构成了纵横交错的教学方法结构框架。随着教学方法划分依据和标准的增多、依据与标准自身的发展变化、角度的变化以及教学方法自身的丰富和发展教学方法的结构日趋复杂化。

(三)价值取向由单一维度向多维度发展

教学方法的直接价值是满足学生发展的需要。根据教学方法对学生发展需要满足维度的不同，可以把教学方法的直接价值分为横向价值与纵向价值。教学方法的横向价值表现为传授知识、发展智力、形成能力、发展情感、关注社会化和个性化。传统的教学方法在横向价值方面过分强调知识、智力和社会性，忽视能力、情感和个性，结果培养出的部分学生有知识、缺文化，有学问、缺修养，有理论、缺行动。随着人文主义思潮的兴起、素质教育的推进、信息时代的来临和知识经济的发展，人们越来越认识到能力、情感和个性在现代社会的重要性。现代人才的一个重要标志是具有鲜明的个性、丰富的想象力和创造性，这就要求教学方法在横向价值上向重视能力、情感、个性和创造性的价值取向发展。

教学方法的纵向价值是教学方法对人的不同年龄阶段的发展、终身发展的满足。传统的教学方法只注重教法，忽视学法，教学方法的纵向价值只表现在在校阶段内。现代教学不仅重视教法，也重视学法，所以教学方法的纵向价值开始由在校期间拓展到离校之后的所有时空。教学方法的纵向价值也开始由满足学生的阶段性需要向满足学生的全程性（终身）需要发展。

（四）教学方法由被动依赖教学手段向方法与手段的积极配合发展

教学方法与教学手段是密切联系的，这种联系主要表现在两个方面：教学方法储存于教学手段，教学手段通过教学方法发挥作用，不能离开教学的模式与方法来孤立地讨论媒体的作用。随着社会的不断发展和信息技术的不断进步，教学方法和教学手段的联系日趋紧密，并且呈现出与以往不同的特点：一是新的教学方法往往产生于创造性地运用现代教学手段的过程中，而不是现代信息传播手段作为教学手段引入课堂导致了教学方法的产生；二是对教学方法创造性地应用，才能真正使现代教学手段的作用充分发挥出来。尽管同一媒体载运的信号相同，但教师使用媒体的方法不同，会得到差异很大的传播效果。由此可见，教学手段对教学方法的支持更深入，已从过去的教学手段对教学方法的被动依赖转向这二者的积极配合。

第二节　教学手段

教学过程是教育信息传播的过程，有四个基本要素，即：传播者、信息、媒体和接受者。要使一个教学系统有效地执行其教育功能，使教学传播达到期望的传播效果，必须有效而充分地利用媒体。可见，教学手段是师生为实现预期教学目的相互传递信息的工具、媒体或设备。随着科学技术的发展，教学手段经历了口头语言、文字和书籍、印刷教材、电子视听设备和多媒体网络技术五个使用阶段。

一、现代教学手段的一般功能

传统的教学手段主要通过语言媒体、文字与印刷媒体，使用黑板、粉笔、挂图、模型、教科书等实施教学。现代教学手段则开发引进了一系列现代传播媒体，如幻灯、投影、广播、录音、电影、录像、光盘、计算机等软硬件及其相应的组合系统，运用语言实验室、多媒体综合教育、视听阅览室、微格教学训练系统、计算机网络系统等实施教学。

与传统的教学手段相比，现代教学手段的优越性表现为三个方面：一是现代教学媒体使教学信息即时传播至遥远与广阔的地区，为实施远程教育，扩大教育规模，实现学习资源共享提供了技术支持；二是现代教学媒体不仅能传送语言、文字及静止图像，还能传送活动图像，能准确、直观地传送事物运动状态与规律的信息，有助于提高教育的质量与效率；三是现代教学媒体能记录、储存、再现各种教学信息，计算机还具有信息加工处理并与学习者相互作用的能力，从而为个别化学习、继续教育以及创建新型教育模式，促进教育改革与发展提供了物质条件。

现代教学媒体的开发与利用，使教育方式和教学模式都发生了根本性的改变，如个别化学习、远程教育、终身学习等教育方式的出现。由于现代教学媒体和技术的影响，使学生和教师的相互关系也发生明显的变化，教师与教科书不再是知识的唯一来源，在拥有多种教学媒体支持下的学习环境下，学生不再仅仅依赖于班组集体授课的方式。他们可以自己设计学习计划，可以更多方式地学习，教师将成为学生学习过程的指导者、促进者。学习则可以在教师的指导下，自主选择班组授课、小组讨论、利用媒体自学等多种适合自己特性的方式进行学习。

二、现代化教学手段在教学中的作用

(一) 提高学生学习兴趣

现代化教学手段融声音、光色、情景于一体，视听并举，动静兼备，改变了以往传统的以教师口授作为传播信息的教学方法，把教材静态、枯燥的教学内容以生动的方式呈现出来，这容易吸引学生的注意力，能激发学生的学习兴趣，有利于开发他们的智力，培养学生思维能力、表达能力和创新能力。

(二) 提高教学效率

教师用网络和多媒体资源中心的资源设计制作电子教案和课件，用现代教育技术手段完成演示、参观和实验等多种教学环节，利用网络批改作业即时与学生交流并反馈信息，以计算机为工具代替纸卷考试，用单独考试代替群体考试，一人一卷考试代替多人同卷考试等。网络技术带来了教学效率的提高。

(三) 改进学生的学习方式

仿真实验实训系统，对于演示、参观、操作的过程和经过动画设计出来的想象效果，均能巧妙而容易地实现，学生可以用虚拟工具将机器的零部件一件件拆下来、装上去，观察各个组成部分，还可以对机器或某一部件进行任意角度的旋转和随意放大和缩小。碰到问题，电脑可以随时解答或示范正确的操作方法。同时，考核系统可以随时提供学习效果的检测。

网络技术给学生构筑了一个巨大的学习世界，学生可以根据自己的需要，在合适的时间、合适的地点、合适的条件下，反复利用网络点播、观看、下载多种资源，还可以自己设计、模拟实训，参与网上讨论。网络技术的运用使学生以求索和体验代替了被动学习，引发了学习方式的变化。

(四) 培养师生的信息素养

运用现代教学手段，并不是简单地把计算机作为教师演示的工具，也不是教师利用现代信息技术对学生进行知识灌输，而是应用信息技术构建学生自主学习、探究学习的环境，提高学生自主获取信息和加工、整理、应用信息的能力，利用网络特性帮助学生实现协作式学习，教师只是作为指导者、促进者为学生提供必要的支持。使得教学过程从单一媒体、单调方法、单向渠道的传递转变到综合性、创造性、灵活性的交互。学生的学习方式从单一、被动的学习方式，向多样化的学习方式转变，促进学生知识、能力、素质的整体发展，这对培养未来需要的创新人才具有重要意义。同时，运用信息技术手段构建学习环境，师生在课堂内外、网络中共同探讨问题，形成一个新型的"合作者"关系，能使教学相长达到了一个新境界。

三、教学手段的发展趋势

(一) 教育技术设备日益自动化、微型化和多样化

许多现代化教学手段都有了自动装置，帮助教师省去了许多操作麻烦。如幻灯机自动换片、无线遥控；电影放映机自动装片、倒片；录像机定时自动录制电视台节目；录音机自动选择节目等。另外，自动收集、统计学生反应信息的学生反应分析器将进入学校教室；以摄录像一体的摄录系统运用了微处理机，使一系列烦琐的调整工作趋于全自动化，并具有记忆功能，使教学电视素材的获得变得轻而易举。微型化的现代教学手段便于携带、使用和收藏，将会得到广大教育工作者的喜爱。

(二) 教育技术日益网络化、交互化

现代教育技术网络化明显的标志是互联网应用的迅速发展。互联网是遍布

全球的网络集合，而且信息的传输速度高、带宽，又可以实现远程、广域通讯，当这种技术应用于教育时，必将对教学中的教学手段、教学方法以至教学模式产生深远影响，并将引起教育体制、教育方式的全新变革。

激光电视程序教学系统，一改过去录像教学只能单向传输的方式，以激光电视唱盘为软件，同微机联机实现人机对话，使学习过程中，媒体对学生的单一作用变为媒体与学生之间的双向作用，学生不再是旁观者，而是学习的积极参与者。无疑地，这种人机关系的新发展，将会对教学实践产生重要的影响。

(三) 教育技术日益大众化、综合化和多媒体化

以计算机为基础的多媒体技术综合运用多种媒体在教学中有机结合，发挥整体效益，以求教学功能的最优化。大众化的电视系统，首先是电缆电视系统与计算机教学系统联合起来，形成兼顾教学、通讯和娱乐统一的综合体系。运用通讯进行教学，开辟了大规模传播知识的新领域，卫星电视教育将成为教育教学的重要方式之一。

(四) 现代教育技术理论日益系统化、科学化

现代教育技术学科体系结构分为基础理论学科与应用技术学科两个部分。基础理论学科有现代教育技术学、现代教育技术哲学、现代教育技术心理学、现代教育技术传播学、现代教育技术经济学、现代教育技术史等。应用技术学科则包括现代教育技术教学法、现代教育技术工程学、现代教育技术管理学等。随着现代教育技术理论研究和实践探索的不断深入，现代教育技术理论将逐步系统化，并在教育、教学的实践中发挥越来越重要的作用。

四、教学手段的选择与运用

(一) 教学过程及其影响因素

教学过程也是传播教育信息的过程，教学活动可视为教育者与受教育者之间的、有意识的进行信息交流和沟通的过程，可见教育与传播关系密不可分。而影响传播的因素如图 12-1 所示。

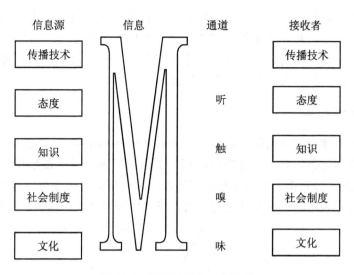

图 12-1　影响教学传播的因素

（二）教学手段的选择依据

1. 教学信息

　　影响教学传播过程的因素不是孤立存在的，其相互关系如图 12-2 所示。任何教学的传播活动都必需对教学目标、教学资源、教学内容、教学的方法和媒体等进行选择。使组成的教学系统和各种因素按照各自的特性有机和谐地匹配起来，从而使教学传播系统处于良好的循环运转状态，发挥出最佳的整体功能特性。

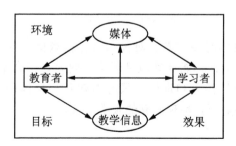

图 12-2　影响教学传播因素的相互关系

系统中的每一个要素都具有多重的功能特性，目标的特点规定着各相关要素必须发挥与目标相关的功能，以便人格化地达成既定目标，否则这些相关因素会产生游离松散和功能相抵的现象。选择具体的教学目标，对每个单元的教学内容进行分析，将内容分解成若干个知识点，并确定每个知识点要求达到的学习水平，是选择与应用教学手段的基础。

2. 教学媒体

不同的媒体有不同的特点，对学习者将产生不同的影响。某种信息该用何种符号呈现和传递，是一个复杂的问题，美国视听教育学家戴尔提出的"经验之塔"（见图 12-3）向我们形象地描述了在学习经验从直接参与到用模象替代再到用形象符号表示的逐步发展过程，为选择媒体和活动方式提供了依据。

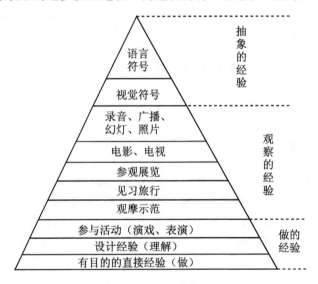

图 12-3　"经验之塔"

一般来说选择媒体时要注意：对资源（包括教师、教材）要考虑其质量、权威性、可靠性、鲜活性，能准确地呈现信息内容，符合学习者的经验和知识水平，能受欢迎且易被接受和理解。只有熟知各种媒体的特性，经合理组合，才能扬长避短，相得益彰，呈现应有的教学效果。

3. 传播环境

传播环境包括场地、规模、设施等硬件环境和人际关系、情绪、爱好、需要等软环境。不同的教学媒体传播需要的环境条件不同，而传播的时机、速率等，则影响传播的实际效果。因此要提高教学手段的有效性，在应用媒体之前，必须做好信息传递的结构设计，对于信息材料的配置、信息量、信息内容的先后传递顺序、变化速度、刺激强度等都设计好，在媒体运作时，有步骤地按设计好的方案传递信息。

4. 学生的特点

学生智力水平、经验积累、认知种类、学习兴趣、爱好、年龄等对教学媒体的应用效果也有重要影响。如善于独立思考的学生比较喜欢独立工作，他们更喜欢程序教学，而对于依赖性较强的学生，则更愿意受他人的影响，因而选择电视、电影等媒体则更为适合。

5. 教学策略

教学在教学中采取何种教学策略，如何控制教学活动，多大程度上调节师生间的互动等等，也是选择教学媒体时需要考虑的。一般来说，对于教学媒体，大多学生都能有不同程度的感情参与，部分媒体，如幻灯、投影、计算机，学生还可以有行为的参与，但各种不同媒体，学生参与、支配程度及师生互动方式都是不同的。

总之，选择教学手段时必须考虑硬件、软件、制作、维修、人员培训、材料消耗等各方面的费用，也要考虑教育投入和教育产出的效益，还要考虑媒体的技术质量、操作难易、使用的适应性、兼容性、表现力等。同时，要正确把握形式与内容的关系是实现教学过程最优化的重要因素。形式为内容服务，这是一个大前提。绝不能为追求教学手段的现代化、多样化而盲目地利用多种电化教学媒体，甚至在同一个问题中使用多种教学软件。那样做，只能让学生看得眼花缭乱，其结果势必是事倍功半。

(三) 教学手段的运用

1. 认真选择资料，精心制作软件，是现代化教学手段运用成功的关键

教学中不管是采用哪种电化教学媒体都是为提高课堂教学效率服务的，教师都应遵循目的性、最优化原则。因此，教学选的资料片、影视片、制作的投影片或计算机软件的内容，必须遵照教学大纲的具体要求，围绕教材的具体内

容，与教材无关、或关系不密切的不用。所选用资料同步放音效果最好，若无配音或配音与教材内容、教学目标不符，教师要精心编写台词或旁白，使解说词与画面融为一体。解说词要求严、短、精，即要有历史逻辑性，短小精悍，起到画龙点睛的作用。

2. 充分利用现有设备，灵活使用，发挥最大效能

电化媒体教学的发展，不能脱离科技发展水平和国家经济实力。在目前条件下，有些学校尚不能及时添置先进设备，教师应开动脑筋，因陋就简，配合教学改革，使现有的电化教学媒体充分发挥其作用。运用投影仪或幻灯机时，可采用遮盖法，做到点面结合，深入分析；也可将幻灯片的重点内容用静止法加深学生的印象。使用录音机、录像机、计算机、VCD、DVD等媒体时，对教材的重点、难点内容，教师可采用慢放或重放的方法，帮助学生记忆和理解。多种电化教学媒体各有所长，教师应从实际出发，既要考虑需要，又要考虑可能，创造性地灵活运用，扬长避短，充分发挥各种各样电化教学媒体的最大效能，更好地为课堂教学服务。

3. 充分发挥教师的教学主导作用，适时引导，及时反馈

课堂教学是教师教和学生学组成的双向活动。一般来说，教师的"教"处于矛盾的主要方面，起主导作用，对学生的学习活动具有先导性和制约性。素质教育注重学生学习的主动性，注重学生主体作用的发挥。现代化教学手段的运用，正是适应了教学改革的这一要求。强调学生的主体作用，绝不是对教师主导作用的否定，恰恰相反，教师的主导作用是促使学生主体作用发挥的催化剂。现代化教学手段运用的实效如何，首先取决于教师对电化教学媒体使用、对电化教学媒体的软件选择是否得当；取决于教师制作教学软件是否与教学大纲、教材内容要求一致；教师的操作和解说是否熟练而确切。

现代化教学手段对于增强学生感性知识、增强课堂感染力具有独特的优势。但是，运用现代化教学手段的目的不能仅限于这个层次。探求事物发生的原因，揭示事物发展的规律，形成正确人生观、价值观，是学习的真正价值所在。为达到此目的，教师必须利用电化教学媒体在感性认识和理性思考之间建立联系，让广大学生在感受的同时，情感被激发，思维被激活，从中外历史的学习中得到启迪。教师的讲述和引导正是实现这个转化的纽带。

第十三章
职业教育课堂教学管理

课堂教学活动对于学生而言是一个特殊的认识过程，对于教师而言是一个组织、协调和控制的过程，因而也是一个管理的过程。正是由于课堂教学的这一特点，决定了课堂教学管理的必然性和存在的价值。

第一节 课堂教学管理概述

课堂是一个教学与管理交相辉映、相互融合的过程。课堂的教学过程也是一个管理的过程，课堂教学管理是一门艺术，有其自身的规律，建立一个和谐有序、张弛有度的课堂氛围是上好一节课的关键，如果没有良好的课堂管理，就会直接影响课堂效果。

一、课堂管理的含义

课堂管理是指教师在教学活动中通过协调课堂内各种人际关系，吸引学生积极参与课堂活动，使课堂环节达到最优化的状态，从而实现预定教学目标的协调与控制的过程；是教师为实现教学目标而对课堂中的人、事、时、空等要素进行协调的过程；是教学互动得以顺利实施的保证。

课堂教学的产生必然意味着教学管理活动的出现。课堂教学是一种群体性活动，这个群体活动表现为教师与学生的互动关系。有效地组织教学活动，调动学生的积极性，实际上是一种管理行为。从学校教学管理看，学校行政系统对教学的管理主要是课堂外部的、宏观的和制度性的管理；而教师则通过课堂这一渠道与学生面对面地直接交往，把管理体现得更具体、更微观、更现实，通过这种直接交往，学生把个人的心理变化及行为活动信息反馈给教师，使教师随时调整教学与管理的活动，以创造出各种有利条件，保证学生主动积极地学习，从而实现教学目标。①

可见，课堂教学管理的目的是创设一个和谐的课堂环境，建立合理的课堂教学活动规则，营造良好的课堂教学气氛，调动学生的主观能动性，以取得尽可能大的课堂教学效果。

课堂教学和课堂教学管理相互依存又有区别。课堂教学过程是在课堂管理中实现的，课堂教学管理过程又主要以课堂教学为依归。但是两者却是两个不同的实践范畴：课堂教学是在一定课时之内所要完成的教育、教学方面的任务；而课堂教学管理是通过组织、协调、督促、检查，促进任课教师认真贯彻执行教学计划、教学大纲，把每一堂课教好，同时注意课堂教学环境的配置，教学氛围的形成。

二、影响课堂管理的主要因素

（一）教师因素

教学设计的优劣对课堂管理的效果起关键作用。教师事先的教学设计做得好，准备充分，在课堂中就可以胸有成竹地按计划组织、推进教学。相反，如果教学设计粗糙，教师不能全面考虑课堂的各个环节和可能出现的问题，仓促上讲台，课堂管理的隐患必然会增多，课堂管理的效果也会受到一定的影响。

教师的授课作风对课堂管理的效果有直接影响。教师关心、尊重、爱护学生，注意创造民主、真诚、友爱的班级气氛，课堂管理的效果比较好。否则，会给学生造成心理上的过度紧张、焦虑，产生挫折感，甚至引起情绪抵触，在课堂上与教师或他人产生冲突对立，破坏正常教学秩序。此外，教师的学识、人格品质以及应对"偶发事件"的能力，对课堂管理也有一定影响。

（二）教学组织形式

教学组织形式是影响课堂管理的一个重要因素。在教学实践中，班级规模、教学组合和协作等会影响学生的课堂行为表现，影响学生的情感联系和人际交往。

（三）学生因素

主要是个别学生不预期的问题行为，如注意力涣散、做小动作、交头接耳、

---

① 王德清. 构建课堂教学管理学理论体系的思考 [J]. 课程·教材·教法，2005，（4）

故意扰乱课堂秩序等，给课堂管理带来直接影响。

三、课堂教学管理的内容与方法

（一）课堂教学管理的内容

1．课堂常规的管理

教学需要一个稳定正常的教学秩序，课堂常规管理是保证这种正常秩序的基本条件。实施课堂常规管理的目的是保证有一个良好的课堂秩序，以实现最佳的教学效果。教师应该通过课堂常规管理的反复强化，逐渐使学生养成良好习惯。

2．课堂环境的管理

教师与学生置身于一定的课堂之中进行活动，首先要保证课堂的表层实体，即课堂物理环境的舒适与合理。无论是学生的座位安排或是教室的空间利用，都应达到为教学服务的目的。

3．课堂秩序的管理

教师要把教学目标中提出的对学生的期待转变为课堂活动的程序和常规，并将一部分程序和常规制订为课堂规则，以便指导学生的行为，促使学生积极主动地学习。课堂规则是描述和表达行为规范的静态形式，而对于这些课堂规则所进行的动态的执行和实施，则是课堂纪律。课堂规则和课堂纪律是课堂情境中课堂活动的制度规范，成为教师进行课堂管理、评价和指导学生课堂行为的主要依据。

4．课堂活动的管理

要关注在课堂活动中师生相互交往所表现出来的相对稳定的知觉、注意、情感、意志和思维等心理状态。营造和谐的课堂气氛，以良好的课堂气氛影响学生的学习效率和人格发展。

5．教师自我管理

教师要有体察情感反应的能力，使自己在情感上和理解上都能处于学生的地位，多为学生着想，创造良好的课堂气氛。

（二）课堂教学管理方法

课堂教学管理方法应是多系列的，其中常规方法有：说服方法、集体教育的方法、自我管理的方法、分组控制的方法、制度约束的方法、环境熏陶的方法等。激励的方法有：目标激励方法、情感激励方法、榜样激励方法等。

第二节　课堂教学组织形式

教学组织形式是教学活动中师生相互作用的结构形式，亦即教学活动过程中教师和学生的组织方式及教学时间和空间的安排方式。教学组织形式在教学理论和实践中处于最根本的地位，它带有综合、集结的性质，课程、教学方法、教学任务、教学过程、教学原则等教学的组成部分，最终都要综合、集结到一定的教学组织形式之中，并通过这种或那种的教学组织形式实现其教学目标。职业教育的教学组织形式，就是将构成理论教学与技能培训的基本因素及其相关因素合理地组织起来并实施，以达到教学目标，使学生获得某种职业岗位所需的知识、能力并形成与之相应的职业态度。

一、教学组织形式的定义及分类

教学组织形式影响着教学质量的高低，确定科学的教学组织形式，有利于学生个性充分、自由和全面的发展。

从教师和学生的教与学方式来看，教学组织形式有两种基本类型：个别教学和集体教学。教师在教学时间内教授单个或极少数学生的为个别教学；教师在教学时间内教授多个或群体学生的为集体教学，学生以集体的形式与教师发生相互作用。在这两种基本教学组织形式中，集体教学组织形式又可以划分为多种具体的教学组织形式，其中典型的有：班级教学、分组教学、合班教学等。

二、教学组织形式的功能

采用合理的教学组织形式，有助于提高教学工作的效率并使种种有效的教学方法、手段得以在相应的组织形式中运用。不同的教学方法、手段只有运用于相应的教学组织形式中，才能充分发挥其作用。通过教学实践及研究当代教学改革的种种模式可以看出，教学组织形式的改进总是同教学方法的改革乃至整个教学模式的改革融为一体的。正因为如此，许多教育学和教学论专著在论及教学组织形式问题时，往往也涉及教学方法问题乃至教学模式问题；在教学实践中，人们也很难将教学组织形式同教学方法截然分开独立设计，只是为了理论研究的方便，人们才把它抽出来，作为独立的范畴分别考察。教学组织形式同教学方法及整个教学活动模式的这种关系，决定了教学组织形式的合理与否，对教学活动的展开和效果具有直接的意义。

采用合理的教学组织形式，还有利于使教学活动多样化从而实现教学的个性化。长期以来，人们对教学组织形式的探索以及种种新形式的尝试，主要是围绕着如何使教学活动适应每个学生的需要、兴趣、能力和发展潜力，即如何"因材施教"而展开的；当代各国教学改革的目标之一，就是探索能使每个学生都能获得最大发展的教学活动模式。而这些探索，主要集中在教学组织形式的改革及其相应的方法改革上。

三、教学组织形式的演变和发展

教学组织形式具有历史性和时代性，它是随着生产力水平的发展而不断发展和变化的。制约教学组织形式发展的条件主要有：生产活动和经济社会生活的需要；教学内容的广度和深度；课程的结构及其复杂程度；随科学技术发展而出现的教学手段和设备提供的可能性。上述条件的变革，必然导致教学组织形式的发展变化，并产生与当时的历史条件适应的教学组织形式。历史上曾出现过多种教学组织形式，其发展大致经历了三个阶段，即个别化教学组织为主的阶段、班级授课制为主的阶段、改造班级授课制的阶段。教学组织形式目前仍在发展变化。

在古代，无论是中国还是西方，教学组织形式上普遍采用的是个别教学。古代中国，由于科技、社会发展水平较低，教学方式以口耳相传、自学辅导为主，在教学组织形式上采用不分年级的混合教学与个别辅导相结合的形式。

随着生产的发展和科学技术的进步，个别教学形式已不能满足社会对人才的需求，资本主义的发展使生产的规模和速度远远超过了历史上任何一个时代，因而相应地要求扩大教育规模，增加教育内容，加快教学速度等。在中世纪末期（16世纪）的西欧，出现了班级授课制。它是这样一种教学组织形式：根据年龄或知识程度把学生编成固定的班级，由教师按照教学大纲（或课程标准）规定的内容和固定的教学时间表对全班学生进行教学。17世纪捷克教育家夸美纽斯在其教学实践中大量使用班级授课制，并总结别人的和自己的经验，提出了班级授课的理论。后来，又经过德国教育家赫尔巴特等人的进一步完善而定型。工业革命以后，随着各国教育规模的扩大，班级授课制得以逐步推广。我国最早采班级授课制是 1862 年的京师同文馆。

应该说班级授课制在教学组织形式上是一次重大的创新，它扩大了受教育的对象，普及了教育的内容，提高了教学的效率，故逐步被世界各国的学校所普遍采用。班级授课制自其产生以来，在提高教学效率、普及教育内容方面发挥了巨大的作用。然而，班级授课制又存在不少缺陷，在许多具体情况下并不是很适用，也不太符合一些教育家的教育理念。因此，许多教育家从自己的教育理念和自己所面对的具体实际出发，不断地对教学组织形式进行新的探索、改革。

四、当代教学组织形式的改革

20 世纪 50 年代以来，教育改革浪潮在世界各国蓬勃兴起，其中一个方面就是教学组织形式的改革，尤其是近几十年来的教学组织形式改革，从不同的角度去探索和完善各种教学组织形式，涌现出许多新的课堂教学组织形式。在教学组织形式改革过程中，追求的主要目标是：进一步完善班级授课制，实现以班级授课制为主导的教学组织形式的多样化，从而为每个学生提供适合于其特点的教学组织形式；探索能充分利用现代教育技术的教学组织形式，提高教学活动的效率；探索既能发挥集体的影响，又注重个人独立探究的教学组织形式。教学组织形式改革的主要表现在如下几个方面：

（一）分组教学

分组教学是一种介于班级教学与个别教学之间的一种教学组织形式。

1. 分组教学的类型

分组教学有多种类型。从分组的依据来看，分组有能力分组和作业分组。所谓能力分组，就是将学生按照能力高低分成不同的组，各组的学习内容相同，由于学习能力、学习速度不同，因而各组的学习年限不同。所谓作业分组，是根据学生的特点和意愿，将学生分成不同的组，各组学习年限相同，但学习内容各不相同。从分组的范围来看，分组教学包括内部分组和外部分组。所谓内部分组，是在传统的按年龄编班的前提下，根据学生能力或学习成绩发展变化的情况，对学生进行分组，实行分组教学。所谓外部分组，就是打破传统的年龄编班，而按照学生的能力或学习成绩分组。就职业教育的情况而言，一般说来，内部分组比外部分组更加适合于实际情况，可以在许多情况下采用。

2．分组教学的优点与缺点

与班级教学相比，分组教学主要有以下优点：小组教学在分组时往往比较好地考虑了学生的具体特点，比较有利于实行因材施教；分组教学因为组的规模较小，而且组内各个学生之间同质性较强，因而容易灵活处理和变通。与个别教学相比，小组教学主要优点在于：因为教师所面向的是多个学生而不是单个学生，因而比较容易提高效率；在分组教学中，由于每个组都包括多名学生，小组内各个学生之间可以相互合作、相互促进，这既可以提高整体教学效果，又可以培养合作精神。

分组教学的缺点在于：由于小组的规模一般远远不如班级规模大，因而在教学效率上比班级教学的效率要低；由于每个小组有多个学生，因此并不像个别教学那样完全能适合个别差异，要使教学完全能够适合于每个学生的能力水平、性格特点等，事实上是很难做到的；分组教学较容易给各类学生的心理上造成一定的不良影响，往往使优等生在学习上骄傲自满，而使差等生产生自卑心理甚至有时自暴自弃。

3．分组的方法

在小组教学组织形式中，关键是如何分组。一般说来，分组需要考虑以下几个方面的问题：

一是组的规模和组的个数问题。有两个原则：首先，小组个数不能超过教师能监控的数量，否则小组教学活动难以紧凑地开展，易使学生等待教师指导而浪费时间；其次，每个小组规模大小，应与该小组所从事的特定的教学活动相适应。

二是采取同质分组还是异质分组的问题。采取同质分组，由于组中学生的程度接近，便于实施因材施教，教学易于适合学生的个性差异，但却易使水平低的组中的学生产生自卑心理甚至自暴自弃。采取异质分组，不利于实施因材施教，不利于照顾学生的个性差异，但是易于使各个组都保持积极上进的心理状态，而且如果教师加以引导，便于组内学生之间做到相互帮助、相互促进，易于使程度高的学生帮助程度低的学生。

三是灵活变换的问题。任何一种分组方式所能适应的教学情境都是有限的，因此有必要根据教学情境的变换而变换分组的方式。首先，应该根据学习活动变换的需要而变换分组的角度、规模、结构等。其次，应该随着个人兴趣的变化和学习的进步而允许其从一个小组转到另一个小组，而不宜将学生硬性地指定在单一的组内学习。再次，还可以分分合合，即在一定领域内学生产生水平参差不齐的状况时，就分组对待；而经过一段时间水平相似后，又可以合成一班上课。

（二）特朗普制

特朗普制又称灵活的课程表，这是 20 世纪后半叶在美国一些学校进行实验的一种教学组织形式，由教育学教授劳伊德·特朗普提出。其基本做法是，把大班上课、小班讨论、个别作业三种教学组织形式结合起来。首先是大班上课把两个或两个以上的平行班合在一起上课，应用现代化教学手段，由最优秀的教师任教；其次是小班讨论研究，每个小班 20 个人左右，由教师或优秀学生负责，研究和讨论大班上课的材料；最后是个别作业，其中部分作业由教师指定，部分作业由学生自选，以此促进学生的个性发展。不难看出，这种教学组织形式是一种综合的教学组织形式，它试图将班级教学、分组教学和个别教学的优点结合起来，既能集体上课，又有分组研究讨论，还能够进行独立钻研。

（三）不分级制

20 世纪 60 年代美国一些学校采用的一种教学组织形式。其基本做法是：主要以学生个人的兴趣和能力安排课程，学习进度依学生本人的学习速度而定，分班主要是根据学习成绩而不是年龄，在完全采用这种教学组织形式的学校里，没有年龄界限和标志。例如，一个学生可能在一个高水平班学习数学而在一个低水平班学习社会学科。

（四）开放课堂

源于 20 世纪 30 年代，70 年代后在英国和美国等较广泛地流行的一种教学组织形式，主要在幼儿园、小学和初中低年级使用。其基本做法是：在一个大教室内设计若干个功能不同的活动区，学生可以根据自己的兴趣在不同的活动区进行相应的学习活动，形式不固定。教师的职责是为学生的学习创设并布置好学习环境，并提供指导。

（五）小队教学

又称协作教学、协同教学。这是 20 世纪初出现 50 年代以后逐渐在美国和西方其他国家流行的一种教学组织形式。其基本做法是：由若干名教师组成教学团队，共同负责一个班或几个平行班的教学工作，共同制定教学计划，并根据各人所长，分工合作，完成教学任务并评价教学效果。团队教学的特点包括：能发挥教师的集体力量和教师个人的特长，共同对学生进行教学，这有助于提高教学质量，起到互助合作的效果。根据学生向教师学习、相互学习和自我学习的不同途径，采用大班上课，分组讨论和独立学习相结合的形式，能够做到既有集体的学习，又兼顾学生的个性特点，有助于培养学生的自学能力。能够比较有效地使用人员、图书、仪器和其他设备。有助于教学团队的教师开展某些教学研究活动，有助于提高新教师的水平。

五、教学组织形式的改革趋势

改革开放以来，我国职业教育的广大教师，在如何改革、完善班级授课制，改革教学组织形式，产学结合开展技能培训方面进行了大胆的探索，取得了很多成功的经验，教学组织形式改革也呈现出丰富多彩的格局，教学组织形式改革的趋势主要表现在如下几个方面：

（一）完善班级授课制

为了使班级授课制能够克服其局限性，继续在新时期的教育中发挥它的作用，我国各层次的教育工作者们都从不同的角度、采取不同的措施对它进行改革，以新的理论、新的实践经验去丰富它、完善它。许多学校广泛利用现代教育设备，实行电化教学，教师通过视听中心广播直观的图像和声音，向学生传授知识并进行辅导，学生在自己的视听座位上课，教师可以个别辅导，也可以分组辅导，师生还可以互相问答。还有许多学校加强了对学生的个别指导，实行因材施教，对班级授课制也进行了许多改革，并辅以多种形式，如按能力进行分班的小队教学组织形式等，以克服班级课堂教学的缺点。一些地方对班级规模进行了压缩，要求班级总人数以 30～40 人为限。缩小班级规模的目的是为了使课堂教学尽量照顾到每个学生。

（二）分组教学制受到广泛采用

分组教学既能成批地培养人才，又能因材施教，发展学生的个性和潜力，它在许多国家被广泛采用。分组教学分为外部分组和内部分组两种，前者打乱了传统的按年龄特征编组的班级，而按学生的能力或学习成绩重新编组；后者是在传统的按年龄编组的班级内，再按学生的能力或学习成绩进行编组。外部分组有两种形式：一是跨学科能力分组，即把学生按他们的"智力"高、中、低或测验成绩的好、中、差分成平行的 A、B、C、D 等若干组，教师分别授以不同的课业；二是按学科能力分组，根据某一年级的学生某门学科的学习能力或学习成绩分成各种水平不同的甲、乙、丙、丁组，教师据此教授该学科的知识。目前我国部分学校开展了分层次教学的尝试，就是分组教学制的形式，取得了较满意的效果。

（三）个别化教学成为发展方向

为了充分调动学生学习的积极性、主动性和创造性，体现学生的主体性，我国各级教育开始注重个别化教学。它的教学组织形式主要有：

1．小队教学

它由大班教学、独立学习和小组讨论三部分组成，其优点是提供个别化教学的机会。

2．不分年级制

根据个人学习能力和学习成绩安排进度，废除齐步走式的升级制度。

3．独立学习

学生自己制订独立学习的计划，由学生自己寻找和获取知识，学生对学习自我负责和自我控制。

4．个别规定教学

它由教师根据学生的能力状况等因素，和学生共同制定一个书面规定，这个"规定"是师生间双向联系的重要环节。个别化教学计划如果经过精心制作，将会受到师生双方的普遍欢迎。

现代化教学手段的应用，特别是电子计算机辅助教学，也使教学组织形式朝着个别化方向发展。计算机辅助教学可使学生按自己的实际情况，选定特殊程序和进度，没有任何外在压力，也不受限制。它是对学生进行个别辅导的极佳方式，也改变了传统课堂教学的单向传授过程，能做到因材施教，具有明显的优越性。

（四）综合使用各种教学组织形式

在教学中采取何种组织形式，它要依据课程特点、学生水平、教师本人的能力、教学物质条件、环境等多种因素来决定的。"一切教学组织形式都是相对的，他们各有长处和短处，都具有本身专门的特点和最适合的适用范围。"因此，现在各级学校都重视教学组织形式的恰当组合。发挥第一种教学组织形式的优点，弥补各种教学组织形式的不足。现在，班级授课制、分组教学制同个别化教学的结合是教学形式改革的一大趋势。

第三节　课堂教学的基本环节

课堂教学管理首要任务是对教师有效实施课堂教学活动进行管理。教学活动是由一系列教学环节构成的教学系统，其中教学工作是学校的中心工作，教学工作中的"备课、上课、总结拓展、作业批改、辅导、考评"这几个教学基本环节，备课是前提，上课是核心，总结拓展是升华，作业批改是巩固，辅导是保障，考评是反馈。"六环节"环环相扣，互相促进，互相渗透，有机运作，是全面提高教师综合教学水平和提高学生素质的关键。

一、备课

备课是教学工作的首要环节，也是做好教学工作的前提条件。课堂教学过程是一个有声有色有情感的生命过程，"备课"既是一个复杂的物质准备，又是一个理想的心理预期。

（一）在备课内容上，要把握"理解课程大纲→钻研教材→了解学生→选择方法"这四个步骤构成的主线

（1）教师要仔细研读课程大纲，认真理解大纲的内涵，熟知课程的要求，分析知识点、技能的要求，充分理清重点和难点内容。

（2）对教材的钻研要从专业整体课程结构入手，做到熟悉本专业课程体系→了解本课程教材内容→把握每个单元教材重点→深挖每课教材的内涵。教师通过钻研教材，教学中不拘于教材而又不脱离教材。

（3）了解学生是教师备课中的难点，只有深入了解学生后，教学中的重点难点突破才会变得轻松，因为学生是教学的对象，又是学习的主体。教师在教学备课中要从三个方面了解学生，即从学生原有的知识基础、身心发展规律和认知能力方面了解学生。教师要在平时的作业中，上课提问的情况中，以及从日常的谈话中获得学生学习的各种信息。根据学生的情况采取相应的教学方法，充分尊重学生的个性差异，可以分层次教学，实施因材施教。

（4）教学方法的选择是没有统一标准的，"教学有法，教无定法，贵在得法"。评价教学方法优劣的原则是"以学论教"，要根据学生情况、教学环境、教师特点和教学内容的不同选择教学方法，力争形成各自的教学风格，达到最佳教学效果。

（二）在备课形式上，主要抓好单元备课、课时备课和课后体会三种形式

1. 单元备课

体现在教案上，主要有六项内容：本单元主要内容、单元教学目的、教学重点、教学难点、课时分配、采取的主要教学方法。

2. 课时备课

针对课时教学内容的备课，要写出课时教案。主要体现本课时教学的主要内容、教学环节及方法，使备课真正为上课服务。

3. 课后体会

主要是写教学随笔，形式比较灵活、自由，可以是整节教案，也可以是教学片段或课后小记等。教师可随时积累经验，不断总结，不断提高。

二、上课

上课是教学工作的中心环节，是教师的思想、业务水平和教学能力的集中反映，教师要用爱心、责任心启发学生学习，引导学生学习，让学生主动体验获取知识的过程和快乐。

职业教育教学的课堂讲授强调精讲多练。精讲，就是要言简意明，主次分明，突出重点，讲好难点，切忌照本宣科、面面俱到、简单重复、机械灌输；讲课要"精"，就是教师的讲解，语言要精练，内容要精确，方法要精当。要变

"灌"为"导",通过讲课引导学生学习和思考,指导学生学习方法,还要求及时介绍当前的新技术、新知识、新方法和新工艺等,把最新的知识和技能带进课堂,达到丰富知识、拓宽视野、开阔思路,提高学生分析问题、解决问题的能力。多练,就是加强学生的基本训练,精讲与多练的结合,是提高课堂教学质量的必由之路。

三、总结拓展

课堂总结有利于对所讲授的知识加以总结、整理。有利于深化概念、规律和反馈信息。有利于设下伏笔,活跃思维,为后续教学服务。

课堂总结拓展的方法多种多样,应根据教学实际运用。如:教学结束时把精彩的片段或关键问题,或重要的方法加以精辟的概述,或设计成能发人深思的问题,能引导学生对所学知识得到升华;运用置疑法,在准备结束新课的学习时突然设置疑问,使趋于平静的课堂再起波澜;还可以在课堂结束时引导学生前后联系,将一些有共同特点的教学内容的相异点列出来,进行分析对照。学生通过分析比较加深认识。

四、作业批改与课外辅导

作业的布置批改和课外辅导是课堂教学的延续。课堂上传授的知识、技能的掌握和巩固,非经过学生独立思考和复习不可。所以,组织学生作业,搞好课外辅导,对培养学生独立工作的能力与习惯、发展学生智力与创造才能起着重要的作用。学生在复习的基础上独立完成作业,可以促进学生自主均衡地学习,巩固、深化所学的知识,更深刻地理解一些基本概念和基本理论,提高解题技巧,发展学生的思维能力。课外辅导应遵循因材施教的原则,注意建立新的师生关系,教师要成为学生学习的参与者、探讨者、指导者。

五、考评

学生学业成绩的考查与评定,是教师了解自己教学效果、学生了解自己学习上的进步与不足,家长了解子女学习情况、学校了解教师的教学情况和学生学习情况的一个重要途径。这种考评是对师生双方的评价,以促进师生的发展为前提,做到评价的目标多元化,评价内容多样化。评价方式以"随机式评价"和"常规性评价"为主。评价时既注重各种评价的内容,又注重学生、家长、社会上的实际反映。在具体方法上可采取激励性考评、自我体验性考评、终结性评价等方式。

第四节　课堂教学管理策略

课堂教学管理是指教师采取某些方法和措施来处理、规范、指导学生课堂学习的行为和活动，从而减少学生的行为问题对达成教学目标的影响，提高教学有效性与效率。

一、促进有效的课堂管理

（一）创建"高效"的课堂管理模式

高效的课堂管理就是尽可能地降低管理成本，达到最大的管理效果。可以从以下几方面入手：

1. 建立积极的课堂教学规则，培养学生自制力

建立课堂规则时，教师应对学生持正向评价，相信学生在课堂上的行为和学习表现，应更多地运用陈述句少用否定句，多规定"做什么"，少规定"不准"或"严禁做什么"之类的语句。事实上，主要指向惩罚的规则常常会引导学生关注消极方面，反而淡化学生的积极动机与态度，从而进一步强化低水平的道德发展，无助于发展学生高水平的、具有社会价值的道德水准。还要培养学生的自制力，也就是培养他们排除干扰、克服困难，用坚强的意志集中和坚持注意的能力。因此，建立积极的课堂教学规则无疑是课堂管理的正确选择。

2. 建立和谐的师生关系

"真正的教育是人和人心灵上的最微妙的相互接触"。和谐的师生关系是成功课堂管理的关键因素，师生关系的品质对于学生的精神成长有着极其重要的作用。学生只有在和谐的气氛中，作为独立自主的、有人格尊严的人，才会有安全感和积极的自我观，才敢于主动参与学习和课堂教育活动，在与教师的相互尊重、合作、信任中全面发展自己，获得成就感与生命价值的体验。教师必须喜欢学生和尊重学生作为独立个体的存在，对学生欣赏和对学生个人利益的关注贯穿于说话的口气、表情上。

3. 构建合作学习小组的组织形式促进课堂管理

合作学习所倡导的学习方式极其强调学生的主体性，因而教师必须设法使学生成为学习的主人，促使学生意识到自己是学习的主人，自觉主动、积极地参与到学习过程中。这种高效率的管理方式本身就不需要多少的"管理"，是管理的理想状态。

（二）处理好课堂教学管理中的教学控制

在教学控制上，教师要处理好全面控制和重点控制的关系，应该有所为和有所不为。过去倡导的是全面控制，学生没有自主权，今天倡导学生自我控制，教师也就没有必要再一包到底，但这并不等于说教师不需要全面控制，全面控制是反映在对宏观层面情况的全面把握上，如果教师在宏观上对课堂教学没有较全面的把握和控制，整个课堂就有可能失控。但是在微观或具体的事情上，教师确实没有必要面面俱到，应把行动的着力点放到极需要控制的地方。

在管理手段上要刚柔并济。事实上，人既需要严格加以约束，也可以进行引导和沟通，对待学生也是一样。一方面要用一定的规章制度来约束他们的行为，当他们犯了错误时要给予纠正；另一方面又需要与他们进行情感交流和心理沟通，了解他们的所思所想，并给予充分的情感关怀、心理帮助以及各种服务。完全刚性控制不能真正体现教师的尊严，刚性加柔性控制才是有效的课堂管理策略。

（三）正确处理课堂不当行为，促进课堂管理

新的职业教育理念重视学习方式，重视学习的过程，强调学生在课堂中的主体地位，给课堂增加了不确定性，这是必然的。有些课堂不当行为会直接扰乱课堂秩序；有些课堂不当行为不会直接干扰课堂，只会影响教学效果。因此处理课堂不当行为应以预防为主、低调处理、重在课后。

课堂教学中应尽量增加学生参与的时间，让学生在课堂上有事可做，成为课堂主人。这要求教师能够提供非常有趣、参与度高、适合学生能力的学习内容，让他们积极参与学习，感受学习的乐趣。教学进程紧凑，避免打断或放慢教学进程，教与学紧凑是学生高度参与的关键。

提高教学艺术，保持教学的流畅。流畅的教学能减少学生课堂不当行为出现的机会，并且能引导已出现的课堂不当行为自然消失。教师还应该努力提高

自己的教学能力，认真充分地准备好教学预案，使自己的课堂教学富有艺术性与感染力，保证教学过程的流畅性。学生如果被教师的教学所吸引，会对学习产生浓厚的兴趣，从而激发内在的学习动机，自觉认真地学习。

教师保持良好的心态，认同学生文化。教师良好的心理状态、精神面貌会感染学生，增强学生的安全感和自信心。良好的心态还能无形中增强教学的生动性与吸引力。因此，教师应该善于调节自己的情绪，避免把生活中的不良情绪带进课堂。学生会"亲其师，信其道"，从而减少问题不当行为。

课堂管理的一个重要目的是通过师生互动的课堂管理激发学生的自我管理、自我控制和调动课堂教学系统的良性组织。

二、课堂管理的心理调控艺术

课堂管理的心理调控艺术，指教师运用心理学原理，巧妙处理课堂教学问题，化解师生间的不良情绪，营造一种师生相融的课堂气氛，让师生在民主、和谐、愉悦的环境中进行教学活动。

(一) 抓住优势兴奋点，调整教学内容及方法

英国教育家洛克说："教育的巨大技巧在于集中学生的注意，并且保持他的注意。"因此集中并保持学生的注意是课堂教学管理的核心所在。

心理学研究表明，人的心理活动只有在总的任务内不断地移动，才能长期坚持在某一兴奋点上，否则就会出现起伏。在一堂课里，学生的优势兴奋点的保持和转移有规律：上课 5 分钟后，学生的兴奋点仍停留在课堂休息的兴奋点上。之后，在教师的调控下，学生的兴奋点约有半小时能集中到教学上。而在临近下课 5～10 分钟里，学生的兴奋点因缺乏新的刺激而疲劳转向课外。因此，教师要抓三个关键：一要抑制或减弱学生课间休息所形成的兴奋点；二要抓好开课后半小时的学习状态。教师以自己生动形象的讲授，吸引学生的注意力；三要抓好临近下课的几分钟时间，及时创设新的教学情境，对学生形成新的刺激，产生新的"兴奋点"。

(二) 采取隐性管理，预防学生课堂问题行为

当学生课堂上发生问题行为后，就是要冷静、理智、绝不可冲动，更不可采用体罚、讽刺挖苦、赶出教室等"以恶制恶"等方式来规范学生的行为。排除来自课堂内外的各种干扰，维持课堂秩序，保证课堂教学的正常进行，我们

将这种面对全班学生公开的管理方法称为显形管理。运用这种方法，可以达到组织课堂教学的目的，但也带来了一些不能忽视的负效应，既使师生情感对立，关系紧张，使问题行为更加严重，有时也可能造成教师自身的尴尬，出现"下不了台"的现象，严重地影响到教师自身的形象及威信、风度等。同时，也将打断教学内容的讲授过程，打乱教师的思路，导致教学效果的降低；另一方面，也缩短了教师讲课的时间，可能造成教师在预定的教学时间内无法完成计划的教学内容。从学的方面来看，"一人害病，全班吃药"，必然引起学生注意力的分散，导致学生知识输入过程受阻与中断，严重浪费其他学生的学习时间，影响课堂教学效率，并因此有可能导致全体学生对教师的不满。

为了克服显性管理在课堂教学管理中的负效应，教师必须研究与利用隐性管理的方法来进行课堂管理。所谓课堂隐性管理是指教师对于课堂中的那些不认真听讲或者违反了课堂常规的学生，在不影响正常授课的前提下，采取针对违规学生，隐含在教学活动中非公开的管理活动。常用的策略有：表情示意、走动示意、手动示意、变音示意、提问示意、因势利导、旁敲侧击等。

(三) 以关怀鼓励为主，促使师生"心理相容"

古人云："数子十过，不如奖子一长。"来自教师的夸奖、鼓励，可以唤起学生的自信，激发他们的潜能，满足学生爱与尊重的需要。这种需要一旦得到满足，便能成为促使他们奋发学习的原动力。如果一个教师对学生始终如一地具有热爱之情、关心之意，学生就会带着"教师总是在关心我"的想法来接受教师提出的各项要求，甚至他们也不会计较教师在帮助教育自己时的失当的言行，他们就会理解教师、体谅教师。正如《学记》所说的"亲其师，信其道"。南京师范大学曾进行过一项"学生对教师态度与学习兴趣、成绩的关系"，结果是：有将近70%的学生认为喜欢一个教师就会上他的课，还有超过70%的学生认为不喜欢一个教师就没兴趣听他的课。

总之，课堂教学管理的方法有很多，教师要根据教学对象与课堂环境的具体情况，灵活选择运用并加以创新。只有这样，才能集中学生的注意力，逐步培养学生的自我控制能力和良好的学习习惯，达到课堂管理的目的。

第十四章
职业教育教学评价

教学评价是课程评价的一个组成部分，是课程实施评价中的一个环节。教学评价的成功与否会影响课程评价的效果。因此教学评价与课程评价有非常密切的联系，但在研究的内容上更偏向于具体化的研究，如课堂教学质量的评价指标体系、学生学习成果、教师的评价方法与体系等。

第一节　教学评价概述

教学评价是学校教育评价的一个重要方面，是提高学校教育质量的中心和基础。通常认为，教学评价是指评价者通过收集教学过程中的信息，进行判断和决策、反馈和调控的过程。它不仅能为教师调整和改进教学提供充足的反馈信息，而且是学校、家长和社会了解学生学习情况，鉴别学生成绩的主要方式。教学评价实质上是一种对教学活动及其教学效果做出价值判断的过程。

一、教学评价的含义

教学评价是由评价主体、客体、方法、标准等基本要素构成的。教学评价的主体主要是教育行政人员、教师和学生，社会有时也充当评价主体的角色。而教学整体及其每一个方面、环节，都可以成为评价的对象。评价既涉及教学过程的各个环节：理论指导、需要评估、目标选择、内容选择与组织、教学活动过程、教学评价本身，也涉及教学各种因素：目标、内容、组织、媒体、策略、方法、手段、环境等，还涉及教学活动的产品：课程材料、教师的教学质量、学生的学业成就和智能发展，等等。职业教育常见的教学评价主要是以课程管理过程、学生学习训练效果、教师授课质量为对象的。

教学评价以对教学系统的事实性把握为前提。换言之，教学评价必须在有效收集教学系统的信息的基础上进行。教育测量是收集信息的基本方法，但不是唯一的方法。教育测量是依据一定的理论，以测验为工具，对教师与学生的行为或学习进行数量化描述的过程。测验则是测量一个行为样本的系统程序，是通过观察人的少数有代表性的行为，对于贯穿在人的全部行为活动中的心理特点做出推论和数量化分析的一种科学手段。考试是教学评价中最常用的教育测验形式。考试、教育测验、教育测量、教学评价等概念，有密切联系，又互相区别。

教学评价内在地包含着一定的标准。标准是对教学现象进行价值判断的依据和尺度。在教育实践中，教学评价的标准常常是多种多样的。评价标准的多样性，源于评价目的的多样性、评价主体的多元性以及教育价值观的复杂性。总之，教学评价是一种在收集必要的教学事实信息的基础上，依据一定标准对教学系统的整体或局部进行价值判断的活动。它既是教学过程的重要环节，又是教学活动的重要因素。

人们常常交替使用课程评价和教学评价这两个术语。课程评价有广义和狭义之分，狭义的课程评价指的是对课程产品的评价。而广义的课程评价，可包括评价课程需要、课程设计、教学过程、教材、学生成果目标、通过课程学生取得的进步、教学有效性、学习环境、课程管理、资料分配以及教学成果等内容。课程评价揭示教育的程序所具有的价值与效果，为课程开发提供有效的信息。简单说来，广义的课程评价，包括对课程产品、教学过程、教师教学表现以及学生学业成就的评价，也就包含了教学评价。

教学评价是对教师的教与学生的学相统一的教学活动进行基于事实信息的价值判断过程。教学评价一般包括教学过程中教师、学生、教学内容、教学方法手段、教学环境、教学管理诸因素的全面的评价，但主要是对作为课程产品之一的教学设计、学生学业成就和教师教授质量的评价。

二、教学评价的功能

教学评价的功能可以从不同角度去考察。从领域分，有教育性功能和管理性功能；从性质分，有正面功能和负面功能；等等。

从教学评价的管理作用来分，主要有以下几个方面功能：

（一）导向功能

评价的导向功能是指评价本身所具有的引导评价对象朝着理想目标前进的功效与能力。教学评价的目标、指标、标准对被评价者来说，起着"指挥棒"

的作用，引导被评价者朝着理想目标努力。教学评价可以通过确定教学目标、设置评价指标等方式指明教学工作的方向。信息化的教学设计强调以学为中心，学生被赋予较高的主动性和独立性，教师将更为关注学生是否能够在学习过程中按照既定的教学目标努力。事先将评价标准交给学生，将有助于学生自己调节努力方向，从而达到预想的教学目标。

（二）预测功能

评价的预测功能是指以评价对象的现状为依据，对评价对象的发展趋势及可能性进行预见和推测的功效与能力。教学评价作为一种对评价对象在一系列的测验、调查、观察基础上，进行逻辑分析，最终做出价值判断的过程。它不仅仅要对评价对象的现状做出解释与分析，而且在此基础上要对评价对象的未来发展进行预测，避免评价对象在今后的发展道路上走弯路。实现评价的预测功能，主要通过诊断性评价和综合测评的方法进行。这就要求评价者充分掌握评价对象各方面的信息，并对这些信息进行认真的整理，深入的分析，从而对其未来的发展趋势做出判断。

（三）激励功能

评价的激励功能是指评价对人们具有一种激发情感、鼓舞斗志、振作向上的功效与能力。评价本身不是目的，提高和改进才是评价的根本目的。科学合理的教学评价可以调动教师教学工作的积极性，激起学生学习的内部动机，使教师和学生都把注意力集中在教学任务的某些重要部分。如对于教师而言，适时、客观的教学评价，可以使其明确教学工作中需努力的方向；对于学生而言，教师的表扬和奖励、学习成绩测验等，可以提高学生学习的积极性和学习效果。

（四）反馈调节功能

通过教学评价，人们可以从各种渠道获得关于教学的各种反馈信息，而分析和研究这些反馈信息可以发现教学中存在的诸多问题，在客观上使师生双方做到心中有数，并有针对性地采取相应措施，调节教与学的双边活动，以达到改进教学、提高质量的目的。连续不断的评价使课堂教学形成一个"教学—评价—教学—评价"在反馈中不断完善的动态系统。这种信息反馈包括两类：一是以指导教学为目的的对教师教学工作的评价，通过这种评价可以调节教师的教学工作，也间接提高了学生的学习效果；二是以自我调控为目的的自我评价，即学生通过自我评价加深对自我的了解，以便调整学习策略，改进学习方法，增强学习的自觉性。

三、教学评价的原则

为了使教学评价有利于评价对象的发展，教学评价要坚持一定的评价原则，使评价者在准备评价、实施评价和处理评价结果过程中有一个参考坐标，不至于使评价发生较大的偏差。

(一) 科学性与导向性原则

教学评价必须具有一致性与有效性，必须建立在科学的基础上，有充分的科学依据与方法。教学评价要以正确的教育思想和教学理论为指导，遵循课堂教学的规律、原则，适应深化课堂教学改革的要求和各专业的特点。同时，也必须采取客观的实事求是的态度，客观地反映被评价对象的真实价值，不能主观臆断或掺杂个人感情。在编制评价指标体系、设计评价方案、确立评价目标、设置评价指标和标准时，一定要进行深入的调查研究，广泛征求意见，使评价的体系，诸如内容、方案、指标、方法等都要尽可能准确地反映教学的实际情况。

评价活动要坚持正确的导向，不仅要使被评价者了解自己的优缺点，而且要为其以后的发展指明方向。鼓励教师与学生往正确的方向努力，而不是误导师生的教学活动。例如使教学活动形式化、工具化、功利化、非人化，为了获得学生暂时的好的评价而放弃教学管理原则。要对评价的结果进行认真分析，从不同角度查找因果关系，确认产生的原因，并通过信息反馈，使被评价者明确今后的努力方向。所以，评价指标和标准的制定、评价手段和方法的选择都要有利于引导被评价者主动、全面、持续的发展。

(二) 公正性与多元化原则

教学评价要以科学可靠的评价技术为工具，取得真实可靠的数据资料，以客观存在的事实为基础，实事求是，公正严肃地进行评定。在当前，教学评价还具有鉴别、证明、选拔等功能，教学评价的结果牵涉到被评价者的利益，有时甚至会对被评价者的一辈子产生影响。所以在进行教学评价时，从测量的标准和方法，到评价者所持的态度，特别是最终的评价结果，都应符合客观实际，不能主观臆断或掺入个人情感。为了保证教学评价客观、公正、合理，让被评价者心服口服，真正发挥评价的教育性功能，应做到评价标准不带随意性；评价方法不带偶然性；评价态度不带主观性。

多元化是指针对评价目的采用不同的教学评价标准。比如，当教学评价的目的是促进被评价者的发展而不是对被评价者进行甄选和辨别时，就不能只用一个评价主体、一种评价标准、一种评价手段来评价不同的被评价者，而是要在尊重被评价者差异的基础上，用多种评价主体的不同眼光，用适合不同被评价者需要的多元评价标准，用多种手段收集的信息来评价不同的被评价者，让每个被评价者得到全面、公正的评价，让每个被评价者的长处都能得到发现、肯定和发展。

(三) 以学为本与整体性原则

教师的教归根到底是为学服务的。因此，衡量教学质量的根本标准是学生学得怎样，即学生的学习是否主动、是否有效、是否有意义。教学评价应以激发学生学习积极性、促进学生身心的全面发展和提高教学质量为目的。教学评价在教育系统中的作用主要是"用它来改进教与学"。

教学是教与学的双边活动，也是培养学生的知识、智力、技能、个性发展的过程。构成教学过程的诸多因素如师生、教材、设备、环境等不仅各自发挥作用，而且相互关联、相互影响，形成整体的教育功能。所以，确定评价指标时，要从整体出发，分析各种因素在教学过程中的地位和它们之间的联系，根据各自在整体中的作用以及效应确定指标及其权重。在评价时，要注意教与学、知识和技能的传授与智能的发展、教学与教育这三者的关系处理得是否得当，而且也要注意教学的安排是否符合学生的认识规律，教师、学生、教材、设备、环境之间的关系是否达到了整体最优化。

第二节　教学评价的类型

教学目标的系统性、层次性、多样性以及达成教学目标所经过的教学历程，决定了教学评价要准确地把握不同阶段的教学要求在广度、深度和难度上的层次性。因此，教学评价的方式就应是多种多样的，而且必须根据各类教学活动的特点灵活地加以运用各种评价形式。依据教学评价实施的作用、标准、方式以及对象等因素的不同，可将教学评价划分成不同的类型。

一、按教学评价的作用分类

（一）诊断性评价

诊断性评价又称配置性评价或准备性评价。它一般是在事物发展进程的某一阶段开始之前所做的评价，其目的是为了摸清条件、基础，发现问题和诊断原因。对于学生的学习，诊断性评价就是在一个新的学习阶段开始之前进行的一种事前考核，它要了解学生为学习新内容所必须预备的知识、技能和经验等实际掌握程度，了解学生对计划学习内容的兴趣、爱好和要求；根据评价的结果，按照学生的条件和预备知识、技能、经验的掌握程度，修订教学目标、方法，做出必要的决策。在教学进行过程中的诊断性评价也是常见的，它主要用于对学生不能从教学中获益的原因的诊断。

（二）形成性评价

形成性评价是一种在事物发展进程中所做的评价，具有反馈的功能。其目的是监督事物的发展，并调整、修正发展过程。这类评价是按照原来预定的发展目标作为评价依据的。可见，形成性评价的主要目的在于帮助学生把注意力集中在达到掌握程度所必须具备的特定知识。通过形成性评价能及时获得反馈信息，了解学生的学习情况，发现教与学的优点与不足，从而有目的、有针对性地调整和改进教学计划和活动，使大多数学生达到预期目标。对于学生学习，形成性评价就是通过平时的小测验、期中考试、作业等测量段进行评价，它起着督促学生学习，改进教师教学的作用。形成性评价是一种贯穿教学全过程的评价，边教学，边评价，边调整，使教学过程成为一个不断提升的过程。

（三）总结性评价

也称终结性评价，是一种在事物发展某一个阶段之后所进行的评价，这种评价目的是了解整体的效果，提供一个总体评价成绩的资料。教学活动在完成一个阶段（一学期、一学年）之后，对其结果进行评价，即对一个完整教学过程的总体功能进行评价。总结性评价的首要目标是给学生评定成绩，或为学生做出证明，或者是评定教学方法的有效性。其目的主要在于检查、总结教学目标的达成情况，评定教学的学业成绩，证明学生掌握知识、技能的程度和能力水平，诊断和预言学生在后继学习中成功的可能性。对于学生学习，总结性评价往往通过期终考试、毕业考试、毕业设计、毕业实习等测量手段进行评价，评定学生掌握知识和技能的程度并给出评定成绩。

二、按教学评价的标准分类

（一）常模参照评价

常模参照评价是将个体的成绩与同一团体的平均成绩（常模）相互比较，从而确定其成绩的适当等级的评价方法。可见，常模参照评价对学生学习成就的解释采用了相对的观点，学生的分数所显示的是他在团体中与常模比较之后的相对位置，它不能凭借分数本身来评定其成就的高低。常模参照评价具有甄选性强的优点，因而可作为分类排队、编班及选材的依据。其缺点在于常模参照评价的结果只能概括了解学生成就在团体中的相对位置，不能确切了解学生对其所学究竟达到了何种程度。这种评价方法重视个体在团体内的相对位置和名次，它所衡量的是个体在团体中的相对水平，因而这类评价又称为"相对评价"。

（二）标准参照评价

标准参照评价是以具体体现教学目标的标准作业为准，从学生在试卷上答对题目的多少，来确定学生是否达到标准以及达标程度如何的一种评价方法。主要是用来衡量学生的实际水平的，它关心的是学生掌握了或没掌握什么，以及能够做什么或者不能够做什么，而不是比较学生的相对位置，所以标准参照评价又被称为"绝对评价"。标准参照测验主要用于基础知识、基本技能的测量，适用于形成性测验和诊断性测验，利用测验提供的反馈信息，可及时调整、改进教学。相对而言，标准测验是学校教学评价中较为常用的评价模式。因为经由这种评价模式，不仅可以评定学生之间成就的高低，而且更重要的是可由此发现学生对其所学确实达到了什么程度。其缺点则在于不能由学生的成绩了解其在团体中的相对位置。而且，标准参照评价以分数为根据的原则，只适用于知识教学的评价，不适用于情意教学的评价。

三、按教学评价的方式分类

（一）相对评价

相对评价是在被评价对象的群体或集合中建立基准，然后把各个评价对象与基准进行比较，确定每个评价对象在集合中所处的相对位置。为相对评价而进行的测验一般称为常模参照测验，它的试题取样范围广泛，命题方式直接明确，测验成绩表明了学生学习的相对等级。由于所谓的常模实际上近似于学生群体的平均水平，所以这种测验的成绩分布符合正态分布规律。通过相对评价可以了解学生的总体表现和学生之间的差异，或比较不同群体间学习成绩的优劣。相对评价的缺点是基准会随着群体的不同而发生变化，因而易使评价标准偏离教学目标，不能充分反映教学的优劣，难以为改进教学提供依据。

（二）绝对评价

绝对评价是将教学评价的基准建立在被评价对象的群体或集合之外，这个标准被称为客观标准。评价时把评价对象与客观标准比较，从而判断其优劣。评价标准一般是教学大纲及由此确定的评判细则。为绝对评价而进行的测验一般称为标准参照测验，它的试题取样就是预先规定的教学目标，测验成绩主要表明教学目标的达到程度，这种测验的成绩分布通常是偏态的。低分多高分少，为正偏态；低分少高分多，为负偏态。绝对评价的优点是评价标准比较客观，如果标准设置、使用得当，可使每个被评价者都能看到自己与客观标准之间的差距，以便不断向标准靠近。另外，教学管理部门通过这种评价，可以直接鉴别各项教学目标的完成情况，明确今后的工作重点。绝对评价最主要的缺点是客观标准很难做到客观，容易受评价者原有经验和主观意愿的影响。

（三）自我评价

自我评价是被评价者参照一定的评价标准，对自己的教学或学习情况进行分析、判断、总结的活动过程。它把被评个体的过去和现在相比较，或者是对他的若干侧面进行比较。这种评价方法充分照顾到了个性差异，在评价过程中不会给被评价者造成过大的压力。但是，由于自我评价时对评价标准的把握难以控制，也没有其他评价对象进行比较，难以判定被评价者的实际水平和差距。所以，一般说自我评价常与相对评价结合起来运用。

四、按教学评价的分析方法分类

（一）定性评价

定性评价是指对不便量化的评价对象和内容，采用定性的方法，做出价值判断，具有人文化、情境化等特点。它主要是对评价资料作"质"的分析，运用分析和综合、比较与分类、归纳和演绎等逻辑分析方法，对评价所获得的数据、资料进行思维加工。分析的结果一种是描述性材料，数量化水平较低甚至没有数量化，而另一种是与定量分析密切结合的定性分析。一般情况下定性评价不仅用于对成果或产品的检验分析，更重视对过程和要素相互关系的动态分析，以评价变量之间相互影响的过程。

（二）定量评价

定量评价是指将那些能够直接数量化的、而且存在量化途径的评价指标进行量化的评价方式，具有标准化、客观化、讲求效率等特点。它从量的角度，运用统计分析、多元分析等数学方法，在复杂纷乱的评价数据中总结出规律性的结论。由于教学涉及人的因素，各种变量及其相互作用关系比较复杂，因此为了揭示数据的特征和规律性，定量评价的方向、范围必须由定性评价来规定。二者密不可分、互为基础、互相补充、切不可片面强调一方而偏废另一方。

五、按教学评价的对象分类

（一）教的评价

教的评价是针对教师在教学上的表现做出价值判断和决定的历程。其步骤是依据教师表现的标准收集一切有关信息，其目的在于了解教师教学表现的优劣得失及其原因，从而协助教师改进教学或作为相关人事决定的依据。换言之，教的评价是以一定的方法、途径对教师在教学中的表现和效果诸如教师教学观念、教学内容、教学方法、教学行为、教学管理、教学资源利用、教学效果等做出价值判断和决定的一个持续过程，其目的在于增强教师的教学效能，促进教师的专业发展。教师可以从中获得反馈信息，及时调整教学计划，改进教学方法，采取必要的补救措施，以期收到最好的教学效果。

（二）学的评价

学的评价是指依据教学目标对学生知识、技能、能力、品德等发展状况进行测量分析，以鉴定学生的发展进步性而对教学实施价值判断的过程。学生是教育的对象，学校教学水平和质量的高低，最终体现在培养学生的质量上，因而学生评价是教学评价的关键。学生评价所涉及的内容比较多，范围也很广泛，应力求从多个方面去评价学生的发展进步情况。比如，对于认知领域、情感领域以及动作领域中那些可以明确表述且要求所有学生必须掌握的学习结果，可以通过标准参照测验或掌握知识测验对学生的教学目标的达成度或者掌握程度做出检测分析。此外，评价者也可以通过对学生动态行为的观察、评价获得大量的有助于了解、判定教学状况以及效率的真实材料，而有效地了解学生的学习情况，并能够促进教师有针对性地调整教学，从而促进学生的进步。

（三）过程的评价

随着教学评价理论研究的深入，教学评价不仅关注对学生学习结果的评价，而且由于强调教学过程中学生的主体性和教与学的互动性，教师与学生的相互影响贯穿教学过程中，所以更加重视对整个教学过程进行监控和评价。教学过程的评价主要是对教学目标、教学过程、课程内容、教学方法等方面的评价，即对师生双方通过教学达到目标的情况进行评价。

（四）课程的评价

课程评价是以具体的课程为对象，以判断课程的价值及其功能为目的的实践活动。随着教学评价的深入实践和评价的不断细化，课程及教材的评价作为一个独立的领域渐渐从教育评价中分化出来，形成了三种有代表性的模式：一是泰勒等人在"八年研究"基础上提出的"行为目标模式"；二是美国著名评价学者斯塔弗尔比姆的"CIPP"模式；三是美国斯克里芬的"目标游离模式"。

（五）课堂教学的评价

课堂教学是教学工作的中心，课堂教学的好坏是学校全面提高教学质量的核心问题。教学本身的复杂性决定了课堂教学评价的复杂性，至今仍没有一个统一的教学评价模式。综合国内外的研究成果，课堂教学评价主要包括以下几项指标：教学任务、教学目标、教学内容、教学组织、教学基本功、教学方法、教学效率和教学效果等。

（六）学习资源的评价

学习资源是指那些学生能够与之发生有意义联系的人、材料、工具、设施、活动等，如各种教学产品（设备、实物、标本、教学软件、网络资源等）。学习资源的评价主要是根据教学目标，测量和检验学习资源所具有的教育价值。

第三节　教师教学工作评价

教师教学工作评价要注重发展性评价，要以现代教师发展观为引导，以促进教师业务发展为目的，建立促进教师不断提高教学水平的评价机制，建立以教师自评为主，校长、教师、学生、家长共同参与的评价体系，制定和完善各种评价程序和标准，充分发挥教学评价的导向、诊断、激励、反思、改进和发展功能，使教师从多种渠道获得发展和改进信息，对自己的工作做出客观评价和有深度的反思，促进教师的专业教学水平不断提升和发展，不断提高教学质量。

教师教学工作评价的方法很多，主要有：教师自我评价、学生家长评价、同行评价、专家评价以及领导评价等，这些方法往往在教师教学工作评价中，会联合使用，以使评价的结果更加具有客观性和接近事件的真实性，评价者和被评价者更加容易接受评价的结果。

一、教师自我评价

教师自我评价是发展性教师教学工作评价的核心，是指教师通过自我认识，进行自我分析，自我评价，自我判断，从而达到自我提高的过程。教师自我评价对教师而言，需要教师具有一定的自我认识能力和分析能力，包括对自己的教学工作、专业水平、人际关系等多方面的素质和能力有所认识，尤其要充分认识到自己的能力缺陷以及工作中存在的问题；然后，还需要有一定的自我分析和判断能力，分析自己的不足和存在问题的原因，判断这些原因的主观性和客观性，以及这些原因的可变性与不变性；最后才有可能找到实现自我提高的方法和途径。

对学校而言，首先要创建正确的教师自我评价观，要经常地对教师进行自我评价的目的教育，创设具有支持性和信任性的教师自我评价氛围；要建立和完善系统的可操作的教师自我评价指标体系；对教师的教学工作自评结果要重视并发挥自评结果的引导作用；学校要非常慎用教师的教学工作自评结果，不直接与教师的奖惩挂钩；还要注意与他评等评价方法相结合，促进教师自我评价、反思能力的提高。同时，学校要加强教师自我评价工作的管理和引导，防止教师自我评价过程中因过高或过低评价自我，影响教学工作情绪的不良现象发生。

二、学生对教师的评价

建立学生、家长共同参与的教师教学工作评价，是发展性教师教学工作评价的重要内容，旨在帮助教师从多种渠道获得信息，不断提高教学水平。

首先，学生参与教师教学工作评价。学生作为教育的对象，是教师教育教学活动的直接参与者，他们对教师的教育教学活动有着最直接的感受和判断；其次，教育的最终目的是为了促进学生综合素质的全面发展。因此，学生参与教师教学工作评价是学生应有的权利。此外，学生参与教师教学工作评价，能加强对教师教育教学活动的监控，有助于促进教师反思教学工作的习惯形成，促进教师反思能力的提高。

学生参与教师教学工作评价有两个担忧。一是学生是否讲真话。由于教师拥有对学生行使各种奖惩的权利，再加上传统思想中"师道尊严"观念的影响，可能有一些学生因担心对教师教学工作评价引起的不良后果而不敢讲真话，尤其是面对教师教学工作中存在的问题时，学生担心评价结果不好时，教师会把不满情绪迁移到教学中，最终吃亏的还是学生。二是学生的评价是否客观。由于学生受年龄、知识和社会阅历的限制，对教师的工作、生活了解不全面，可能会产生"盲人摸象"的片面评价；学生不能透过现象看本质，不能从发展的角度来认识和理解教师的良苦用心，把"好"评为"坏"。这些使教师对学生参与教师教学工作评价的客观性产生怀疑。更有一些教师担忧那些"刺头"学生会借此发泄不满，攻击教师，提出不合理的看法。

在学生参与教师教学工作评价中，学校要采用相应的对策，使得评价结果更接近客观事件的真实性。

1. 从态度上信任学生

学校和教师首先要相信学生是友好的且有能力判断的，相信他们参与教师教学工作评价有助于促进学生自身的发展。在这种积极心态的引导下，以一种诚恳、开放、民主的态度，将这些信任的信息传递给学生，从而引导绝大部分学生以一种客观公正、严肃负责的态度参与到教师教学工作评价中来。教师应清醒地意识到，无论是否给予学生参与教师教学工作评价的机会，学生对于教师教学工作的判断和评价是客观存在的，他们的意见随时都有可能从不同渠道、以不同的方式反映出来。与其这样，不如以坦诚的态度，通过参与教师教学工作评价的方式，将学生的意见和建议引向促进教师教学工作水平提高的健康、积极的方向，在良性循环中不断促进教师的教学工作发展。

2. 分析评价结果，珍惜了解机会

教师要端正心态，对评价结果进行分析，勇于面对问题，不要纠缠于结果的公平性等问题中，而真正需要反思的是隐藏在这些问题背后的教育教学思想、行为、方法，学生的深层次的需求，以考虑自己的教育教学在哪些方面需要改进。教师更应该珍惜这样一种与学生直接沟通的机会，在相互了解中达到互相理解、澄清误会和解决问题，赢得更多来自学生的尊重、支持和信任，更有效地开展教育教学工作。

3. 综合分析多方信息，不草率下结论

要以冷静公正的态度处理学生多种的评价结果，不以牺牲教师的利益来讨好学生，也不以维护教师利益而生硬地拒绝学生的意见。要对来自多种渠道的信息进行综合分析，给学生反映权、说明权和知情权，给教师解释权、申诉权，慎重下结论。在分析评价结果时，要注意甄别评价很差的评价结论，如果这种很差的评价结论明显带有学生的主观色彩，在进行评价结果总体分析时，应该去掉这部分很差的评价结论，从而保证评价结论的真实性和客观性。

4. 对学生进行引导

在学生参与教师教学工作评价之前，对学生进行必要的、引导和培训，如帮助学生了解参与教师教学工作评价的目的和内容，熟悉教师教学工作评价的过程和程序，以及如何使用教师教学工作评价工具或技术等。

三、同事评价

这是教师之间的相互评价，由于教师之间经常相互交流，对相互的课程知识又比较了解，所以同事评价更能从内涵方面给出一个客观的评价结果。一般情况下，学校可采用的同事评价方法主要有：通过发放"教师教学工作评价表"对同事的政治思想、业务水平、工作态度、工作实绩进行评价，如对遵守教学常规情况、课程教学质量、学生综合素质培养情况、教学方法应用情况、教师外在内在形象、学生班级管理情况等进行评价。同事评价的目的是发现评价对象的优点和不足，以便取长补短、互相学习、共同提高，切忌在评价中相互闹矛盾。为了真正做出客观、合理、有价值的评价，避免教师间的摩擦或矛盾，

评价结果不直接与教师的各种利益和名誉挂钩。

四、学校或管理者对教师的评价

学校或管理者对教师的评价是指学校党、政、工、团联席会或学校行政领导对教师进行评价。学校行政的评价：一是学校行政通过平时的各项检查、听教学课、参加教研活动、查实举报等工作，收集教师的信息，根据评价体系，对学校的每一位教师做出恰当的评价，作为期末评价量化的依据；二是从中不断发现优秀人才，为优秀教师搭建发展的平台，促进其向更高水平发展；三是对存在一定问题的教师进行帮扶，促进其在原有的基础上有所发展。

第四节　学生学业评价

学生学业是反映学生发展水平和学校教育质量的核心指标。现在有一部分人将学业成就与学习成绩混为一谈，往往以学习成绩，实际上就是以考试成绩代替学业成就，其实，传统的考试制度和考试成绩是无法完整衡量出学生的学业成就的。要真正评出学业质量和教育效能，必须要满足整体上全面反映学生的发展这一教育目标的要求，所以学业评价比起当前的考试，无论是在形式还是在内容上都要求更加规范和完善。

一、发展性学业评价的内涵

(一) 传统学业评价的弊端分析

传统的学业评价方式以单一的成绩为评价主线，是通过考试给予定量（即分数）或考核给予定性（即及格、不及格）来评价。考试内容和方法与培养目标严重脱节，重知识考查、轻技能能力和素质考核。考试形式和方法单一，以期末为主的闭卷考试方式往往导致学生不重视平时学习，只等期末复习老师画重点，死记硬背甚至考试作弊。考核中普遍采用标准化、规范化的试卷考试方式，以学生书面考试分数的高低来评价学生学习效果和对教学内容掌握程度的高低。这种单一以学生学习成绩为评价标准的方式显然已经不能适应目前我国的职业教育改革发展的需要。具体说，其弊端主要表现为[①]：

---

① 田爱丽. 关于"发展性教学评价"的若干问题解答 [J]. 教育导刊，2003，(2-3)

（1）评价功能失调，过于强调评价的甄别与选拔功能，忽视改进、激励、发展的功能；

（2）评价重心过于关注活动结果，忽视对教学活动发展、变化过程的动态评价；

（3）评价主体单一，忽视被评价者自我评价的价值，基本上没有形成多元主体共同参与的、交互作用的评价模式；

（4）评价标准机械、单一，忽视评价者的自我评价价值，没形成多元互动的评价模式；强调共性和一般趋势，忽略了学生、教师、学校的个性发展和个体间的差异性；

（5）评价内容片面，过于注重学业成绩，忽视创新精神、实践能力、心理素质、行为习惯等综合素质的评价，或者缺少有效的评价工具和方法；

（6）评价方法单调，过于注重量化评价和传统的纸笔测验，对体现新的评价理念的质性评价方法不够重视；

（7）忽视对评价的反馈和认同，使评价的激励、调控、与发展功能得不到充分发挥；

（8）评价对象基本处于被动地被检查、被评判的地位，自尊心、自信心得不到很好的保护，评价双方容易形成对立。

（二）学生学业评价的改革

职业院校学生学业评价既要关注学生学业的阶段性评价，更要关注学生学业的形成性评价，关注学生职业知识、职业技能、职业素质的目标达成度。因此，学生学业评价改革，应注意从以下方面把握：

1. 确立发展性学业评价观

由于职业教育教学过程具有职业定向性的属性，因而学生的学业评价应以发展性评价的理念，注重学习过程等形成性的多元评价，通过评价促进学生达到职业教育培养目标的要求，更要发现学生的潜能，发挥学生的特长，了解学生发展中的需求，帮助学生认识自我，建立自信。

2. 关注学业评价的职业导向性

学生学业评价的内容要转变到更加接近或体现职业资格标准内容以职业资格为依据，按课程目标要求，设计促进学生学习发展的评价指标，采用多元评价。结合教师评价、家长评价、学生评价的方式，树立正确的学生观，充分尊重学生，促进学生的全面发展。

3. 建立开放型的学生学业评价方式

要改过去平面单一评价为立体综合评价，除了书面测试、口头测试，更要重视实践测试，强调学生学业评价方法的多样化、综合化；要改过去一次定格评价为多次激励评价，充分尊重学生的个性差异，鼓励学生的学习积极性，形成良好的自我调整、自我需要、自我激励的学习机制。

(三) 发展性学业评价

发展性学业评价不同于水平性学业评价和选拔性学业评价，它是一种重过程，重视评价对象主体性的，以促进学生发展为根本目的学业评价。

发展性学业评价的基本内涵表现为：

1. 评价的目的是为了改进，而不是为了检查和评比

关注学生内在发展动力，促进其不断完善，实现预期的目标。

2. 十分注重过程而不仅是结果

将形成性评价与终结性评价有机结合起来，使学生学业发展过程成为评价的组成部分；而终结性的评价结果随着改进计划的确定亦成为下次评价的起点，进入学生发展的进程之中。

4. 在共性的基础上关注个体差异

关注人的全面发展，强调评价的民主化和人性化的发展，重视学生的主体性与评价对个体发展的建构作用。

5. 评价内容综合化

重视知识以外的综合素质的发展，尤其是创新、探究、合作与实践等能力的发展，以适应人才发展多样化的需求。

6. 评价标准分层化

关注学生之间差异性和发展的不同需求，促进其在原有水平上的提高和发

展的独特性。

7. 评价方式多样化

将量化评价方法与质性评价方法相结合，适应综合评价的需要，丰富评价与考试的方法，如成长记录袋、学习日记、情景测验、行为观察和开放性考试等，追求利学性、实效性和可操科性。

8. 评价主体多元化

注重学生在评价过程中的作用，强调平等、民主、科学、开放、协商、共建，体现"以人为本"的主体性评价的价值取向。

二、学生学业评价的主体

学生学业评价是根据一定标准，对学生的学习活动进行价值判断的过程。这里的标准不单单是学校和社会的评价标准，也包括学生个体的内省标准。传统的学生学业评价是以考试、测验为主要手段，以掌握知识多少为目标，强调学生学业评价的选拔功能和甄别功能。传统学生学业评价的根本问题是，仅仅以抽象的社会作为学业成就的价值主体，忽视学生自身的价值主体地位，以所谓的社会需要（主要是对学生知识掌握状况的要求）为目标，并强调通过传统考试来选拔和淘汰学生。从某种程度上看，学业成就就是学生的属性，评价学生的属性实际上就是对学生进行价值判断。因此，传统学生学业评价把学生、学生学习成绩和学生学业成就混为一谈。

从广义的评价主体来看，学生、家庭、教师、学校、社会均是学生学业成就的评价主体，学业成就的价值体现在它对学生、家庭、教师、学校、社会需要的满足。对学生而言，学业成就的终极价值是满足学生个体发展的需要，即学业成就所具有的促进学生全面、自由发展的价值。课程或学业活动有没有价值，主要应该看能不能满足学生的需要。对社会而言，学校、教师、家庭、社会则期望经过学业活动，在学生身上表现出某些属性，即某些预期的学业成就。人们希望表现在学生身上的某些预期的学业成就，在某种程度上能满足学校、教师实现其教育功能的需要，也能满足家庭对子女的要求，还能满足社会对未来人才规格的要求。因此，社会是通过学生的某些预期的学业成就来间接地对学生学业活动进行价值判断的。

可见，学生学业的评价主体是多元的，其中最基本的是学生个人与社会这两个评价主体。课程或学生学业活动的直接受益者是学生——课程或学生学业活动的价值主体。学生通过学业过程满足其全面的、自由发展的需要，并实际得到发展。课程或学生学业活动的间接受益者是社会（包括学校、家庭）——课程或学生学业的社会抽象价值主体。社会通过学生经历学业活动，成为社会所需要的成员，从而满足社会发展的需要。传统的学业评价强调了间接受益者（社会）的部分所谓未来需要和利益，相对忽视了直接受益者学生的发展诉求。学生学业评价过程既要判断学生学业在什么程度上满足了社会的需要，又要判断学生学业在什么程度上实际满足了学生个体全面的、自由发展的需要。

三、学生学业评价策略

（一）体验式德育课程学业评价

从多维度、多样化、多元化等角度出发，紧密结合德育课程目的、特点、作用，全面评价考核学生，尤其注重对学生学习过程的评价考核，以动静相宜的方式方法形成合力，强化德育教育的实效性、时代性、针对性、主动性，正确引导学生思想品德言行举止的变化状况及发展需要，促进学生的道德践行，丰富学生的情感体验，感悟和理解社会的思想道德价值要求，逐步形成正确的道德观和良好行为习惯。使评价真正成为促进学生终身可持续发展的强大动力。

下面以中等职业学校德育课程《职业生涯规划》与《职业道德与法律》为例，介绍广西正在推行的学生学业考核方法。

例一：《职业生涯规划》课程考核方法[①]

《职业生涯规划》课程考核目的是检验学生是否形成职业生涯规划的能力，即是否树立了正确的职业观念和职业理想，学会根据社会需要和自身特点进行职业生涯规划，并以此规范和调整自己的行为，做好适应社会、融入社会和就业、创业的准备。为此我们设计了一种独特的考核体系：本课程考核分学校测评和学生自主测评两部分。学校测评包括编写职业生涯设计规划书、编制求职应聘材料、撰写模拟创业调研报告或创业计划书等，由任课教师根据教学进程组织相应内容的测评，同时要求任课教师结合考核对学生进行个性化职业指导，而考核试题是事先公开的，参见样例（表14-1）。

---

① 引自黄艳芳主持的2009年广西中职教学改革立项项目《广西中等职业学校〈职业生涯规划〉课程改革实践探索》

学生自主测评部分主要是填写本课程的《学习手册》，记录自己的学习过程以及思考与收获。课程结束时，将"学习手册"交给任课教师，由任课教师核定成绩。

表 14-1　《职业生涯规划》考核试题——职业生涯设计

学生姓名		专业班别		完成时间	
考核项目	撰写个人职业生涯规划书				
测评时间	可在完成第三单元教学内容开始，期末交给任课教师评分				
考核指导	1. 这项测评评估你的职业生涯规划能力，并要求运用在你今后的学习、生活中。 2. 写个人职业生涯规划书，你可以采用以下步骤： 第一，你可以运用职业性向测验表和其他自我评估方法，对自己的兴趣、性格、能力等进行评估。 第二，在分析职业环境和个人情况的基础上，确立职业目标。 第三，分析达到职业目标的路径和策略，以 4 年为职业生涯规划期（在校期间和毕业后 1 年），写出个人职业生涯规划书。 3. 关于职业生涯规划书的格式，你可以参照教材附录给出的职业生涯规划书模板，也可以采用个人喜欢的格式。 4. 这份个人职业生涯书是要实际应用的，所以要写真实。无论是写作时还是实施过程，你都可以请任课教师、班主任或你信任的其他老师、亲友等，给你切实的指导。				
评分标准	优秀：职业生涯规划书客观准确，措施具体、可行，能实际应用 良好：职业生涯规划书比较客观准确，措施一般可行 合格：能撰写出职业生涯规划书 不合格：没有完成考核				
说　明	这里的评分标准是针对职业生涯规划书本身来说，因为老师要对你的学习结果进行评价。至于你实施职业生涯规划书的成绩，会在你的毕业综合评分中体现，希望你做得比"写"的更加好！				
教师评语		成绩评分			
		教师签名	年　　月　　日		

　　该课程的考核方法，体现了如下特点：学校测评与学生自我测评相结合；事先公布考核题目及要求；教师提供测评指导，体现帮助学生成长的考核目的；考用结合——既是考核内容，也是学生的实际应用。实证表明，学生对这样的考核反映好，效果明显。

　　例二：《职业道德与法律》课程考核方法[①]

　　《职业道德与法律》课程考核目的是检验学生是否按照文明礼仪的基本要求规范自己的行为，是否自觉养成职业道德行为习惯以及是否具有规则与法治意识。为此我们设计了"践行"式考核，包括平时行为评价与期末德行评价。

1．平时行为评价

　　对学生学习本课程的学业考核用《践行实录》反映。开课时，任课教师发给每位同学一份本课程学习手册——《践行实录》，上面有学习指导书、课程内容与进度、学习记录、教学评价、课程考核方案等内容。其中的"学习记录"供学生在课堂学习中作笔记。要求学生每次上课都应记下教师讲授的要点、自己思考、感悟的心得，每周做一个德行养成的"每周盘点"，包括：①我读了一本好书；②我会唱了一首励志歌；③我进行了一项体育锻炼；④我做了一项兴趣爱好的事；⑤我为父母做了一件事；⑥我参加了一项班级、学校活动；⑦我做了一件好事/社会公益活动；⑧我有一个好的表现；⑨我的其他进步；⑩反思是为了进步，我需要改进的地方等。促使学生经常检查自己进步的情况。"教学评价"是期末课程学习结束时，师生用定性分析方法描述本课程学习的结果，包括学生对学习本课程的感想、对老师教学的评价，教师对学生的学习评价。作为考核，每位同学以《践行实录》作为成长记录，记下自己的学习心得和德行养成的过程等。课程结束时，将《践行实录》交给任课教师。由任课教师核定成绩。

2．期末德行评价

　　课程学习结束时，由学生、班主任、任课教师通过一个德行测评表对学生学业进行总体评价（见表14-2）。

---

　　①　引自黄艳芳主持的2009年广西中职教育教学改革立项项目《广西中等职业学校〈职业道德与法律〉课程改革实践探索》

表 14-2 《职业道德与法律》考核试题——德行测评

学生姓名		专业班别			完成时间		
考核项目	德行养成与评价						
考核指导	1. 这项测评评估你的德行养成情况，包括你的自我测评、班主任测评和任课教师测评。 2. 完成这一测评，你可以采用以下步骤： 第一，你需要懂得德行养成的意义，知道它有用，对自己有益。 第二，这个测评不是"写"出来的，是"做"出来的，所以你要注意平时养成的一点一滴。践行职业道德、践行法治理念的习惯养成了，你就真正获得了好成绩。 第三，请你认真阅看、理解测评表的各项指标，然后"以评促学、以评促建、以评促改"，你一定有可喜的收获。 3. 这个测评十分强调真实可信，请你如实对自己进行评价。 4. 在德行养成过程中，可以请任课教师、班主任或你信任的其他老师、亲友等，给你切实的指导。还可以与同学们互相帮助，互相督促，共同进步。						
评分标准	优秀："达到"，24 个以上 良好："达到"，15～23 个 合格："达到"，8～14 个						
说 明	德行评价表共有 10 个指标，"达到"总计有 30 个。你自己、班主任、任课教师一起参加评价。希望你全部能达到！						

	测评内容	自我评价			班主任评价			任课教师评价		
		达到	基本达到	有待努力	达到	基本达到	有待努力	达到	基本达到	有待努力
1	遵纪守法，没有受到学校纪律处分									
2	团结友善，没有打人骂人									
3	认真学习，没有迟到、早退、旷课									
4	有责任心，没有拖欠作业									
5	文明礼貌，没有讲粗话									
6	爱护公物，没有损坏公共设施									
7	善待环境，没有乱扔废弃物									
8	讲究卫生，没有随地吐痰									
9	生活健康，没有抽烟酗酒									
10	遵守规则，没有在食堂插队买饭									

教师评语		成绩评定			
		教师签名		年 月 日	

可以说，这样的学业评价方法是对传统德育课程考核的变革，它将德育课程单纯的知识记忆考试转化为引导学生从认知、内化到养成的行动过程，以及对这一过程的结果进行评价，体现了以学生发展为中心的新的教学评价观。

（二）体现职业特点的专业课程学业评价

以提高学生职业技能、促进学生岗位能力发展为目的，将专业课程改革与学生学业评价改革相整合，构建职业能力评价体系，以促进人才培养目标实现为出发点，设计专业课程考核的内容、标准、程序及组织形式，组织实施考核活动。

专业课程考核设计应注意以下几点：

1. 符合职业能力标准

职业能力是专业课程考核命题的依据，因此命题的分布范围、难易程度、考核方法等，必须符合学生职业能力评价要求。

2. 反映学习活动与资源的有效性

命题要切合教学内容，体现培养目标的要求，要能够反映学生的学习成果。

3. 以反映能力训练的题型为主

职业教育教学以教会学生"做"为目的，专业课程的实践性也决定了其评价依据要以实际操作结果为准，因此命题应体现这一点。

4. 题型多样

可以有反映知识运用的思考与讨论题、案例分析题，反映实训、实践的模拟操作、社会调查、实际操作、大型设计等题目。采用笔试、实操考试、分层教学与评价、制作作品评价、实验实习档案记录等方式相结合的评价方式，还可以采用仿真情境进行岗位考核，以企业真实的业务流程替代传统考核题。

（三）文化课学业水平评价[①]

学生文化课学业水平评价是根据既定的教学目的和原则对学生的学习过程

---

① 龚双江. 中职教育文化课亟须实行学业水平评价制度［J］. 教育与职业·理论版，2007，（15）

和学习成果进行目标达成度分析和水平判断的过程。评价方法可分为素质发展目标的评价和学业发展目标的评价两种。对于素质发展目标的评价，应根据不同的评价对象、评价内容和指标体系实施多元评价，要渗透在相关课程学习目标的评价中进行。学业发展目标的评价可按照文化课各课程的基本要求，以学年或每个学习阶段的知识与技能目标为基准，通过作业（纸笔、电子）、学业阶段性测验、期末考试和完成一些表现性任务等方式进行评价。对学生学习态度、学习能力、学习方法、实践能力的评价在日常教学活动中，可采用日常观察、成长记录的评价方式进行。

学生学业水平评价结果可以"等级＋评语"的方式以学生学业水平报告成绩单的形式呈现。等级包括分项等级、分主体等级和综合等级。分项等级即根据评价指标中所列的要素，分项判断学生的各阶段、各时期、各活动、各课程学业成绩，并分别给予等级评判。分主体等级即根据学生的综合素质发展和学业发展分项给出的评价等级。综合等级，即把分项等级、分主体等级综合起来，作为学业水平评价的最后等级。评语包括自我评语、同学评语、家长评语、教师（班主任）评语等。

后 记

　　伴随着当代职业教育学科的恢复、成长和反思，职业教育课程论、教学论成为了研究热点。正由于契合了转型新时期我国职业教育改革和发展所肩负的使命和所面对的环境，使得职业教育课程理论发展牢牢扎根于职业教育改革实践。

　　本书编者长期从事职业教育，一直在研究职业教育课程理论，实践职业教育课程理念。本书将多年实践与反思梳理出来，旨在为建立我国职业教育课程与教学论学科知识体系和理论架构贡献微力，为职业院校教师提升教学能力以及为职业教育师资培养培训提供理论思考和实践参考。

　　本书的编写思路是综合应用中外学者课程与教学论的研究成果，结合中外职业教育的特点，通过对职业教育特征、特色准确认知和对职业教育的课程与教学相关问题的梳理，以提高教师的施教能力，提高职业教育教学质量。另外，将课程与教学结合起来，从整体上研究课程与教学问题，在基础教育领域，已经有许多学者做过了探索，但在职业教育领域尚不多见。参加编写的成员直接参与了职业教育的课程改革，使本书在一定程度上反映了职业教育课程改革的成果与进展。在编写过程中，作者参考了一些中外学者有关课程论、教学论以及课程与教学论的著作和论文。在此，向这些研究成果的作者们表示感谢。

　　本书由广西师范学院黄艳芳教授主编。参加编写的人员及分工是：黄艳芳负责策划编写提纲、组织编写及全书修改、统稿，并编写第一章、第四章、第十章；第六章、第七章、第九章、第十一章、第十二章由周小雅编写，同时参与全书修改和统稿；第十三章、第十四章由吴严编写；第二章、第三章由孙晓丽编写；第五章、第八章由阚勇平编写。由于作者水平有限，书中难免有不足之处，敬请读者提出宝贵意见。

　　本书得到广西壮族自治区教育厅高枫厅长、黄宇副厅长、师范处何锡光处长、师资培训中心刘冰主任、职成处张建虹处长的指导和帮助。在此一并致谢！

编者
2010 年 3 月

主要参考文献

［1］姜大源．职业教育专业教学论初探［J］．教育研究，2004，(5)

［2］雷正光．职业教育课程的功能与发展研究［J］．中国职业技术教育，2008，(31)

［3］Curtis R. Finch. Curriculum development in vocational and technical education——planning，content，and implementation．［M］．MA：Allyn & Bacon company1999．5th ed

［4］黄克孝等．职业和技术教育课程概论［M］．上海：华东师范大学出版社，2001

［5］姜大源．论职业教育课程的基本特征与课程观［J］．课程·教材·教法，1997，(8)

［6］蒋乃平．课程模式选择的重要性．职业技术教育［J］．2001，(34)

［7］余祖光．职业教育改革与探索论文集［M］．北京．高等教育出版社，2000

［8］张建国．我国职教课程开发模式的演变及启示［J］．职教论坛，2007，(4，下)

［9］严中华．职业教育课程开发与实施：基于工作过程系统化的职教课程开发与实施［M］．北京：清华大学出版社，2009

［10］徐国庆．职业教育课程论［M］．上海：华东师范大学出版社，2008

［11］张华．课程与教学论［M］．上海：上海教育出版社，2000

［12］郑晓梅．论高等职业教育课程目标的价值取向［J］．职业技术教育，2003，(19)

［13］［美］泰勒．课程与教学的基本原理［M］．罗康，张阅译．北京：中国轻工业出版社，2008

［14］刘育锋．部分国家职教教学内容改革新动向及对我国职教课程改革新启示［J］．职教论坛，2008，(1，下)

［15］徐国庆．职业知识的工作逻辑与职业教育课程内容的组织［J］．职业技术教育，2003，(16)

[16] 蒋乃平. "中等职业教育多种课程模式的研究"研究报告［A］. 教育部面向 21 世纪职教课程改革和教材建设项目成果汇编［C］. 北京：高等教育出版社，2002

[17] 马树超. 强化市场导向意识，推进职业教育发展—德国"学习领域"改革的启示［J］. 中国职业技术教育，2002，（10）

[18] 林宪生. 教学设计的概念、对象和理论基础［J］. 电化教育研究，2000，（4）

[19] 田慧生，李如密. 教学论［M］. 石家庄：河北教育出版社，1996

[20] 杨进. 论职业教育创新与发展［M］. 北京：高等教育出版社，2000

[21] 石伟平，徐国庆. 论高等职业教育课程的国际比较［J］. 职教论坛，2001，（10）

[22] 王荣生. 听王荣生教授评课［M］. 上海：华东师范大学出版社，2007

[23] 钟启泉. 现代学科教育学论析［M］. 西安：陕西人民教育出版社，1993

[24] 王德清. 构建课堂教学管理学理论体系的思考［J］. 课程·教材·教法，2005，（4）

[25] 田爱丽. 关于"发展性教学评价"的若干问题解答［J］. 教育导刊，2003，（2—3）

[26] 杨开城. 对教学设计理论的几点思考［J］. 教育研究，2001，（5）

[27] 杨黎明. 以能力为基础的教育体系的长处（CBE）及其不足之处分析［J］. 机械职业教育，1998，（8）

[28] 姜大源. 职业教育学基本问题的思考［J］. 职业技术教育（教科版），2006，（1、4）

[29] 李子建等. 课程：范式、取向和设计［M］. 香港：中文大学出版社，1994

[30] 顾建军. 试论职业教育课程改革的理念转变［J］. 教育与职业，2006，（3，中）

[31] 赵志群. 职业教育与培训学习新概念［M］. 北京：科学出版社，2003

[32] 高有华. 美国职业教育课程体系及其启示［J］. 职业技术教育，2003，（1）

[33] 马庆发. 当代职业教育新论［M］. 上海：上海教育出版社，2002

[34] 姜大源. 论行动体系及其特征——关于职业教育课程体系的思考［J］. 教育发展研究，2002，（12）

[35] 吴全全. 学习领域：职教课程内容重组的新尝试——德国职业教育课程改革的启示［J］. 职教论坛，2004，（8）

[36] 吕永贵. 职业教育现代教学方法体系的构建 [J]. 职业技术教育，2000，(22)

[37] 唐智彬，陈波涌. 职业教育学学科建设：问题与策略 [J]. 职教论坛，2007，(6，上)

[38] 张健. 学校教学实用全书 [M]. 北京：北京师范大学出版社，1994

[39] 陈旭，王淑敏. 从建构主义理论看教学评价策略的建构 [J]. 课程·教材·教法，2003 (6)

[40] 郭维亮，烟学敏. 初中数学教学目标与评价 [M]. 长沙：湖南教育出版社，1995

[41] 张大均. 教与学的策略 [M]. 北京：人民教育出版社，2003

[42] 张春兴. 教育心理学——三化取向的理论与实践 [M]. 杭州：浙江教育出版社，1998

[43] 张德锐. 教师评鉴模式之研究 [J]. 教学研究咨询，2001，(1)

[44] 赵昕. 工作过程知识导向的职业教育课程开发 [J]. 职业技术教育，2007，(7)

[45] 姜杰等. 分层互动式教学模式的课堂教学实施方案——课堂教学及评价策略的研究 [J]. 中国职业技术教育，2003，(16)

[46] 龚双江. 中职教育文化课亟须实行学业水平评价制度 [J]. 教育与职业·理论版，2007，(15)